荆楚文库

# 楚器名物研究

黄凤春 黄婧 著

荆楚文库编纂出版委员会
湖北教育出版社

荆楚文库

# 楚器名物研究

CHUQI MINGWU YANJIU


图书在版编目(CIP)数据

楚器名物研究/ 黄凤春，黄婧著.
—武汉 : 湖北教育出版社，2019.3
ISBN 978-7-5564-2641-6
Ⅰ. ①楚…
Ⅱ. ①黄… ②黄…
Ⅲ. ①古器物—研究—中国—楚国（?-前233）
Ⅳ. ①K875.04
中国版本图书馆CIP数据核字(2016)第247989号

责任编辑：刘　宁　朱思思
整体设计：范汉成　曾显惠　思　蒙
美术编辑：牛　红　张岑玥
责任校对：刘慧芳
责任督印：李　枫　张遇春
出版发行：湖北教育出版社（中国·武汉）
地址：武汉市雄楚大街268号 邮政编码：430070
录排：武汉伟创伟业广告有限公司
印刷：湖北新华印务有限公司
开本：720mm×1000mm　1/16
印张：18
字数：250千字
版次：2019年3月第1版第1次印刷
定价：86.00元

ISBN 978-7-5564-2641-6

# 出版说明

湖北乃九省通衢，北学南学交会融通之地，文明昌盛，历代文献丰厚。守望传统，编纂荆楚文献，湖北渊源有自。清同治年间设立官书局，以整理乡邦文献为旨趣。光绪年间张之洞督鄂后，以崇文书局推进典籍集成，湖北乡贤身体力行之，编纂《湖北文征》，集元明清三代湖北先哲遗作，收两千七百余作者文八千余篇，洋洋六百万言。卢氏兄弟辑录湖北先贤之作而成《湖北先正遗书》。至当代，武汉多所大学、图书馆在乡邦典籍整理方面亦多所用力。为传承和弘扬优秀传统文化，湖北省委、省政府决定编纂大型历史文献丛书《荆楚文库》。

《荆楚文库》以“抢救、保护、整理、出版”湖北文献为宗旨，分三编集藏。

甲、文献编。收录历代鄂籍人士著述，长期寓居湖北人士著述，省外人士探究湖北著述。包括传世文献、出土文献和民间文献。

乙、方志编。收录历代省志、府县志等。

丙、研究编。收录今人研究评述荆楚人物、史地、风物的学术著作和工具书及图册。

文献编、方志编录籍以1949年为下限。

研究编简体横排，文献编繁体横排，方志编影印或点校出版。

《荆楚文库》编纂出版委员会

2015年11月

# 目　录

# 前　言

“名物”一词见之传世文献，其义项较多，主要是指事物的名称、特征等。《周礼·天官·庖人》：“掌共六畜、六兽、六禽，辨其名物。”贾公彦疏：“此禽兽等皆有名号物色，故云‘辨其名物’。”我们常说的“名物”是指与人类相关的各种器用与物品。中国历朝历代的传世文献极其丰富，特别是先秦的一些文献，如《诗经》《楚辞》《左传》等，其间可遍见有关起居、服饰等的各种名词，但由于年湮代远，有些已不尽为人所知了。诚如清人纳兰成德在《毛诗名物解·序》中所言：“六经名物之多，无异于诗者，自天文地理、宫室器用，山川草木，鸟兽虫鱼，靡一不具，学者非多识博闻，则无以通诗人之旨意，而得其比兴之所在。”

对“名物”的研究，早就引起了古人的重视，中国古代的传世文献《尔雅》首发其端，《说文》中也有较多考释。由于时代的不断演进，后代对于前代留下的一些文献大多不明其意了，于是就有“注”和“疏”出现。到了宋代，随着金石学产生，人们开始对一些古代礼书中器名进行研究，我们今天在博物馆中所见到的一些古代器名，诸如“鼎”“斝”“爵”“觚”等名称大都是沿用宋人的定名。但是，宋人的一些定名并不是百分之百的正确，当我将其考释的一些器名与出土文物上的一些器名相对比时也发现时有不类之处。好在一些出土的器物上大多有器物的自名，根据器物的命名原则，一般应以器物自名为准。只有辨清了器物在当时叫什么，以及它的用途，或者与古代礼制的关系等问题，才能更确切地知道它们的使用情况及演变情况，从而更进一步地领会传世文献所表述的要旨。

由于古代特别是商周时期，中华大地幅员辽阔，民族众多，侯国林立，再加上文字异形，言语异声，开展对上古名物的研究是一项系统而庞大的工程。

楚国是春秋战国时期南方的一个诸侯国，由西周时的一个“土不过同”（《左传·昭公二十四年》）的蕞尔小邦，发展到战国时期的“地方五千里，带甲百万”（《战国策·楚策》）的泱泱大国，曾创造丰富灿烂的物质文化。在传世文献中也保留了较多的有关楚人名物的资料，如《楚辞》一书就不仅记录有丰富的名物资料，还有对某些物品制作和使用记录，是我们研究楚国名物的重要资料。特别值得提到的是，随着大量的楚墓、楚遗址的发现和发掘，各类不同质地的楚遗物也得以面世，大量楚简牍和楚金文材料的发现，特别是出土了多批直接记录楚器物的“遣策”简，为研究楚名物提供了诸多可供对比的材料。

对于楚名物的研究，尽管今人有了比前人更多的研究资料，但一直以来却很少有人作系统的研究，更没有一个可供借鉴的范本。具体到楚物而言，可以说是林林总总，要想全面尽括其中，也不太现实。于是我们在对象的选择上只是提及常见于文献中一些事与物，同时也避开了古代一器多用，一器多名的烦琐考证。

笔者对于楚名物的研究兴趣应当说由来已久，20 世纪 80 年代，我曾专门和我的老师——湖北省社会科学院楚国历史与文化研究所原所长郭德维先生谈到研究楚器名物的想法，先生非常支持和认同。随后，我与先生合作写了一篇《楚辞名物新证》，研究的对象主要是基于楚人对各类人工制品的制作、使用、称谓及演变等，发表于《楚文艺论集》第二集（湖北人民出版社 1991 年版），开启了我对这一问题的探讨。

研究楚名物的初衷，一是考察传世文献所常见的与楚人社会生活息息相关的衣、食、住、行等事与物；二是从文献与考古发掘出土实物的对比出发，考证器物的形制和源流。需要指出的是，本书并不是一部偏重于考释性的著作，而更主要是普及相关知识，所以，引用相关文献时均进行了意译，以期能尽量以大众所能理解的语言来表达观点。

由于笔者水平所限，再加上时间紧迫，特别是所选择的研究对象并不全面，所书结果可能与初衷相距甚远，还望读者见谅。

黄风春

2018 年 8 月谨记

# 第一章　服饰篇

## 第一节　导论

衣服伴随着人类社会的产生而出现，并伴随着社会生产力的发展而演化。原始社会初期，人类在与自然的抗争中，必然要遇到春暖、夏热、秋凉、冬寒的季节更迭，为了适应生存，人类首先解决的就应是适应气候变化的问题。根据民族学资料，在生产力极其低下的时代，人们往往将比较容易得到的树叶用植物的茎藤捆扎在身上，这便是人类最早的服装。在长期的狩猎和采集中，人类又逐渐领悟出兽皮不仅比树叶更能抵御寒风，还可根据人体的形状将其分割成若干条块制成适体的衣服。这是一个长期探索的结果，也可以说是人类对衣着美追求的一个转折。考古资料表明，在距今 18 000 年的山顶洞人的居址中发现了磨制的骨针，其上还有针眼，显然是用来缝制衣服的。

进入新石器时代后，随着社会生产力的进一步发展，社会活动量的增多加速了人类对衣着的改进，开创了我国服装发展史上的一个崭新时代。考古资料表明，无论是在黄河流域还是长江流域的新石器时代遗址中都发现了大量纺织用的工具和用于缝制衣服的骨针，一些遗址中还发现了纺织品的印痕，说明当时的人类已能够运用天然的植物纤维纺织成布。从新石器时代出土的彩陶图像和玉雕像上看，当时的人们已普遍穿有衣服。

商和西周时期是我国社会大发展的时代。从社会生产力看，青铜冶炼业的出现和发展，客观上推动了其他行业包括纺织业的发展，纺织业的发展又促使人们对衣服和佩饰更加讲究。从社会结构看，产生了不同的社会阶层，贫富分化加剧，统治阶层不仅掌握着国家的权力机构，还大量聚奇敛财。反映在服饰上的就是贵族阶层不仅追逐高贵的衣料和华丽的装饰，还给服饰赋予一种神秘的色彩。这就是通过穿着衣服的款式、色彩、花纹来体现贵贱等级的差别，并将其纳入礼制的范畴。

商和西周的服饰迄今尚无实物面世，但通过考古发掘的一些铜铸、玉雕和石雕的人物图像也可以略见端倪。从整体而论，商周时所流行的服饰大多为上衣与下裳相连的左衽服式，同时还有对襟之衣。可以这样说，上衣与下裳相连的服式已是此时人们装束的定制，成为引领中国后世服装发展的主流。

纵观人类社会的发展史，服饰是随着时代的推移而不断变化的。因为受不同时代政治、经济和文化的制约，再加上地理环境的不同而导致生活习惯的差异，从而形成了一个五彩缤纷的服饰世界。如果说服饰的发展史也是文化史的一个重要组成部分，那么，服饰则是人类社会风俗、时尚和信仰的重要载体。换言之，人类的服饰可折射出人类文明的诸多内涵。

东周时期是我国社会发展的大变革时期，诸国林立并未阻隔人类文化的交融，兵戎交加也没有束缚社会生产力的发展。相反的是，伴随着诸国畛域的此消彼长，形成了各具特色的区域文化。仅楚国而言，在西周之世还是一个“土不过同”的蕞尔小邦，进入战国后已是一个“带甲百万，地方五千里”的泱泱大国了。也正是这样一个以蛮夷自居的楚国在纵横捭阖的征战中，以自身特有的传统文化向外辐射，所及之处，兼容并蓄，最终形成了独具风貌的楚文化。所谓独具风貌就是有别于其他区域文化的一种群体文化，恰似闻其音而知其域，观其形而明其国。仅服饰而言，楚文化又何尝不是如此呢。《左传·成公九年》就记有这样一个故事，晋侯在军府见到了被郑人所俘的楚国人钟仪，便问有司，被捆绑着的戴着南冠的人是谁，当获知是楚国的钟仪时，就派人为其松绑，召而相见。这里所说的“南冠”就是楚人不同于中原人的一种特有的冠式。晋侯一望冠就知道戴冠者是异国人。楚人的装束的确不同于中原，在文献中曾多以“楚服”和“楚制”相称。《史记·叔孙通传》载，当叔孙通身着儒服时，深受汉王刘邦的厌憎，当他改穿楚服后，汉王则由憎变喜。这一憎一喜，恰如其分地道出了古人喜爱本民族服装的审美心态，这一记载虽发生在楚裔的汉人中，但由此可知，具有浓郁楚风的楚服饰仍为后人所敬慕，可见其流风之深，遗泽之广。然而记载毕竟归记载，它还不足以完整地体现楚服的全貌，当我们把目光凝聚在每一件楚服时，才能真正全面深刻地领悟浓郁楚风中的奇特与诡谲。

## 一、楚国的纺织和织品

要了解楚人的服饰，必须先知晓楚人的纺织和织品，可以说没有纺织和织品，就没有色彩斑斓、形式异趣的楚服饰。

楚人的纺织技术在经历了新石器、夏和商几世的发展，到东周后已跃居列国之首了。不过西周时期，楚国的纺织业还不足为道。《左传·昭公十二年》记楚灵王时令尹子革的话说，“昔我先王熊绎，辟在荆山，筚路蓝缕以处草莽”，就是说楚国的始封君熊绎在创业之初坐的是柴车，穿的是破烂的衣衫。这里尽管对楚先王的衣着有言过其实之处，但也可想见立国之初的楚国纺织业还处于草创阶段。

春秋时楚国的纺织业已得到迅猛的发展，其主要原因有两点：一方面利用得天独厚的地理优势大力发展种植业和养蚕业，另一方面广泛吸取他国的经验和人才。这样不仅为纺织业的发展提供了充足的原料，还引进了大量娴熟的从事纺织技术的人才。

《史记·楚世家》载楚平王十年（前519），楚国的边邑钟离（今安徽凤阳县东北）与吴国的边邑卑梁（今安徽天长县西北）相邻，两国的边民因“小童争桑”而引发了一场楚灭卑梁、吴灭钟离的吴楚边境之战。这就是人们所熟知的成语“卑梁之衅”的来源。由两国边民的小孩争采桑叶而爆发两国间的战争，这在先秦的战例中极其罕见。由此可见，楚吴两国都极其重视种桑和养蚕业。

楚人在对外的扩张中，似乎也在不遗余力地谋求发展本国的纺织业，无论是资源，还是技术都尽为己有。据《左传·成公二年》载，当楚国的兵锋直抵鲁国境内时，鲁成公似乎看出了楚国锋芒所指的意图，为使楚国早日退兵，鲁成公送给楚国的既不是璧珠玑玉，也不是窈窕淑女，而是鲁国的木工、缝纫工和纺织工各百名。鲁国的这一招果然灵验，楚国带着这些异国的能工巧匠班师回国。毫无疑问，鲁国的这些工匠使楚国纺织业的发展如虎添翼。仅丝织而言，楚国已是后来者居上了。《管子·小匡篇》记楚国已能“贡丝于周室”，这绝不是夸耀粉饰之辞。

春秋之世楚国的纺织业已相当发达了，遗憾的是迄今还没有发现楚国的织机，以致有碍于我们对楚国的纺织成就和规模作进一步的探讨。幸运的是随着考古事业的发展，数以万计的楚墓不断被发现，其间不乏有麻布和丝绸出土，尽管有些实物保存较差，且品种也不全，但这些实物仍能说明楚国的纺织技术已相当成熟了。

1982 年，考古工作者在江陵纪南城西北的马山发掘了一座战国中期的小型楚墓，这就是后来被人称为“丝绸宝库”的马山 1 号楚墓。其墓主为女性，棺内棺外出土衣被共 35 件，其中绝大多数为丝织品。马山 1 号墓的发掘对重新评估楚国的纺织业的成就有着重要的意义。

综观考古发掘所见的楚国织品，据其用料的不同，可划分为布和帛两大类。布是以麻和葛等植物纤维制造的，帛则是用蚕丝制造的。在楚国的服饰上，前者发现较少，后者则最为多见。

楚国织品中的布又分麻布和葛布两种，据文献记载，它们因经纬粗细的不同而有不同的名称。其中葛布较少见，麻布可用来制作衣、冠、履等。因其质地不如丝织品华丽，故而这种织品一般只为下层劳动者所用。当然较好的麻布也被上层贵族用来作馈赠的礼品，《左传》就记有郑国的子产以苎麻布赠给吴国的季札。楚国的麻布实物较多，20 世纪 50 年代在湖南长沙五里牌 406 号战国楚墓中就出土过麻布实物，经鉴定其原料为苎麻。其经线密度为 28 根 / 厘米，纬线密度为 24 根 / 厘米。在江陵马山 1 号楚墓和江陵九店东周楚墓中还出土了麻鞋，在一些楚漆器上还见有夹麻工艺（俗称夹纻胎），说明楚国已广泛使用麻织的布。

## 二、楚国的丝织品种类

在楚国的织品中，丝织品的品类算是最多的。综合考古发现和文献记载，楚国丝织品的种类有纱、縠、罗、绢、纨、缟、绨、绮、组、锦、绦等。

**纱**　是一种表面呈方孔的平纹织物，经纬稀疏而轻薄，多用作衣袍的里、手帕和巾等。在长沙左家塘44号墓出土了一件藕色纱手帕，手帕长28厘米、宽24厘米，经纬线投影宽度为80微米。江陵马山1号楚墓出土有多件纱，保存较好的是覆盖在竹笥上的深褐色纱“幂”，并有完整的幅边，幅宽32.2厘米、幅边宽0.25厘米、经密25根/厘米、纬密16根/厘米。曾侯乙墓还发现有5块纱的残片，织工奇特，为丝麻交织物，其纬线全为丝线，经线是由丝线和麻线相间排列的，是目前所见年代最早的丝麻交织物。

**縠**　是一种平纹熟丝织品，其结构与纱同，但縠的表面有均匀的鳞形皱纹。这是因为在织造时，经纬线皆加反向强捻，织成后再经过煮练，使加捻的经纬丝退捻后收缩弯曲，其表面就形成縠了。长沙左家塘44号墓出土了一块浅棕色縠，经纬密度为38×30根/平方厘米，经纬丝都加有强捻。这是目前所见年代最早的縠。

**罗**　是一种绞经组织的织物，其表面有纱一样的网状孔，又称纱罗。目前已发现的楚织品仅见素罗。在长沙五里牌406号楚墓和江陵马山1号楚墓皆有出土。其中马山1号楚墓出土的龙凤虎纹绣的绣地为四经绞罗，是迄今所见先秦保存最为完整的罗。其经线投影为0.15毫米、纬线投影宽度为0.05毫米，经纬均加S向捻，经纬密度为46×42根/平方厘米。《楚辞·招魂》中的“罗帱张些”中的“罗”即指这一织品。（图

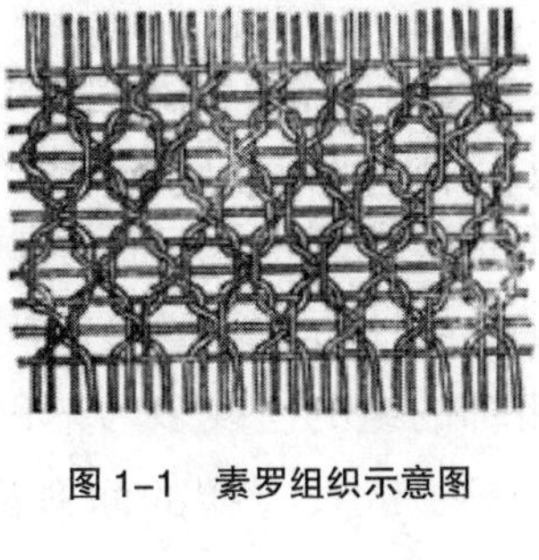

图1-1　素罗组织示意图

1–1）

**绢** 是一种极为轻薄的平纹丝织品，其经纬密度相差较大。此类织物在楚墓中最为多见，其用途也极为广泛，一般用作衣、衾和帽的面料，也有用作绣地的。由于少数绢在织造后再经捶压和压光处理就有了良好的光泽，故而绢又是楚人书写和绘画的材料。长沙出土的楚帛书和陈家大山楚墓出土的楚帛画都是绢质的。长沙左家塘44号楚墓和江陵马山1号楚墓也有这种织品出土。长沙子弹库楚墓出土的绢质“人物御龙帛画”的经纬密度为66×36根/平方厘米，马山1号楚墓出土的紫红绢衣面的经纬密度为122×64根/平方厘米。

**纨** 是一种质地细腻而有光泽的素白织品。曾侯乙墓出土有纨，织造极为精细，经纬密度在87×32 ~ 102×33根/平方厘米之间。

**缟** 是一种素白生丝平织物。曾侯乙墓出土有这类织品，其特征是经纬密度相差不大，经纬密度一般在20×40 ~ 20×45根/平方厘米之间。

**绨** 是一种质地厚实而有光泽的平纹染色织品。其特点是经纬线皆较粗，丝线采用了并丝工艺，并加练染，织品紧密光洁。曾侯乙墓和马山1号楚墓皆有出土，马山1号楚墓出土的一件土黄色麻鞋面的面料就是绨，其经纬密度为80×110根/平方厘米。

**绮** 是一种平纹地斜纹起花织品。在楚墓中发现较多，为素织，织后染色，也有用彩色相间的经纬线织成花纹。马山1号楚墓出土的彩条纹绮就是用黑、深红、土黄几种不同的丝为经线，以棕色丝为纬线并按颜色条带分区相间织成。其经纬密度为88×19根/平方厘米。（图1–2）

**组** 是一种用经线交叉成一定角度织成的带状编织物。多为双层，由于为带状，多用作衣服的领、缘和冠缨。因用途的不同，所用丝线有别，用作衣缘和领缘的组所用的丝线一般都较粗，而且都为单色。用作带饰的组的丝线多为单色，也有二色和三色的。马山1号楚墓所见衣服的领、缘及冠缨的面料都是组，所用经线数为26 ~ 672根。丝线的颜

色有土黄、浅黄、黑、深红、紫和深棕色等。（图 1–3）

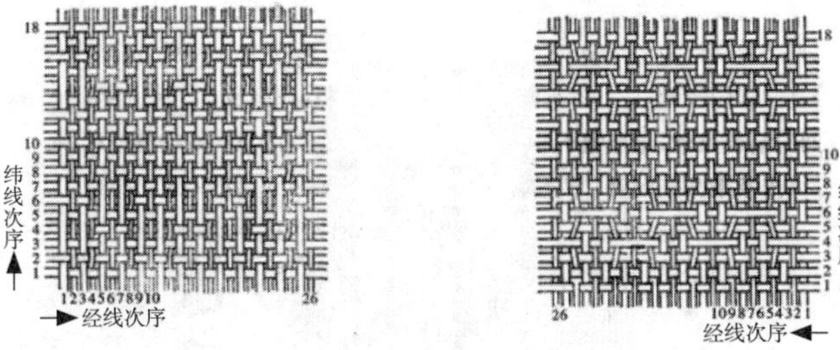


（正面）　　　　（反面）

图 1–2　彩条纹绮组织示意图

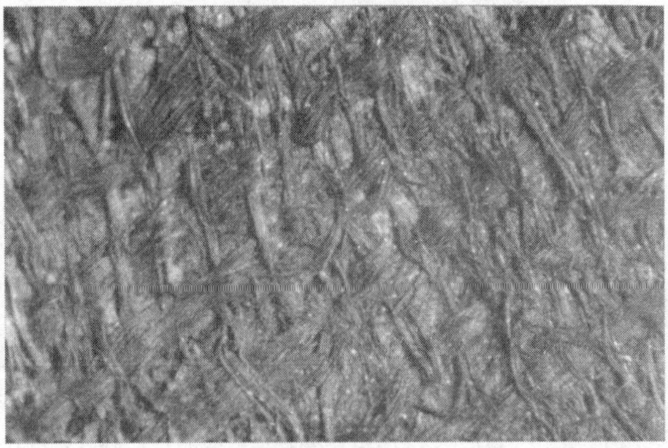

图 1–3　组纹

荆门左塚 $M_1$ 出土

**锦**　是一种以彩色丝线用平纹或斜纹的多重及多层组织织成的提花织品。锦是一种精美的织品，人们通常把前程比做“锦”就可以知其精美的程度了。楚墓中出土的锦较多，花纹也最为复杂，多用于做衣衾的面和衣服的缘。仅马山1号楚墓就出土了不同结构和花纹的锦，按织造所配用经线的颜色可分为二色锦和三色锦（图 1–4）。从其花纹看，二色锦有塔形纹锦、凤鸟几何纹锦、凤鸟菱形纹锦、条纹锦、小菱形纹锦、十字纹菱形纹锦等。三色锦有大菱形纹锦、几何纹锦、舞人动物纹锦等。经纬线的颜色有浅棕、深棕、深红、朱红、土黄、灰黄等。锦的经密为 84 根 / 厘米 ~ 156 根 / 厘米、纬密为 24 根 / 厘米 ~ 54 根 / 厘米。

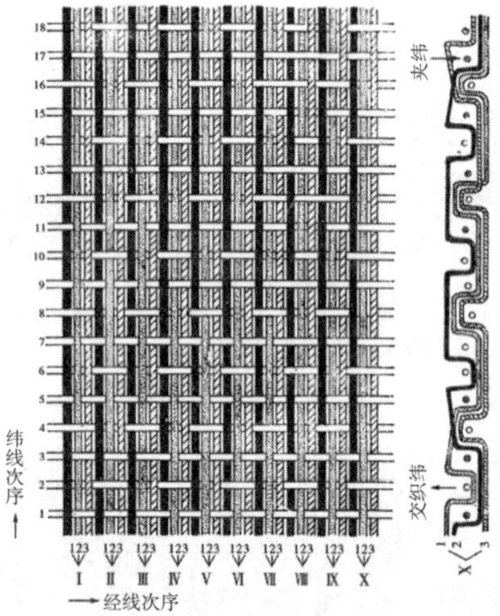


图 1–4　三色锦组织示意图
注：黄凤春据《江陵马山一号墓》插图摹绘

**绦**　是一种用彩色丝线编织，以纬线起花的织品。绦（图 1–5）在楚墓中多有发现，其组织结构和织造工艺都较为独特，可分为纬线起花绦和针织绦两种。因它属于窄带织物，故多用于做衣衾的领缘和边缘以及接缝。一些文献中常称之为“扁诸”“偏诸”等。因绦多用于装饰，

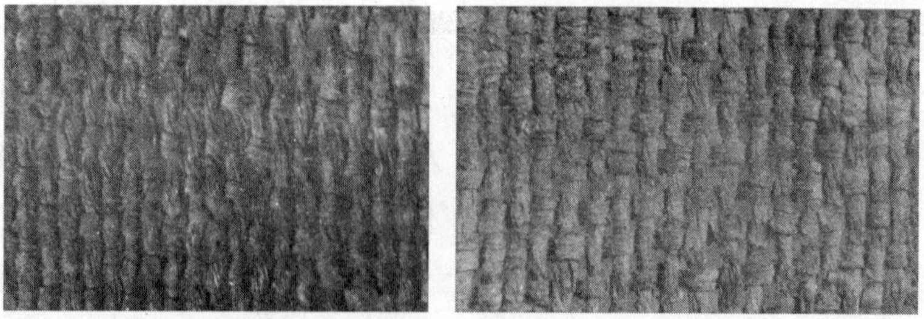

平纹绦（正）　平纹绦（背）

图 1–5　绦
荆门左塚 $M_1$ 出土

所以无论是针织绦还是纬线起花绦都有较复杂的纹饰，仅马山 1 号楚墓出土的就有田猎纹、龙凤纹（图 1–6）、六边形纹、菱形纹（图 1–7）、花卉纹、动物纹、星点纹、十字纹等。

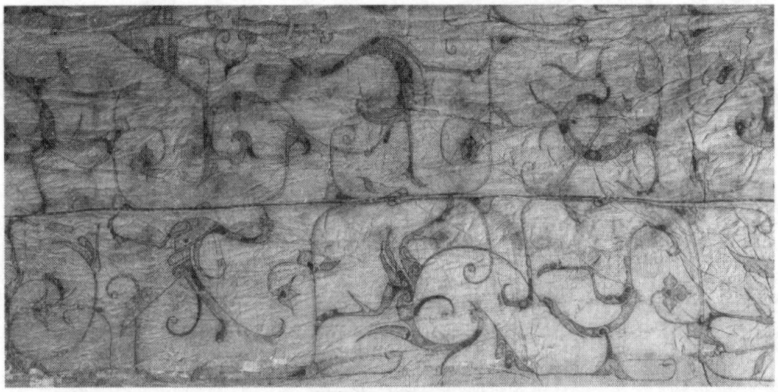

图 1–6　龙凤纹
马山 1 号墓出土

图 1–7　菱形纹
马山 1 号墓出土

上述所罗列的只是一些常见的丝织品，事实上，在一些楚简中还见有一些其他名称的丝织品，因无实物与之对应，故从略，但可以肯定，楚国丝织品的品类应相当丰富。

楚人的丝织品除了织造复杂、颜色艳丽、富于变化外，还有令人叹为观止的繁缛花纹。已发现的楚国的丝织品大多有对称或连续的花纹，纹饰的排列组合既灵活多变，又富丽多姿。其图案的规律主要有散点式、连续式、点缀式、重叠式和明暗式等。纹饰的主体为几何纹，另见有珍禽异兽纹和人物行为纹等。不仅如此，楚国还以一些丝织品如绢和素罗作绣地，再以多种色彩的丝线手工刺绣出一些花纹来。刺绣的花纹以龙凤纹为主体，再间以植物。刺绣的花纹更富有立体感，使图案动中有静，静中有动，将楚人奇诡的民族信仰和丰富的艺术想象充分地展现在服料上。楚人正是因拥有这些丝织品，再加以精工巧裁，形成了一道与诸夏迥异的服装风景线。

## 第二节 头衣

头衣是古代所戴冠和帻的总称，相当于后世所说的“帽子”，古代的头衣也称“元服”，是因为头称为“元”。《左传·僖公三十三年》载晋国的大夫“免胄入狄师，死焉，狄人归其元，面如生”。《仪礼·士冠礼》：“令月吉日，始加元服。”郑玄注：“元，首也。”汉代仍称元服。《汉书·昭帝纪》：“（元凤）四年春正月丁亥，帝加元服。”这里的“元服”也是指头衣。从文献和考古发掘出土的实物及图像资料看，楚国的头衣有冠、冕、弁、帽和巾帻几大类。

### 1. 冠

冠在古代一般是贵族的头衣，男子长到二十岁都要行冠礼，故《礼记·曲礼上》有“男子二十，冠而字”之说。这里的冠和字都是动词，即行冠礼和取别名。在古代，行冠礼有很繁盛的礼节，男子一经冠礼，社会和家庭都要按成人的标准要求自己了。所以，其一举一动都要合乎儒家道德。正因此，戴冠则属于礼制的范畴。《晏子春秋·内谏下》所记“首服足以修敬，而不重也”及《国语·晋语》所记“人之有冠，犹宫室之有墙屋也”，就是对冠礼重要性的概括。不仅如此，古代把冠看得比生命还重要，宁死不离冠。《左传·哀公十五年》就记有这样一则故事：卫国发生内乱，在战斗中，子路系冠的缨被人砍断了，眼看冠就要掉下，他说：“有修养的人，冠不能脱掉。”于是，他停下战斗来“结缨”，结果被对方杀死了。可见古人对冠的重视达到了至偏至极的地步。

楚国不仅行冠礼，而且大多著冠，这从诸多文献和考古发掘的实物及图像资料中得到证实。《淮南子·主术训》记楚文王喜欢戴獬冠，楚国人都仿效，这是说楚国有戴冠的癖好。还有一个例子前面已经说过，就是《左传·成公九年》记晋侯在军府看到了被郑国人所俘的楚国人钟仪所戴的是与诸夏不同的“南冠”，这是说楚国的冠式具有鲜明的地方特点。

楚冠的形制究竟是什么样子，由于年湮代远，再加上历代注家都没有一个统一的认识，以至后世对其争论不休。但我们从楚国的一些文献和绘画材料中仍可洞悉它的底蕴。从文献记载看，楚冠名较多，大体有高冠、獬冠、皮冠和鹬冠等。

**高冠**　又称切云冠，《楚辞·九章·涉江》有“带长铗之陆离兮，冠切云之崔嵬”。王逸注：“崔嵬，高貌也。”朱熹《楚辞集注》：“切云，当时高冠之名。”高冠是楚人所常戴的一种冠式，其突出特点是高耸，这一点诸家都无异辞。遗憾的是迄今为止，还没有一件高冠实物被发现。但在望山楚简和包山楚简中皆记有冠，其中望山楚简记有“大冠”，疑大冠指的就是这种高冠。目前虽无实物来印证，但在一些楚国的绘画资料中可以见到大量的高冠画像。

1973 年，长沙子弹库楚墓出土了一幅人物御龙帛画，画中一男子身材修长，侧身直立，手执缰绳，驾驭着一条巨龙，其神情自若。从装束上看，他身着长袍，腰佩宝剑，头戴一顶“8”字形的高冠（图 1–8–1）。多数学者认为画中男子所戴之冠即文献中所见的楚高冠，当年，郭沫若见到此幅画十分高兴，即赋《西江月》一首：“仿佛三闾再世，企翘孤鹤相从。陆离长剑握拳中，切云之冠高耸。”

高冠不仅只见于长沙人物御龙帛画中的一种，事实上，在包山楚墓漆奁画（图 1–8–2）、战国早期的曾侯乙墓出土的漆鸳鸯盒（图 1–9）及信阳长台关楚墓出土的漆瑟上所绘的人物画像（图 1–9）上都可以见到这种高冠。从这些绘画资料可以看出，楚国的高冠高耸于头顶，其上有

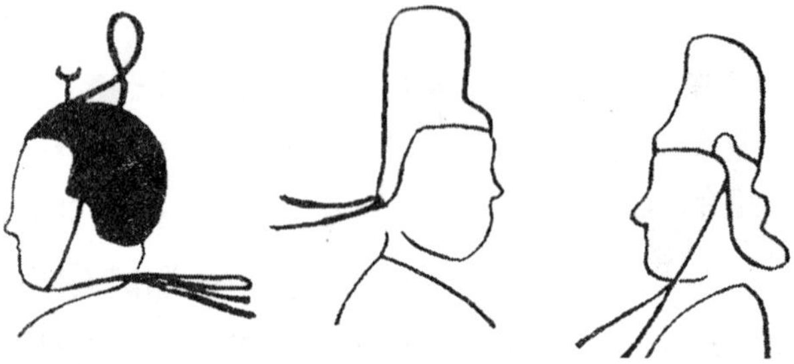

1. 长沙人物御龙帛画　　2. 包山楚墓漆奁画

图 1-8　楚国画像所见的高冠摹绘图

环状或平顶状的结构，两边垂缨，结于颈下。服戴时仅著之于顶，并不像其他的冠一样覆盖整个发际。长沙子弹库楚帛画、信阳楚墓漆瑟及曾侯乙墓鸳鸯盒上的人物画像莫不如此，尤其是信阳楚墓漆瑟上的人物还特意在脑后画出了披状的飘逸物。由包山 2 号楚墓漆奁画未着冠的人物发式看，这无疑是戴高冠后所露出的发。楚国的这种冠式在中原各国中还没有实物和图像面世，可能为楚国独有。可以推想，《左传》中所指的南冠实应指这种高冠。

1　　2　　3

图 1-9　楚国画像资料所见的冠式摹绘图

楚汉年代相近，汉承楚制，高冠在汉代仍极为流行。《史记·高祖本纪》载，高祖任亭长时，制作了一种冠称“刘氏冠”。《蔡邕·独断》及《后汉书·舆服制》皆称这种长冠为楚国的冠式。长冠即高冠，在西汉初年的实物中还可以见到它的形制。如长沙马王堆汉墓和江陵凤凰山汉墓出土的西汉初年的木俑所戴的冠皆为高冠。尤其是马王堆 1 号汉墓戴冠男俑“头顶后部向后斜冠一木板，板长 12 厘米、宽 8 厘米。两侧边棱稍高，板面刻划纹，板下又附一梯形平板，冠两侧有墨绘带直达下颌，与附着于下颌的小木条相联合”（图 1–10）。同墓帛画中的九个男子所戴的均是这种冠。综合观之，无论从其高耸的形制，还是服戴后露发的效果都与楚国漆画所戴高冠相似，这就更进一步证实了高冠是楚国所特有的一种冠式。

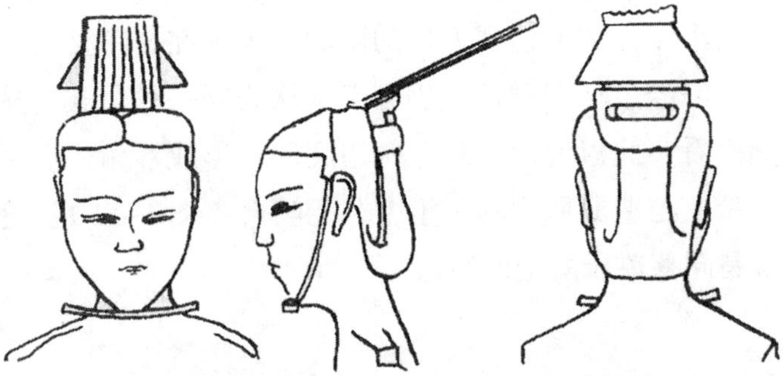

图 1–10 马王堆 1 号汉墓出土木俑所戴的高冠摹绘图

**獬冠** 也称獬豸、觟冠或鲜冠。这里的獬、觟、鲜三字古音相同，可通假，实指同一种冠式。为楚国常见的一种冠式。据《淮南子·主术训》载：“楚文王好服獬冠，楚国效之。”《墨子·公孟》：“昔者楚庄王鲜冠组缨，绛衣博袍，以治其国，其国治。”獬冠的形制究竟怎样，因无实物已不得要领，但在望山 2 号和包山 2 号楚墓中的遣册中皆记有这种冠名。竹简称之为“桂冠、组缨”，桂当是觟的假借字，觟和獬两字音同，故可通假，桂冠也即獬冠。说明楚国确有这种冠式，遗憾的是仅见其名而未见其形。

从文献记载来看，獬冠的得名当源于獬豸兽，獬为传说中的一种兽名，即神羊，只有一角，能触邪恶，楚王获之，以之为冠，因以为名。这一说法虽为晚出，其可信度值得怀疑，但獬与羊有关似有其源。因为獬冠也即鲜冠。鲜冠与鲜卑有关，《楚辞·大招》“小腰秀颈，若鲜卑只”。这鲜卑即为腰带的带钩，又泛指腰带。鲜卑原本为东方民族，称东胡，西汉初徙辽东，后汉移居匈奴地，是以放羊为主的民族。以羊皮制作的腰带称鲜卑，那么以羊皮制作的冠也称鲜卑就自当在情理之中了。《墨子》中的“鲜冠”即鲜卑冠的省称。十分吻合的是鲜卑两字的急读正是“獬”，由此而知，楚国的獬冠确应是以鲜卑族的羊皮制作的，且其外形也应模仿了獬头的形状。

无独有偶，包山2号楚墓的遣册上不仅记录有獬冠，而且在同墓出土的一件漆奁画上，有些人物的头上正是戴有一种有角的冠式。由于是漆画，画面较小，再加上透视方位的限制，画工在二三处表现着冠的形态略有不同，但经过仔细辨认，仍可以确认为同一种冠式。从着冠的背影和正、侧面看，此冠前低后高，两边突起，形成双角，后部下延至颈部，有两系带，与遣册所记的“组缨”相吻合（图1–11）。这种有角的冠式可能就是同墓遣册所记的獬冠。

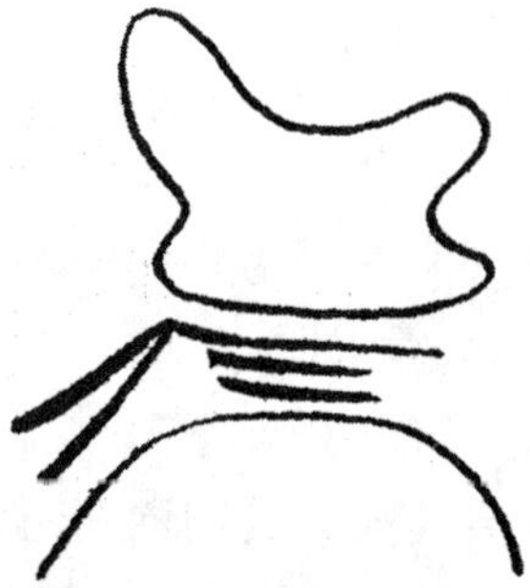

图1–11　包山楚墓漆奁画所见冠的摹绘图

汉代也有獬冠，《汉书·舆服志》称为法冠，为执法者所戴，是因为獬豸兽能触不直者，象征法官的公正无私，这一寓意虽为晚出，但于楚来说，似应早已有之。楚国统治集团中的一些有识之士维护法律的尊严，如在《韩非子·外储说右上》《说苑·至公》《吕氏春秋·高义》等书分别记有楚庄王、令尹子文、孙叔敖和石渚等人秉公执法的故事。再说楚文王服獬冠，楚国皆效仿，寓意楚人都能自觉抵邪扶正。更能说明问题的是，包山2号楚墓的墓主邵㐌官居左尹，主管楚国的司法。在其墓中随葬有獬冠，应是墓主身前服著之物。说明楚国的獬冠确与法律有关并为楚国所独有。

**皮冠**　是以兽皮制作的一种冠，据《孟子 · 万章篇》的记载是一种专用于田猎时的冠服。楚人也有皮冠，《左传 · 昭公十二年》“楚子次于乾溪，以为之援，雨雪，王皮冠”。皮冠的形制迄今还无实物来说明，据孙诒让《周礼 · 春官 · 司服》中的推测，著戴皮冠就像方相氏蒙在头上的熊皮。从《左传》所记来看，楚灵王在冬季狩猎时服皮冠与《孟子》一书所记田猎之冠相同。从服用季节看，正是冬季下雪时，由此而知，皮冠主要是用于田猎且兼有防寒的作用。

图 1–12　洛阳金村周墓铜镜上的武士摹绘图

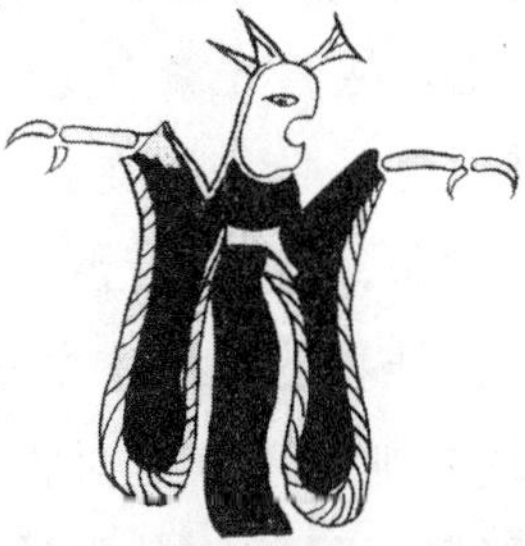

图 1–13　信阳楚墓漆瑟上所见冠的摹绘图

**鹖冠**　其名来源于《鹖冠子》一书，据《汉书 · 艺文志》所载，该书的作者系楚人，居深山，以鹖为冠，因此楚有鹖冠。至汉代仍流行这种冠式，并为武士所服，这是因为鹖为一种勇猛善斗的雉鸡，武士服鹖冠以示勇猛。《续汉书 · 舆服志》对这种冠式的描述是“环缨无蕤，以青系为绲，加双鹖尾竖左右”。其特点是有冠缨，冠后有两根羽毛饰。虽然这是汉代的形制，但战国的形制也可能与此相近。在洛阳金村战国墓出土的一件错金银狩猎纹铜镜上一骑马者所戴的冠正是这一形制，一些研究者都认为这就是鹖冠（图 1–12）。在楚人的绘画中也可见到这一冠式。在信阳楚墓漆瑟上所绘的一神人就戴有一冠，除冠前有一高耸之物外，冠后也插有两根羽尾。十分巧合的是，神人的两手指正作鸡爪状，一种威武善斗的姿势（图 1–13）。神人的这种冠式或许就是鹖冠。

### 2. 冕

冕也属头衣，在古文献中从不与冠相混，说明它们在形制上是有区别的。冕在古代有多种称谓，其名有大裘冕、衮冕、鷩冕、絺冕、毳冕、元冕等。这些不同的名称应是据其制作的质地不同而加以区别的。《说文》认为冕为大夫以上的头衣，段玉裁作注时则进一步明确士无冕。先秦是有冕的，其服冕制度见于《周礼 · 春官 · 司服》。大约到西汉时，冕即废止，到了东汉明帝改定服制时，始援古说而制冕，成为皇帝及公卿列侯的常服。自此之后，又演变成只有皇帝才能服戴的冠并相沿不衰。

楚国的文献中极少记载冕，仅《楚辞 · 九思 · 哀岁》有“投剑兮脱冕”一语。尽管先秦有冕，且其服用有着严格的等级制度，但大多没有记录其形制，唯《说文》一书提及“邃延垂旒紞纩”。这里的“延”为长方形的版，“邃”有深远意，意思是其长方形的版延覆在头上。“旒”是指头上挂着的一串串的玉珠，“纩”是指系在冠圈上的悬在耳外的玉石，“紞”则是垂在延外两侧用以悬纩的彩绦。旒、紞、纩都是冕的部件，《释名 · 释首饰》也认为冕是“玄上纁下，前后垂珠，有纹饰也”。清代学者江永在《乡党图考 · 冕考》中为其作了复原图，其图极似后世帝王所戴的冕，但由于无实物，并不能说明此形制即为先秦的冕。迄今为止，在相关的楚文物及图像资料中都未见到与文献记载相似的冕式。可以这样认为，楚国有冕，但不太普及，更无等级，这可能是楚与诸夏在冠服上的差异。

### 3. 弁

弁也属头衣，有爵弁、素弁等，其质地为皮革，一般为贵族男子所服。《公羊传 · 宣公元年》何注：“皮弁武冠，爵弁文冠。”由于服用者身份的差别及场合的不同，弁较其他冠类更复杂。

楚国也有弁，似应为武士所服。《左传 · 僖公二十八年》载，楚国的子玉曾自为琼弁玉缨并将其视为宝物，在城濮之战爆发前，他梦见黄河之神要他的弁，但子玉没有给。可见楚人对弁的喜爱。

在先秦，皮弁一般为武士所服，《周礼·司服》载："凡兵事，韦弁服。"楚国也是如此。从上引《左传》看，楚国的子玉身为城濮之战的主帅，戴的正是弁。先秦弁的形制如何已不得而知，楚弁在迄今已发现的楚实物及人物图像中还没有见到。但从汉人的一些记载中可得到一些启发。

《释名·释首饰》说："弁，如两手合抃时也。"《续汉书·舆服志》载，弁："制如覆杯，前高广，后卑锐。"综合而论，弁的外形就像两手相合的形状，或者像一只覆置的杯。以此推断，秦始皇兵马俑坑中的牵马俑头上戴的就是弁，楚弁的形制应与此相近。从文献记载看，楚弁如同楚冠一样还有两缨，并系结于颈下。至于楚国是否有如文献中说的文官所服的爵弁，无论于史于物都还找不到证据。

4. 帽

帽子属头上用品就更好理解了，因为今天仍通行这种称谓。传统看法把古代加著在头上的各种冠服都称为帽，实际上这是一个误解。事实上，在古代，至迟在汉代，帽和冠都分属于头衣的两类，二者泾渭分明。

帽子的起源极早，大抵专用于御寒。帽字古作冒，《尚书大传·略说》："周公对成王云：'古人冒而句领。'""冒"的古文字属象形文字，像一个圆弧状的东西覆盖在人的头上。《说文》认为是小儿及蛮夷的头衣，这是汉人重视冠冕而轻视帽子的原因。

楚人是否有帽，是否也将冠帽混称，因为文献中还找不到证据，故而过去一直不得其解，包山2号楚墓发掘后，我们才可以得出确切的结论，楚人不仅有帽，而且冠帽分明。

包山2号楚墓的遣册上不仅记录有冠，还记录有帽。不过"帽"字作"韬"或"冒"。如包山楚简记有"紫韦之韬"，"韬"不见于字书，本字应是"冒"，加韦旁作意符，表明其物的质地。韦是指熟牛皮，"紫韦之韬"即是一种染成紫色的熟牛皮帽。楚人善于用兽皮制作冠服，楚简则进一步证实了楚人也善于用兽皮制作帽。从名称的不同，可见冠和帽是有区别的。包山 2 号楚墓的墓主官居左尹，为楚国的上层贵族，说明冠和帽在楚国上层贵族的服制中都通行。

楚国既然存在着帽，其形制又如何呢？由于包山 2 号楚墓帽和冠的实物都未得以保存下来，所以只能够从相关文献和楚国的人物图绘画中来寻求答案。

1. 山西平陆枣园新莽壁画　　2. 河南灵宝张湾 3 号汉墓俑

图 1–14　汉墓图像上所见帽的摹绘图

在古人看来，帽的地位远没有冠高，故《说文》说其是小孩及蛮夷的头衣。先秦极少提及帽，故帽的形制不明。从《淮南子・氾论训》高诱的注中我们可知其形似兜鍪，经过比较，与山西平陆枣园新莽壁画中的犁田人（图 1–14–1）及河南灵宝张湾 3 号汉墓中的持吞俑所戴的帽相同（图 1–14–2）。其形制为尖顶，紧箍于头上，无缨。以此推知，楚国人物画像中也戴有这种帽。信阳楚墓漆瑟上的猎户所著的头衣就是这种形制（图 1–15）。另外，它还见于长沙出土的漆卮上的两个骑马侍从

图 1–15　信阳楚墓漆瑟画上的猎户图像

（图 1–16），不同的是，后者的帽顶有一飘状物，但仍不失兜鍪的遗韵。

图 1–16　长沙出土的车马人物漆卮上的图像

由上述文献和人物图像可知，帽和冠是有区别的。帽的服著只是紧箍于头上，其形制为上尖下宽，无缨带系结，其作用仅注重实用。而冠则不然，它除了有束发的作用外，更在于表现其礼仪，没有实际的使用意义。故《淮南子·人间训》说冠“寒不能煖，风不能障，暴不能蔽”。若干楚人物图像所著的冠和帽的形制体现的也正是这一意义。对于楚人而言，应是以不同的场合需要而服著，著帽不存在等级上的差异。

5. 巾帻

巾帻是古人头上用于束发的用品之一，《说文》载：“帻，发有巾曰帻。”《急就篇》颜注：“帻者，韬发之巾，所以整帻发也，常在冠下，或单著之。”从文献记载看，一般为单著。史载战国时魏国就有“苍头二十万”，这“苍头”就是指头戴巾帻。

楚国也有帻，其实物见于江陵马山 1 号墓，其展开后呈不规则的圆台形，折叠时，前高后低，顶部后凸，上有圆孔，帻后正中留有一小缝，中间填有一块绢，将缝分成两个小孔，其后里侧装有两束组带，应是帻系（图 1–17）。帻为双层绢制成。由于该帻出土时不是著于死者头部，而是在竹笥内，故从其结构看，帻中间的孔当是容发髻的，其后的两个小孔是用来容发辫的。这一服著形象与长沙出土的彩绘漆卮上所绘的女性服帻的形象相同。而漆卮上的女性头戴帻后呈露髻状（图 1–18）。两相比较，它们应都是巾帻。不同的是，漆卮上的女性头戴的帻的两系是系结于颌下，而不是系结于脑后，这可能是楚巾帻在形制上的细微差异。

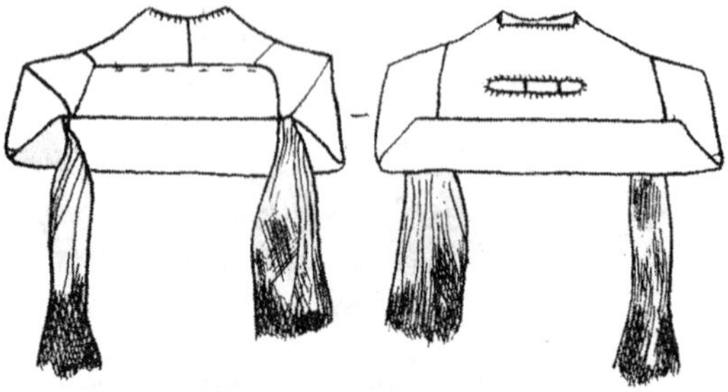

图 1–17 马山 1 号楚墓出土的巾帻摹绘图

图 1–18 长沙楚墓出土漆卮上的女性戴帻图像

包山 2 号楚墓的竹简上也记有帻，不过称之为“粉”，记为“一纬粉”。粉即“帉”，《广雅·释器》：“帉，帻也。”《说文》也载有楚人谓大巾为帉，但没有见到实物，从字义看，也应为双层面料制成的。因为“帉”有双层意，与马山 1 号楚墓的双层帻正相吻合。

文献还记载，巾帻的使用应有等级，《释名·释首饰》载：“二十成人，士冠，庶人巾。”直到汉文帝后，帻的使用才不分等级。帻也有与冠同时使用的，一般纳于冠下，即帻上再戴冠。但就楚国而言，帻在战国时期使用较为普遍，且不存在等级了。同时，帻多为单独使用。

## 第三节 上衣与下裳

体衣是穿在身上的衣与裳的通称。在古代，当衣与裳并举时，衣往往是指上衣，裳即下服，即裙和裤等。因此体衣又分上衣和下裳两大类。

为了便于理解，在说明楚服时，必须先对服式中的专名有一个了解：

### 1. 几种主要衣名的考释

在古服中，有些部位都有一些专名，但由于论者众多，对有些名称的认识存在不同的看法。如袂、袪、衽、襟、袼、裾等。

**袂** 在文献中多见，《楚辞·九歌·湘夫人》："捐余袂兮江中，遗余褋兮醴浦。"王逸注："袂，衣袖也。"《释名·释衣服》："袂，掣也，掣，开也，开张之以受臂屈伸也。"《礼记·玉藻》载："袂可以回肘。"先谦曰："袂，掣叠韵。"又《左传·僖公五年》疏云："袂属于幅长于手，反屈至肘，侧从幅尽于袖口，总名为袂。"袂又作"袖"，《说文·衣部》："袖，袂也。"《诗经·郑风·遵大路》和《诗经·唐风·羔裘》皆有此字，均指袂。

《楚辞》中的"袂"是指衣袖而言，但它又不完全等同于今天的袖。"袖"的称谓是汉以后才出现的。通言之是指由肩至袖口的全部，而"袂"是先秦的称谓，大抵是指由肩至袖口以上的部分，严格而论，它应不包括袖口缘部分（袖口缘部当另有其名，详下）。楚墓中所见的木俑衣着均有袖口缘，江陵马山1号楚墓所出的袍袖极为明显，除开袖缘以外，有的用三片等宽的衣料缝合组成袖筒。这三片应是袂。袂的长短是有定制的。《礼记·深衣》有"袂之长短，反诎之及肘"的记载。这就是说，袂的长度标准是除开袖口缘向上反折要达到肘部，也就是说袂长是臂长的1.5倍。我们以马山1号楚墓所出的小菱形纹锦面绵袍（N15）为例，除开袖口缘的袂长经过换算大体是该墓墓主臂长的1.5倍。说明袂确当指由肩至袖缘以上（不包括袖缘）的这一部分。

《楚辞·大招》中还有“长袂拂面，善留客只”之说，王逸注：“袂，袖也。拂，拭也。言美女工舞揄其长袖，周旋曲折，拂拭人面，芬香流衍，众客喜乐，留不能去也。”《楚辞》中的“长袂”，也当是指由肩至袖口缘以上的这一部分。王逸认为这种长袂仅仅是楚国的美女工舞者服用。事实上，从长沙楚墓出土的木俑衣着和人物绘画衣着看。男女均可著长袂。同时，短袂也兼而有之。马山1号楚墓出土的楚服既有长袂，也有短袂。而袂的长短取决于布幅的块数。从目前所发现的楚服实物看，大致是1∶2∶3的幅数递增。《礼记·深衣》中所载“袂之长短，反诎之及肘”应是礼制的法定尺度，但在实际的生活中未必如此严格。马山1号楚墓出土的楚服其袂部既有用三块，也有用两块或一块布幅的。说明楚服不拘泥于礼制的束缚，以实用为大宗，形式多样。

**祛** 《楚辞·哀时命》：“左祛挂于榑桑，右衽拂于不周。”《说文·衣部》：“祛，衣袂也。从衣，去声。”《诗经·郑风·遵大路》：“遵大路兮，掺执子之祛兮。”又《诗经·唐风·羔裘》：“羔裘豹祛，自我人居居。”《毛传》并云：“祛，袂也。”我们认为，《楚辞》中的“祛”应指袖缘部分并与袂相连。由于祛与裾相连并构成一个整体，故二者古常相混，通为一义。事实上，祛与袂是有严格区别的，古之学者辨之甚详。朱骏声在《说文通训定声》中曾明言：“析言之袖曰袂，袂口曰祛。”《礼记·玉藻》记：“祛尺二寸。”郑玄注：“祛，袂口也。”清儒江永在《乡党图考》中所绘的衣裳图，也将祛与袂分别标注。这是值得肯定的。朱氏、郑氏和江氏都将祛与袂相互区别，较前混为一义又进了一步，但他们将祛理解为袖口则未必尽然，清儒王先谦注《释名》也指出了这一点：“《诗·裘》释文：‘祛，袂末也。’《遵大路》疏，《玉藻》疏同；《丧服记》注：‘祛，袖口也。’案：袂末之训较袖口为妥，末兼肘下言之，不专指袖口也。”袂末也正是袖缘。结合古代文献，也就更好理解。如《诗经·郑风·遵大路》“掺执子之祛兮”，是写挽留君子而扯揽衣袖，显然并非指扯揽袖口，若理解为扯揽袖口缘就更近情理。《诗经·唐风·羔裘》“羔裘豹祛”，显然是指用羊毛制作的裘服和用豹毛镶成的袖口缘，羔与豹，裘与袪均为对叠名词，前者修辞后者，如果将袪视为袖口于义不明。又《左传·僖公五年》“披斩其袪”一句“斩袪”不是割裂袖口，而是斩截衣袖的一段，显然是指袖口缘才文通义顺。由此可知，《哀时命》中的“左袪挂于榑桑”，也当是指左袖口缘部分挂在榑桑之上。总其上论，“袪”确当指袖口缘部分。我们再结合出土的楚服看就更明朗。江陵马山1号楚墓出土的袍及单衣的袖口均有袖口缘，长沙陈家大山出土的人物龙凤帛画中的人物及长沙和信阳楚墓出土的木俑衣着均有袖口缘，这袖口缘作为固定的服制，古代必有其专名，这专名也只能是“袪”。

袪的大小是有定制的。《礼记·玉藻》有“袪尺二寸”的记载。这一尺二寸是指袖口缘的周长而言。也就是说，无论袪部宽博如何，到袖口缘处都应以一尺二寸为尺度，长沙人物龙凤帛画中的女子所著衣着其袂部博大，但到袖缘处的袪部又紧缩，大抵是遵循了这一尺度。马山1号楚墓出土的楚服实物袪部均小于和等于袂部，也应是有定制的。但在长沙楚墓所出的几件木俑上也见有博袪和博袂的服式，这只是极少数。迄今我们还未见到这种楚服实物。从实用角度而论，楚服仍是以博袂紧袪的服式为主，也正因此才不碍于手和臂的行动。故《礼记》对“袪”的大小作有明确的定制。

袪与袂是有严格区别的。由于过去看不见先秦衣裙的实物，又加之袪与袂同为一个整体，以至于一些学者误将二者混同，只有在今天楚服面世之后，我们才有可能将袪与袂的真正含义区别开来。

**衽** 《楚辞·离骚》：“跪敷衽以陈词兮”和《楚辞·哀时命》“右衽拂于不周”中都有“衽”。王逸注：“衽，衣前也。”洪兴祖引《尔雅疏》云：“衽，裳际也。”《说文·衣部》：“衽，衣裣也，从衣，壬声。”《玉篇》：“衽，裳际也。”《仓颉解诂》：“衽谓裳际所及交列者也。”关于服制中“衽”的部位，古来众说纷纭。主要有两种，一是在衣之两边；二是在裳之两侧。江永在《乡党图考》中也主此两说，在其所拟的服制图中，认为衣与裳不相连接时，“衽”缀于衣之两边，衣与裳相连的深衣，“衽”在裳前的左右两边，江氏所拟的服制图，是汉以来千余年儒家学派对经典文斟字酌的汇总。其可信程度诚如姜亮夫先生所说的：“是否即真儒服，或当时通行于周鲁齐晋之形制，苦无实物为证。”即使在今天出土的先秦服制中，我们也难找到与之相近的形制来作验证。显然，用它来说明楚服亦难以为据。

我们认为，《楚辞》中的衽即是指衣前左右两部分的通称，也即“襟”（详下）。如果是衣与裳相连的深衣，则为上至衣肩下及裳底的全部，单衣则根本没有缀于两旁的“衽”，这从已经出土的先秦实物中均可证明。仅衣而言，襟之相交，衽也就相交，故《说文》有“拴（襟），交衽也”之说。事实上，在一些古籍的字里行间就已经为我们确定“衽”的部位提供了依据。然而，在不见有先秦的实物时，学者过于烦琐的考订和引征，反而使衽的部位纷繁多歧。服饰中的“衽”确为重要而又极为显眼的，它是判断不同民族的主要标志。中国自古有“左衽”和“右衽”（图 1–19）之分，前者为四夷的服式，后者为中原的装束。即使诸夏之人赴抵蛮夷之地，也得变其服和从其俗，这在古籍中屡见。《论语 · 宪问》有：“微管仲，吾其被发左衽矣。”这“左衽”就是衣前

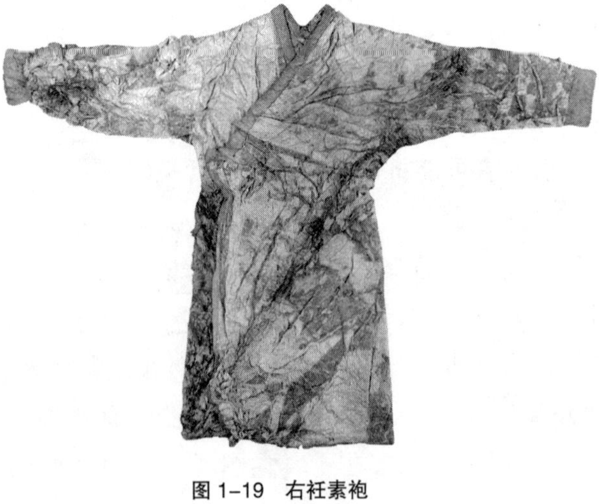

图 1–19 右衽素袍
马山 1 号墓出土

的右片向左掩，即右片覆盖左片，在左腋下或胸前用系带捆扎。反之则称为“右衽”。目前发现的上至殷商，下及战国的一些人物图像的衣着，既有左衽，也有右衽，马山 1 号楚墓出土的衣袍为右衽（但该墓尸体最外层所套的一件 E 型大菱形纹锦面右衽绵袍又按左衽穿着，这当另有所意）。由此看来，左衽与右衽均为先秦所通行的服式。倘若我们按典籍的注解和江氏所拟的服制图，将衽定于衣之两端和裳之两际，无论什么样的衣着，均无法判别左衽与右衽的差异。只有将衽作为衣或衣与裳前的两大部分，才能最为明晰地反映不同衣着的形式。实际上，《楚辞·离骚》中的“跪敷衽以陈词兮”一句，就是跪地展开胸襟一倾心中的话语，寄寓着诗人在沉郁中有豁达开朗的胸怀。而不是“展裳边际之衽，使上下不相牵连”。

如果说上述推论不误的话，那么对解释《礼记》中的深衣也极有说服力。众所周知，“续衽钩边”是深衣的主要特征。然而，由于古之学者对衽的部位认识的差异，故而对其解释也颇令人费解。诚如《礼记·深衣》注引杨氏所说的：“深衣制度，惟续衽钩边一节难考。”江氏所拟的深衣图认为“上边前后缝合之，所谓续衽”。当我们确立了衣与裳的前幅均为衽后，那么，衣与裳相连的深衣，则无疑就是指上衣衽与下裳衽相连的所谓“续衽”。而不是指前后衽相缝。除此以外，均无法解释上古服制中的“续衽”制度。

**襟**　《楚辞·离骚》：“揽茹蕙以掩涕兮，霑余襟之浪浪。”王逸注：“衣皆谓之襟。”洪兴祖补注：“《尔雅》：‘衣皆谓之襟，襟，交领也。’”出土的楚服均有衣襟。我们认为，襟的部位只指正当胸部的左右两部分，并与领相连。如果说是衣与裳相连的深衣，则应不包括裳衽。确切地说，它左右与衣袂相经，上下与腰缝为纬，在概念上，它含有衽的部分含义。襟又有大襟和小襟之分。一般以左右衽来划分。右衽服式则右片为大襟，左片为小襟。左衽服式则反之。

关于“襟”的部位，自古以来，并无大的分歧，但尚要说明的是，由于襟与衽在概念上部分重合，并且又与衣领相衔，古代有时是襟、褛、衽、领不分；有时作“襟”。《尔雅·释器》：“衣皆谓之襟，襟，交领也。”有时又作“褛”，《说文·衣部》：“褛，衽也。”段注：“衣襟也。”有时又作“裣”，《说文·衣部》：“裣，交衽也。”有时又作“衿”，《诗经·郑风·子衿》：“青青子衿，悠悠我心。”《毛传》：“青衿，青领也。”《释名·释衣服》：“襟，禁也，交于前。”总其而论，襟位于衣前，衽之相交，衣领也相交，衣襟也自必相交，这毋庸赘论。

襟与领相连，有襟必有领。领古称“襟”或“襋”，《说文·衣部》：“襋，衣领也。”段注：“领者，颈项也，因以为衣在颈之名。”《诗经·魏风·葛屦》：“要之襋之。”《毛传》曰：“要，褄也，襋，领也。”《楚辞》中虽未提及“襋”，但楚墓中所见的无论是人物绘画、木俑衣着，还是具体的楚服实物，皆有衣领。马山1号楚墓出土的楚服均有3～9厘米宽的领缘。衣领的形制各异，既有高耸的凸领，也有下弧的凹领。领缘多作绮绣并与衽和下裳的裾连为一体。由此看来，楚服中的襟起着提挈上衣和下裳的作用，是楚服的主要部位。

**袼**　襟之两边还与左右袂相连，为了增大臂的活动区度，通常在腋下另作一块布幅连接襟与袂。这单独的一块布料应称之为“袼”。《楚辞》中虽不见有“袼”字，但在楚服中已见有这种结构。

关于“袼”的作用，《礼记·深衣》有“袼之高下，可以运肘”的记载，但未言具体的形状。《礼记大全》引刘氏曰：“袼，袖与衣接，当腋下缝合处也。运，回转也。”这就是说，“袼”的大小直接影响着人的手臂的屈张，但袼究竟有多大，史无记载。江永在《乡党图考》中所绘制的衣裳图中也避而不谈，仅《礼记大全》：“袼之高下与衣身齐二尺二寸，古者布幅亦二尺二寸，而深衣裁身用布八尺八寸，中屈而四叠之，则正方，袖本齐之，而渐圆杀以至袪。”这条注解是否符合礼制的记载，我们姑置不论。但有两点可以肯定，一是袼为单独的一块布料做成且小于衣身用料，二是袼在腋下连接衣与袂使之成弧状。即所谓的“圆杀以至袪（袂）”，或者就是《礼记·深衣》篇中的“袂圆以应规”。肯定了上述两点，我们还可以通过出土的实物再来验证。尽管在已出土的楚国木俑衣着和人物绘画的衣着中分辨不出“袼”，但在马山1号楚墓出土的楚服中，绝大多数衣袍的腋下都用单独的一块长方形面料连接袂与衣，如小菱形锦面绵袍（N15）在双袖与正身相接的腋下，另拼有一块长37厘米、宽24厘米的长方形面料，正视其形状近三角形。它介于袂与衣中间，正好呈自然弧线将二者连接，与《礼记》中的“袂圆以应规”相当。发掘报告称这块面料是为了便于手臂活动而为，其说可从。这单独的一块布料，既不能划入祛部，也不应归属于衣身，从位置、形状和用途看，它相当于文献记载中的“袼”，因此，把它视为袼当大致不误。

值得注意的是，袼在楚服中并非件件具备，如马山1号楚墓所出的素纱绵袍（N1）就无“袼”。因为该袍的衣身与袂均为斜截法，其中一块面料正当袂与衣身的交界处，在腋下正好自如地裁成弧线。这里显然就不需用袼连缀。由此可知，“袼”仅仅只是使用在正裁之衣上。

衣襟与裳连，在楚服中都有一条明显的分界线，作为服制，它当即“腰”，通而言之，即指环绕衣裳相接处的一周皆可视为腰。《楚辞》中虽不见有此称谓，但在江陵马山1号楚墓出土的楚服中都有一条明显的分界线，有的呈直线，有的呈斜线，且都正当腰际。大体因以为名。腰古作要，《礼记·深衣》记：“续衽钩边，要缝半下。”《诗经·魏风·葛屦》：“要之襋之。”《毛传》曰：“要，褸也。”段玉裁曰：“古本当作‘要，要也’，谓此‘要’字即衣之要也。”无论从木俑、帛画，还是从楚服实物看，腰际均细于下摆。这无疑与楚国崇尚细腰相关。

**裾**　谈到衣襟，必然涉及衣裾，“裾”在文献中屡见，但对它的认识却不统一。《释名·释衣服》：“裾，倨也，倨，倨然直。亦言在后常见踞也。”注引苏舆曰：“四桂谓之裾。”郭注：“裾，衣后裾也。”综而言之，裾有衣襟、衣袖说和衣前、衣后说，结合楚服看，裾似应仅指深衣中的裳衽边缘饰和下摆缘饰。通常所谓的直裾和曲裾两种服式应是指裳衽缘饰的曲直而言。根据服式的不同，裾所处的位置就不同，曲裾之衣是绕腰际旋转而束，理当前后都有裾。而直裾之衣的裾也有在身前的，也有在身后的。如马山 1 号楚墓出土的楚服裾均在前。长沙及信阳长台关楚墓出土的木俑衣着，裾又在后。从其特征看，直裾之衣大多至足踝，即所谓的“长毋被土”，曲裾之衣大多紧身，长曳及地。由此而知，在楚服中，裾是判定不同服制的主要部位之一。

2. 上衣

楚国的上衣在文献记载较多见，但过去大多未见实物，人们不明其形制，随着考古材料不断增多，其式样和质料渐趋明朗，既有出土为数众多的实物，又有丰富的画像资料。楚人上衣的品类较多，有袍、襦、絥衣与裲裆等。

袍是一种上衣与下裳相连的服装，因与衣相连，仍将其纳入上衣的范畴。袍是楚人的一种主要着装。《淮南子·齐俗训》和《墨子·公孟篇》皆有楚人著袍的记载，信阳楚简也有“一丝袍”的记载。当然袍并非为楚人所独有，在中原地区的齐、秦、韩、魏及中山诸国的出土实物中都能见到。因此，一些学者认为，楚袍可能是由中原传入的，这种看法当大致不误。从外形上看，它确与文献记载中的连衣和裳的深衣相似，可以说楚袍受深衣服制的影响。

楚袍的实物出土较多，完整的皆见于江陵马山 1 号楚墓，另外在一些楚国人物画像及木俑的衣着上也发现不少。综合来看，楚袍的形制多种多样，虽都为交领，但袖有长有短；既有正裁的，也有斜裁的；有饰缘的，也有不饰缘的；既有直裾的，也有曲裾的。众多的袍服形制，反映了楚人以深衣礼服为本，并突破了礼制的樊篱，将人们的审美情趣集中体现在服制上。

楚袍的实物皆见于马山 1 号楚墓。分单袍和绵袍两种。

**单袍**　共出土 3 件。是一种季节性的服装，其突出特点是无衣里，也称单衣。古籍中常写作“禅衣”。《说文》云：“禅，衣不重也。”据《说文·衣部》说，南楚称这种单衣为“襟”。《楚辞·九歌·湘夫人》有“遗余褋兮醴浦”一语。实际上褋与单袍为一物。

单袍不仅仅只见于马山 1 号楚墓，包山楚简也有“一缟衣……亡

（无）里”的记载，信阳楚简也有“一丝袍”的记载，可能都是指这种单袍。马山 1 号楚墓出土的单袍实物有 1 件（N12）保存较好，为一龙一凤相蟠纹绣的红绢料制成，其形制为右衽，高领，上衣与下裳皆正裁。上衣用料 6 块，其中正身 2 块，两袖各 2 块。下裳用料 5 块，腋下设袼，领、袖和下摆皆用绣缘，袍长 175 厘米、袖展长 274 厘米、下摆宽 80 厘米（图 1–20）。

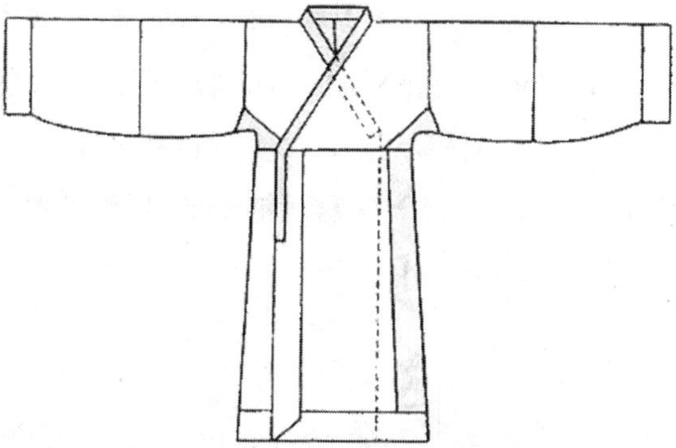

图 1–20　马山 1 号楚墓出土的一龙一凤相蟠纹绣紫红单袍摹绘图

单袍的制作比较特殊，其领、袖和下摆的缘都采用双层绢或厚重的绵和絛。这是因为在穿着时，单袍的各个部位都要受边缘的重力作用，而使单袍平整挺拔。再加上边缘都用不同面料的色彩和花纹点缀，又可起到极美的装饰作用。足见楚人在服装设计与制裁上已达到了极高的水平。

**绵袍**　共出土 7 件。形制与单袍大体相同，据其使用面幅的差异可分为三种形制。

第一种形制有 2 件。其中一件为舞凤飞龙纹绣土黄绢面料，另一件为素色面料。这种形制的袍的正身和双袖皆为斜裁，下裳正裁，上下各用布八块，右衽，后领下凹，两袖平展向外收杀，直裾，窄袖口，下摆平，领缘和袖缘皆用藕色绢，下摆无缘。素色绵袍长 148 厘米、袖展 216 厘米、袖口宽 21 厘米、腰宽 52 厘米（图 1–21）。

图 1–21　马山 1 号楚墓出土的素色绵袍摹绘图

第二种形制也有 2 件。以凤鸟花卉纹绣浅黄绢面袍为例，上衣与下裳皆正裁，上衣共用料 4 块，其中正身 2 块，两袖各 1 块，两腋下各拼一四方形面料。下裳制裁时把整幅的面料剪开，再拼成 9 块。领缘用田猎纹绦和龙凤纹绦，袖缘和下摆用大菱形纹锦，右衽，直裾，两袖平直，宽袖口，短袖筒，衣长 165 厘米、袖展长 158 厘米、袖宽 45 厘米、下摆宽 69 厘米（图 1–22）。

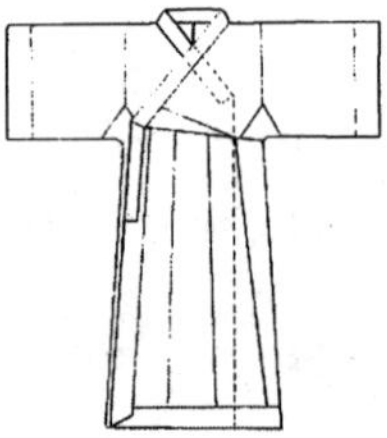

图 1–22　马山 1 号楚墓出土的凤鸟花卉纹绣浅黄绢面袍摹绘图

第三种形制有 3 件。以小菱形纹锦面袍为例，上衣与下裳皆正裁，正身用 4 块面料，两袖各用料 2 块，下裳各用料 6 块，领缘用六边形绦，袖缘用菱形纹绦，裾缘和下摆皆用几何纹绦。右衽，直裾，高领。

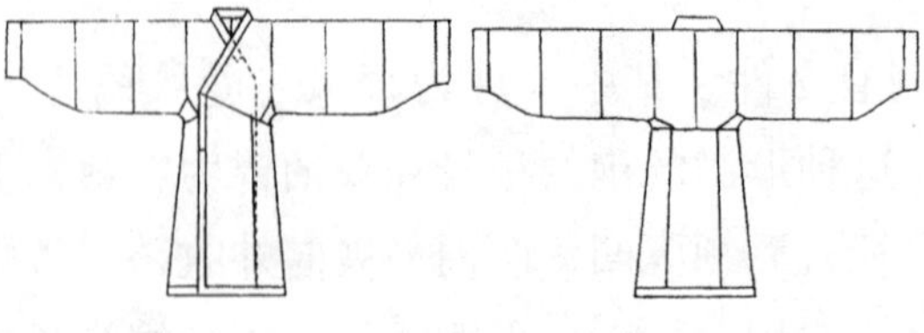

图 1–23　马山 1 号楚墓出土的小菱形纹绵袍摹绘图

袍通长 200 厘米、袖展长 345 厘米、袖口宽 42 厘米（图 1–23）。此种袍的突出特点就是两袖特长，袖末端收杀呈小袖口。

上述三种形制的最大区别就是裁法不同，最突出的特点就是后两种形制的腋下皆加有一块面料，这块面料就是便于运肘的“袼”。《礼记・深衣》有“袼之高下，可以运肘”的记载,《礼记大全》引刘氏曰：“袖与衣接，当腋下缝合处也，运，回转也。”这就是说“袼”的位置和作用。但在第一种形制的袍服中就没有这一块面料，这是因为该形制的衣袖皆为斜裁，其中的一块面料与衣身相接处，在腋下正好自如地裁成弧线，显然就不必用“袼”了。看来，楚袍中“袼”的使用仅仅只是用于正裁之衣上。

以上三种楚袍的形制皆出自同一座楚墓，且都为实用袍，疑为楚国所通行的一种式样。在楚国的一些人物图像中也可见到这些服式。如包山 2 号楚墓漆奁画中的人物和信阳楚墓出土的木俑衣着皆如此。值得注意的是，这些袍的衽部皆从正面绕到背后，由此可进一步推知，这种袍的穿着应是束紧腰部，使宽松的襟和衽绕至身后，然后再束带。因为楚国不仅有细腰之风，还有束带之习。这从大量的文献和出土的绘画图像中可得到证实。

在楚国的袍服中，还有一种与楚袍不尽相同的式样，其穿着时衣襟虽也是绕到背后，但衣裾却不是直裾，这种形制是人们习称的“曲裾袍”，曲裾袍现在还未见有实物出土，但在已出土的楚木俑的衣着中和木俑的绘画中多见（图 1–24）。如马山 1 号楚墓出土的木俑上一件绣绢单衣袍，裾缘和下摆都使用了塔形纹锦，其衽部绕到了身后，插入背后的腰带下，衣裾斜直，袍的下缘也不直。这种袍与前述三种常见楚袍都不同，这种服式在长沙楚墓出土的彩衣木桶着装上也可见到（图 1–25），显然应属曲裾衣。在长沙仰天湖楚简中有“一结衣”的记载，“结”在《广雅・释诂一》中训为“曲”，“结衣”应即为曲裾之衣。由此可进一步证明楚国也流行曲裾袍。可见无论是直裾袍还是曲裾袍都是楚人所通行的服式。这种式样的服式最初见于荆州的一座楚墓的木俑上，之后在荆州车挡和纪南城1号楚墓出土的木俑上再次出现了这一服式（图1–26）。说明楚国较为流行这一服式。尽管还无此类服式的实物面世，但在木俑的身上可以看出它是交领右衽的袍服。袍服为红黑两色，袍服外还挂有两串长佩，不仅如此，在交领处还系有蝴蝶形的领结，具有极强的装饰效果。

图 1–24　马山 1 号楚墓出土的木俑摹绘图

图 1–25　长沙楚墓所见衣曲裾袍的木俑摹绘图

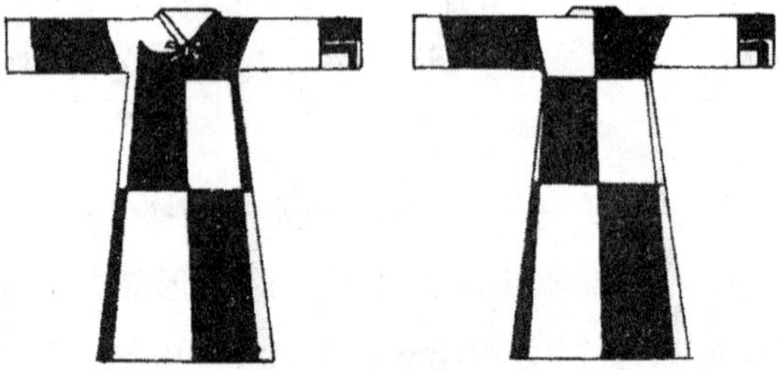

正　　背

图 1–26　荆州武昌义地楚墓木俑上所绘的袍摹绘图

上述相间颜色的袍服还未知其名，但它与史载的“偏衣”极其相似，可能就是偏衣。偏衣一名见于《国语·晋语一》《左传·闵公二年》《史记·赵世家》等，实为“偏裻之衣”的省称，“裻”是指衣背部的中缝，即正当脊梁的位置，意思是自背部脊梁的位置中分，左右异色。对照楚国所见这一服式也正是左右异色。不过给我们新的启示是，这种左右异色之衣，不仅仅只是在背部中缝处中分，而且在前胸的中部也中分，上下和两袖也异色。由此而见，楚人的袍服形制有多种。

**襦**　襦是一种比袍要短的服装。故《说文》云："襦，短衣也。"《说文通训定声》曰："襦长仅及膝，若今之短袄。"从文献记载看，襦也有单、夹和絮有丝绵三种。分别被称为襜（单襦）、袷（夹襦）和褚（絮有丝绵的襦）。它通常着之于体外，由于其服式较短，大多与裳服中的裙和袴相配使用。

楚国的襦服也见于马山1号楚墓，是一件表里都用深黄色绢制成的夹袍，由于保存不好，其细部结构已不太清楚。但从整体结构看，仍可辨为交领右衽，直裾。这件夹襦的长度仅101厘米，从其长度推算，此袍长仅及膝。从该袍的出土状况看，它是穿在死者的舞凤飞龙纹绣土黄绢面袍（N22）之内，应为一件内袍。这与襦常穿之于体外有别。事实上，楚国也有穿多重袍的例子。《左传·襄公二十一年》载，楚国的孙叔豫装病时，就穿了两件绵袍。由此推定，袍内所穿的应是短于外袍的襦。袍内穿襦似应是楚人的着装习俗之一。

当然，襦也可以直接穿于体外，这从曾侯乙墓钟虡上的铜人衣着可得到证实。铜人所表现的上衣不仅穿在体外、长仅及膝，还与裳服中的裙相配合使用，可认为是一件典型的楚式襦。这是因为曾国在战国初年已沦为楚的附庸，其文化面貌已有明显的楚风。从其结构看，襦为交领，右衽，下摆弯曲，腰以上部未绘有裾，腰以下则没有绘出，可能绕至背后，应是一件较典型的曲裾襦（图1–27）。洛阳金村周墓出土的银

图1–27　曾侯乙墓钟架上的铜人摹绘图

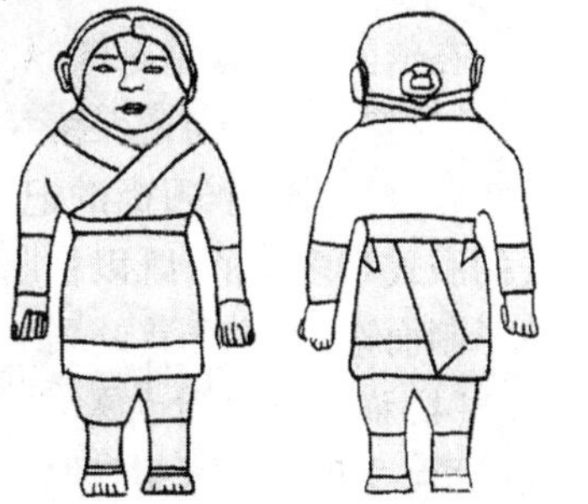

图1–28　金村周墓出土的银人服饰摹绘图

人穿的就是一件襦服（图 1–28），两相比较，它们大多相同，都是长仅及膝的曲裾结构。不同的是，金村银人所着的襦是与袍相配合使用，而曾侯乙墓铜人所着的襦与裙相配合使用。再则，楚襦似应更短些，而且下摆制成一自然的曲线，给人以飘逸感，充分体现出楚人在服式上的特有风采。

**緅衣** 緅衣（图 1–29）是楚人的一种短衣，其名不见于记载，实物见于马山 1 号楚墓的一件竹笥内，因竹笥外系有一签牌，其上自名为“緅衣”，是一件他人所馈赠的物品。从其形制看，它是用整块面料裁剪而成的，其制作极为简单，仅是在一块凤鸟践蛇纹绣红棕绢面的衣料上左右剪开，上部叠成双袖，下部左右内折，形成两襟，然后在领、袖、襟和下摆加施缘（图 1–30），衣长仅 45.5 厘米，袖展 52 厘米，腰宽 26 厘米。此衣服过小，应是按实用衣式为死者专做的一件冥衣。

图 1–29 緅衣
马山 1 号墓出土

緅衣的形制极其别致，两襟中分，极似今天的对襟衣，我们之所以援引其名，是因为楚国确曾流行过这种服式。在信阳长台关楚墓漆瑟画上也见有穿短衣的画像资料，长沙仰天湖楚简还保留了一些短衣的名称，在汉代仍保留有楚人穿短衣习尚的记载。由此，我们可以得出，楚人的服式是多元的，既以长服为宗，又崇尚短服。从形制而论，楚人又首开了对襟短衣的先河。

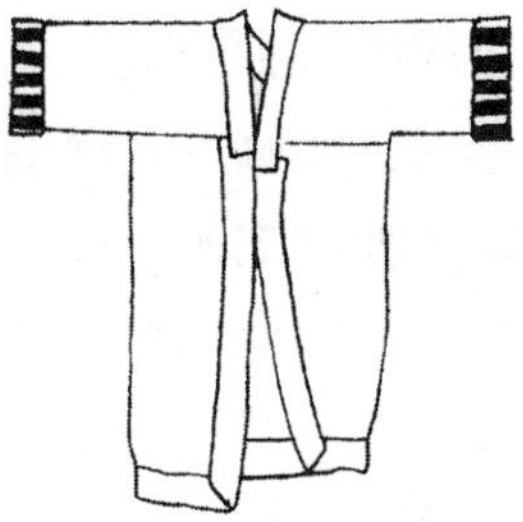

图 1-30　马山 1 号楚墓出土的緥衣摹绘图

**裲裆**　裲裆也属短服的一种，但无袖，极似今天的马褂，文献上多以裲裆相称，裲裆现尚无实物，但在包山 2 号楚墓所出土的一件漆奁人物画上有一跪迎的男子身着这种服式，其形正是无袖短衣（图 1-31）。由漆画人物所着之衣的式样看，楚国应流行这种形制的服装，而且应是常穿在袍服外的一种短衣。从漆画人物身份推定，这种裲裆可能仅是楚国一般士人或近似于侍臣的人穿的。

图 1-31　包山 2 号楚墓漆奁画中的人物摹绘图

仅上衣而言，在文献及楚国的简牍中还可见有很多名称，因缺乏实物，我们还不能一一罗列，但从楚实物及人物画像材料就足以体现楚服的品类之全和式样之异。

### 3. 下裳

当衣与裳并举时，裳通常是指裙服，实际上，当与上衣相对而言时，裳应还包含有胫衣，下裳由裙和袴（裤）等组成。

**裙** 裙即下裳，《释名·释衣服》："裙，群也，联接群幅也。"由此而知，裙是由多块面料连成的一种服式。关于裙的形制，礼书多有记载，古代的学者也曾加以考证，并试以复原图来说明。以宋人聂崇义为代表，他在《三礼图》中对各类裳都作了详尽的考定。江永在《乡党图考》中也进行了文论图释。但他们仅拘泥于礼书的记载，没有见过先秦的实物，故无以为凭。

楚国也有裙，实物见于马山1号楚墓，共出土2件，形制清楚的只有一件单裙。裙为深黄色绢的质地，展开后呈扇形，腰部窄，下摆宽，腰上部两端各有一腰系。它是由8块面料拼接而成的，正中两块为直裁，其余各块均斜裁。下摆饰缘，腰宽为111厘米（图1–32）。这件裙服由多幅面料连接，与文献记载相符，但与《礼记·丧服》郑注所说的"前三后四"的七块连接法不同。

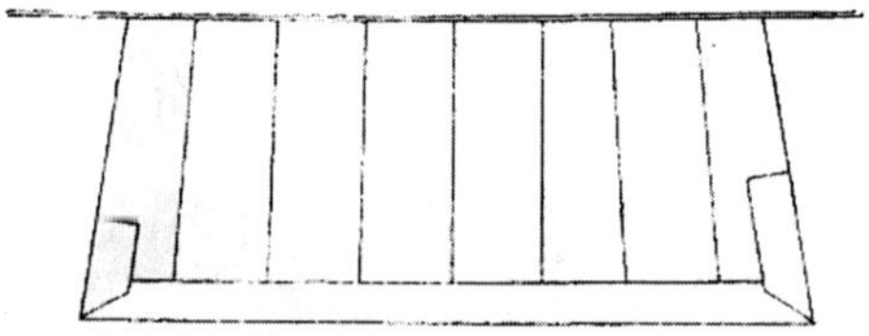

图1–32　马山1号楚墓出土深黄色裙的摹绘图

楚国的裙服还见于众多的人物画像上，在曾侯乙墓钟架的铜人下身都穿着裙，并且还能清楚地看见裙上的花纹。信阳楚墓漆瑟上所绘的人物也有穿裙服的。说明裙应是楚人的常服之一，并且常与襦相搭配。

马山1号楚墓的单裙出土时是穿在尸体上的，显然应为一件实用裙，从穿着次第看，它是穿在深黄绢面的夹袍（N23）之内和一件绵袴之上，这对探讨楚人的衣着时尚极有帮助。从着装次第看，如果脱去外袍，露出的就是短夹袍和裙服，呈上衣和下裳不相连续的着装，曾侯乙墓钟架上的铜人正是这一着装的写实。如果脱去裙，露出的就是下裳袴，这就进一步得出，裙的主要功用就在于遮蔽下裳袴。由楚裙实物的穿着次第和人物绘画表现手法可知，裙一般与长仅及膝的短夹袍或襦相配合使用，这应是楚人着装的一个特点。

**袴和裈**　袴相当于今天的裤子，亦写作"绔"。《说文》称之为胫衣，江陵凤凰山 10 号汉简上有"绔"的记载。仅胫衣而言，古代的学者在考证其形制时往往仅注重胫部。《释名・释衣服》："袴，跨也，两股各跨别也。"段玉裁在注中认为是套裤，指两个裤筒套在腿上，上端用绳子系在腰上。楚国的服式中有袴，不仅有实物，还可以从大量的绘画材料中得到证实。从实物看，其形制与文献记载有别。

楚袴的实物见于马山 1 号楚墓，其制作较为复杂。袴由腰和脚两部分组成，左右袴脚的分片和裁剪方法相同，每只袴脚各两片，一片为整幅，另一片为半幅，两片之间的拼缝处镶嵌有针织绦带。袴脚上部拼入一块长方形的袴裆，其中一条较短的边与袴腰相接，一条长边缝在袴脚上，然后把它折叠成三角形，展开后呈三角形，左右两块裆片刚好相接，但不相互连接，袴脚下端施缘，做成小脚口。由于袴筒宽大，所以，筒与脚口相连处进行了折叠处理，形如上大下小的灯笼状。袴筒上端与袴腰相接，袴腰用四块面制拼接，后腰敞开，形如一条开裆裤（图 1–33）。

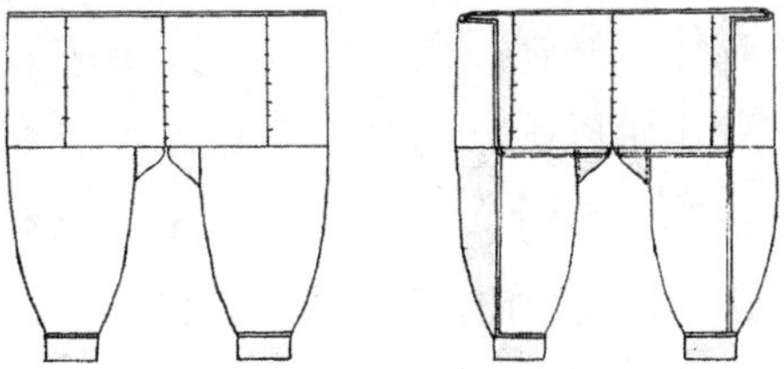

图 1–33　马山 1 号楚墓出土的绵袴摹绘图

楚袴实物出土时是贴身穿的，它应属亵服。从穿着次第看，其外面套着的是一件裙服，由此我们可以得到启发，袴和裙也是相配合使用的，裙的主要功用就在于遮蔽袴，这是因为先秦的袴还不完善，极易暴露内体的缘故。由楚袴实物可知，袴腰的背后部正是开裆，且又是贴身之服，故袴需要由裙来遮蔽才不至于露体。

与袴相近的还有一种裳服称之为“裈”，其结构是合裆的，故不用裙服来遮蔽，即文献中的“穷袴”。《汉书·外戚传》服虔注：“穷袴有前后裆。”《急就篇》颜注：“合裆谓之裈。”黄文弼先生在《罗布淖尔考古记》一书中载，曾在新疆发现有汉代的裈，据其描述正是合裆的形制。楚国是否有裈已不得而知。但通过比对一些楚文物上人物衣着的图像，楚国似应有这种服式。如长沙出土的一件漆卮上所绘的车马人物中的一骑马者和信阳楚墓漆瑟上所绘猎户及包山 2 号楚墓漆奁上的趋行者的下身都穿这种紧身的裤，即为文献中的“裈”。不过这些图像所表现的都是露裈，而不是以裙来遮蔽，显然就是合裆的一种结构。由此可知，楚人的下裳不仅有袴，而且还有裈。在使用时，它们的主要区别就在于裈与襦相配套，袴除了与襦相配套外还需加裙来遮蔽。由楚实物和人物图像所表现的衣着可知，袴多为女子使用，因是开裆而一般不露于衣外。而裈则多为男子使用，因是合裆而多可露出。

## 第四节　手衣与足衣

### 1. 手衣——手套

楚国不仅有各式体衣，而且还有手套。先秦的文献没有记载手套的名称，直到六朝以后才始以手衣为名。如陆云《与平原书》称曹操的手套为手衣。[①] 在北齐王江妃的墓中所出的随葬品的木方上就记有“故锦手衣一具”[②] 的记载。故我们仍援引手衣为名。

楚国的手衣目前仅发现一双，出土于江陵藤店 1 号楚墓（图 1–34），

① 陆云：《陆士龙文集》卷八。
② 端方：《陶斋藏石记》卷十三。

是用柔软的皮革裁制而成，五指分开，用线缝合，长 28.5 厘米，其形与现代用的手套完全相同（图 1–35–1）。楚国是否有丝织手套，由于没有实物，现尚不知，但从皮革手套制作的复杂工序和难度看，楚国是能够裁制丝织手套的，只是大多数墓葬中的纺织品不易保存，故而也就难见实物了。汉代以后，手套就开始大量流行了，在长沙马王堆 1 号汉墓中就出土了 3 双直筒露反指的夹手套（图 1–35–2）。该墓遣策称其为“尉”。“尉”与“熨”通，应视为冬季防寒用品。

图 1–34　皮手套
江陵藤店 1 号墓出土

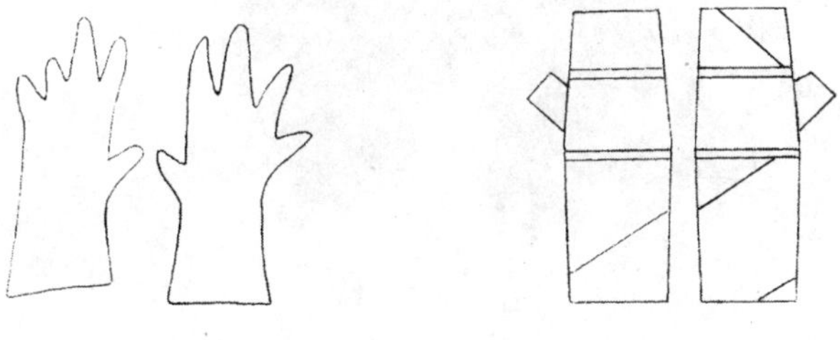

1. 江陵藤店 1 号楚墓出土　　2. 长沙马王堆 1 号汉墓出土

图 1–35　楚汉墓中出土的手套摹绘图

### 2. 足衣——鞋与袜

足衣即指鞋，又称作履，《说文》：“履，足所依也。”在一些古籍中足衣还被称作屦、舄、鞮等，它们都是鞋的通称，楚国有鞋，不仅有实物出土，而且从楚国简牍材料中还可以得知楚国有不同名称、质地和结构的鞋。目前，楚实物鞋发现较多，其形皆为圆口，由鞋底和鞋帮两部分组成。从质地看，既有以麻、草和帛混合制成的，又有以麻、草和革制成的，也有以草和帛混合制成的，还有以纯麻制成的。在荆州纪南城新桥遗址还出土了一只陶鞋。这些楚鞋为探究楚国的足衣提供了弥足珍贵的材料。

以麻（图 1–36）、草和帛制成的鞋见于马山 1 号楚墓，由鞋面和鞋底两部分组成，鞋前端近圆形，面用大菱形纹锦，鞋头和帮部的表层皆用麻布做成，其上髹漆。里层用草编，鞋底用麻线编结。编结的方法是先用麻按一定的距离设置好纬线，将两端固定在框架上，然后把麻线从中间向外层逐圈穿过纬线，外底留有许多乳钉状的线结。鞋长 23 厘米，宽 7 厘米，高 5 厘米（图 1–37–1）。

图 1–36　麻鞋
马山 1 号墓出土

以麻、草和革制成的鞋见于包山 2 号楚墓，但保存不好，其鞋帮的表层用麻绳经纬平编，内衬麻布，其上髹黑漆。里层为皮革，鞋口有系带。底分多层，最里层为皮革，中层用草编两层，其中一层为细草绳精编，另一层为细草绳粗编，外层为麻布，鞋底是用麻绳编结成环形凸楞和乳钉状的线结。鞋残长 25 厘米（图 1–37–2）。同墓遣策将此鞋称为

“缕”或“缇缕”。与马山楚墓不同的是，此类鞋上有系带，这“带”在文献上也称组缨，《礼记·檀弓上》就记有孔子的弟子穿丝履组缨。

纯麻制成的鞋见于江陵九店296号楚墓和当阳赵家湖金家山9号楚墓，前者惜仅存底，底是以麻线经纬编织而成，其上铺一层麻布。后者仅存帮，其形制与上述楚履相似。

在江陵楚郢都新桥遗址还发现了一只陶鞋，形状也与上述的形制相同，只是底微弧，鞋口前端呈尖状上翘。此鞋的长度仅10厘米，显非实用品，应是按实用品仿制的一件明器。陶鞋的底部皆锥刺成密集的凹点，凹点皆呈纵向排列，应是楚墓所见实用鞋底用麻线纬编成的乳状结的表现（图1–37–3）。

皮和帛制成的鞋见于长沙北门外的俞家冲战国楚墓，据商承祚《长沙古物见闻记》所描述：“履面前及右下旁合纲，两侧近首处各有大针孔十余，殆附帛面，后缀珠玉以为饰。革褐黄色，里有毛辫，为牛皮底，一面相连，下折而纫于左，履底的一沿向内卷。”[1]鞋长26厘米

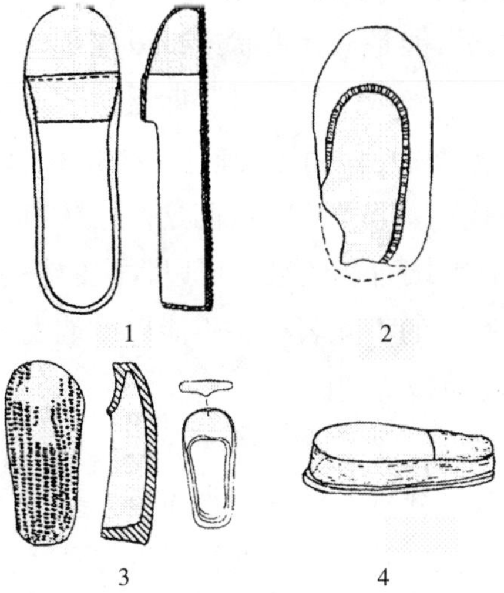


图1–37　楚汉墓中所见鞋的摹绘图

① 商承祚.长沙古物见闻记［M］.金陵大学中国文化研究所丛刊甲种，燕京学社印行，1939。

（图 1–37–4），此鞋形制独特，鞋的后跟上缀有珠玉的装饰。在鞋上作装饰先秦早已有之，《史记・春申君列传》载：“春申君客三千人，其上客皆蹑珠履以见赵使。”《韩非子・内篇谏下》也载齐景公的履就是以黄金作带，以珠玉作饰。不过，这种以珠玉作饰的鞋在楚墓中极少见，珠履应为高级贵族所用。

由楚履实物可以看出，楚履由底和帮两部分组成，由多种质料合成，鞋面一般都髹漆，鞋底编成凸楞和乳状的线结，这是由鞋的实际需求性决定的。因为鞋底在与地面接触时极易磨烂，用多种质料合成鞋底可增长其使用寿命，鞋底布满凸出的线结又可防滑，鞋面髹漆又可起到防水的作用。楚人在鞋上的匠心于此可见一斑。

先秦鞋的实物极少见，文献中对鞋的称谓极其复杂，仅以革、木、丝、草和麻不同质料制成的鞋就有不同的名称。由楚鞋实物看，一般都由多种质料混合制成，很难与文献对照。不过，楚人也确有不同的名称。如包山楚简就有“鱼皮之缕”和“缇缕”的不同称谓，信阳楚简也有五种鞋名。由包山楚墓出土的实物看，其鞋也不是以单一质料制成的。这些不同的名称，可能是据其形状或是以鞋所使用的主要质料而言的。如信阳楚简中就有“丝纸缕”，“纸”即屐，屐是一种木底的鞋，可以在雨天穿，现在有些农村还使用这种鞋。“丝纸缕”即是一种帛面木底的鞋，它大抵等同汉代的“帛屐”。信阳楚简中还有“逗缕”一词。逗读作绚，绚缕就是一种前端有鼻的鞋。可以肯定的是它们都不是单一质地的鞋，由此而知，楚鞋的不同名称还不能以质地去区别它们，但楚人称鞋为“缕”也即履是可以肯定的。

足衣除履外还应有袜，通常是袜外再套履。袜在先秦楚文物中暂时还没有发现，但在西汉初年的长沙马王堆 1 号汉墓中已有发现，据报道共出土有两双，形制相同。这次出土的袜，可帮助我们了解先秦楚袜的形制。马王堆汉墓出土的袜皆为夹袜，用绢缝制而成，齐头，足跟后开口并附有袜带，缝存脚面和后侧，袜底无缝（图 1–38）。其中一双袜底长 23.4 厘米，头宽 8 厘米，口宽 12 厘米。

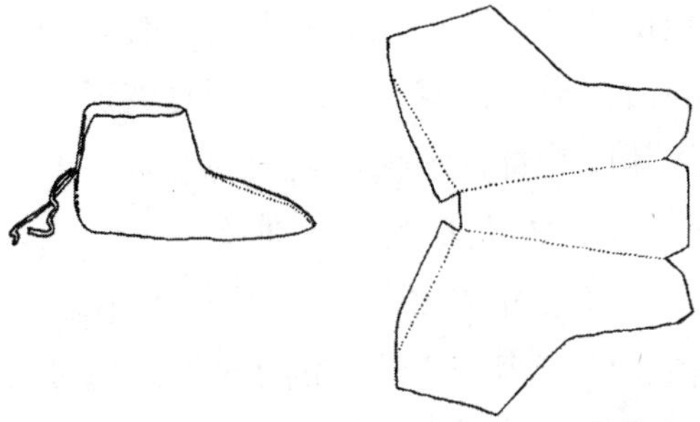

图 1-38　马王堆 1 号汉墓出土的夹补袜摹绘图

## 第五节　寝衣

寝衣即被子，《说文》："被，寝衣，长一身有半。"又，"衾，大被"。段玉裁注说寝衣是小被，衾是大被。《论语・乡党》也有"必有寝衣，长一身有半"的记载。

楚国被服的实物见于马山 1 号楚墓和包山 2 号楚墓。它们皆为长方形，从质地看，既有丝绵的，也有夹层的；从尺寸看，它们还存在着大小之别。这对于了解楚国的寝衣大有裨益。

马山 1 号楚墓的被服共出土了 3 件，其中一件较小（N2），另两件较大（N5、N7）。小的接近正方形，上端中部有凹口，并包有彩绦纹绮，即文献中的"纨"，也即"被识"。被面由 25 片具有不同花纹的绣绢拼成。被里用灰白色绢，里缘用红棕绢绣，被边长 190 厘米。另两件大的为长方形，被面分别为凤鸟凫几何纹锦和对凤对龙纹浅黄色绢。由于被里和丝绵已被剪掉，其形状已非原貌。两件长宽分别为 274 × 220 厘米、220 × 207 厘米。

包山 2 号楚墓共出土 15 件被服，除 3 件为夹被外，余皆絮丝绵。15 件中除 5 件有残损，长度不足 150 厘米外，余皆在 150 ~ 284 厘米之间。从其形制看，没有像马山 1 号楚墓所见的凹口，夹被的形制基本同丝绵被。

马山楚墓和包山楚墓出土的被服的形制，有着相同之处，即被面都由多块不同花纹的面料拼接而成，被的一端有被识。这应是楚被服制作的通用形式。但从其尺寸看，却存在较大的差别。由此可见，楚国在被服的使用上的确存在着大被与小被的区别。

按《说文》及段玉裁的注说，寝衣是有大小之别的，其长度也是有定制的，即小被大体相当于人体高的 1.5 倍，超过其长度的似应为大被。经测定，马山 1 号楚墓墓主的身高为 160 厘米，按定制制成的被服的长度应为 240 厘米，而实际所出 3 件被服无一件相符，但从所出的一件（N2）形制看，明显为实用被服。包山 2 号楚墓墓主的身高为 170.5 厘米，按定制制成的被服长度应为 255 厘米左右，但同墓所出的 15 件被服中仅一件凤鸟纹刺绣夹被相符，余皆不能相合。由此可以看出，这种差别应是因其使用的不同而造成的。

被服的使用除了覆盖于身外，还有铺盖于床上的。包山 2 号楚墓西室出土了一张木折叠床，其共存物有苇帘、草席、竹席和丝绵被等。经清理复原，床上是先铺苇帘，再铺草席和竹席，然后再铺丝绵被。被的宽度正好与床的宽度相等。由这些共存物的次第可以看出，楚人床上铺的也是被，并且其宽度与床等宽。

为了进一步说明楚国的被服在使用上的不同，我们还可以从楚床的实物得到证据。楚国的床目前已发现两具，分别见于信阳长台关 1 号楚墓和包山 2 号楚墓。信阳楚墓床长 225 厘米，宽 136 厘米，包山 2 号楚墓的床长 220.8 厘米，宽 135.6 厘米，两相比较，除长度略有差异外，宽度几乎相等。结合包山楚墓床上所铺丝绵被与床宽相等的实例看，楚被服的大小似应受床宽的限制。还可看出，凡其宽度不超过 135 厘米的应视为铺垫的被，其宽度超过 135 厘米的都应是盖被。也就是说，楚的被服中存在着铺与盖的区别。

包山 2 号楚墓出土了 3 件夹被，皆为实用盖被之列，从实用角度而论，显然属季节性的被服，这是迄今已知最早的夹被，说明楚在战国时已能根据季节的变化制作不同的寝衣了。

## 第六节　兵服与丧服

### 1．兵服

兵服主要由甲和胄两部分组成。甲是指身甲，胄相当于今天的头盔，皆由皮革制成，是作战时用的一种特制服式，在作战时有防身的作用。先秦使用甲胄的记载颇多，甲胄的起源也很早，考古发掘曾发现有商代的胄，战国时期的甲胄在其他诸侯国的遗址和墓葬中都有发现。

楚国的甲胄发现较多，但大多残破，唯天星观1号楚墓和楚系的曾侯乙墓出土的甲胄较为完整，这对于了解先秦楚甲胄的形制极有帮助。

曾侯乙墓出土的甲胄可分为胄、身、袖及裙四部分。各部分均由各式皮甲片编缀而成，皮胎外一般髹2 ~ 3层黑漆或褐漆，甲片上均钻有用于编缀丝带和革带的孔眼，经过复原，可看出胄甲和身甲的形制、结构和使用情况。

胄与身甲不相连接，由胄顶、前额和垂延片三部分组成。整个胄极似今天的头盔。仅内空而言，胄内高度为25厘米，仅顶部的高度就有16厘米。若按此尺寸推算，一般男子服戴此胄，人的头顶至胄顶还有多余的空间，显然这是为防止敌人击打头顶而设计的，这种设计与今天的安全帽有着异曲同工之妙（图1–39–1）。

身甲由胸甲、背甲、肩片、肋片和大领等组成，它是按人体的形状制作的，护住人体腹部以上的部位。肩甲之上立领甲以护颈，两边缀以袖甲，袖甲呈上大下小不封口的筒状，每四片一组，可伸展自如（图1–39–2）。裙甲呈筒状，与身甲的下端相连，护住人体的腹、臀及大腿上部，整个身甲自领至裙底部高84厘米，肩宽48厘米，胸围119厘米，袖长44厘米。复原后穿着既有极大的防护力，又不妨碍人在战场上各关节的活动（图1–39–3）。

由文献记载可知，制作甲胄的工序极为复杂。据《考工记·函人》所载，制甲时，要进行选料、处理皮革、按人体的大小进行裁制、锻革、制模锻压、钻孔和用丝线缀连组装等诸多工序。

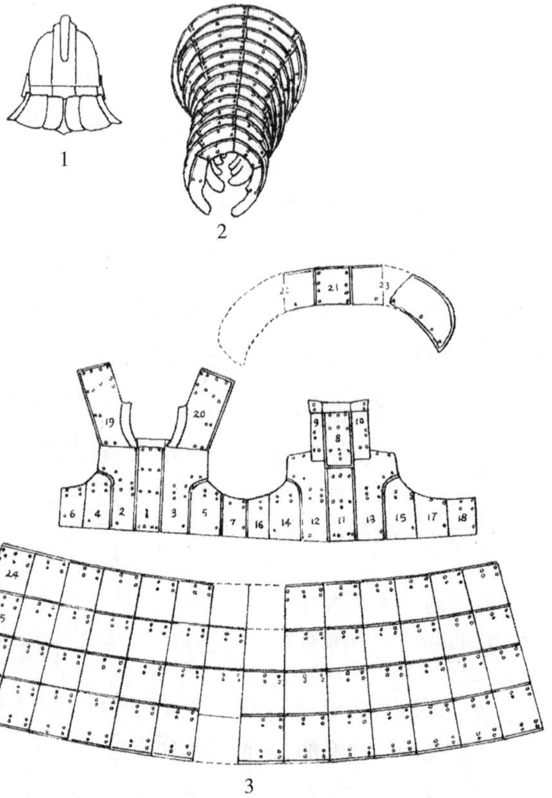

图 1–39　曾侯乙墓出土的甲胄

仅制模而言，不同形状的甲片就要制成不同的模型。从曾侯乙墓出土的甲片看，全为模制。经统计，曾侯乙的一个胄就需 18 副模具，压成 18 片，一套身甲需 19 副模具，压成 23 片，裙甲需 4 副模具，压成 56 片，袖甲需 5 副模具，压成 104 片。然后再将它们组装成一套甲衣。如此复杂的工序，其成本和耗时是可想而知的。再加上每一套兵服都是量体裁衣，其甲片的大小自当有别，所需的模具那就更多了，这对于号称带甲百万的楚国来说，足见其对兵服的重视了。

楚甲不仅形式完备，而且还善用不同的皮质来制作，《楚辞·九歌·国殇》就有“犀甲”的记录，是用犀牛皮制作的。包山 2 号楚墓还记有“二狐甲”，是用狐皮制作的。当阳曹家岗春秋楚墓不仅出土了皮甲，还出土了造型各异的金属甲片饰，这是迄今为止我国所见最早的金属甲的实物。天星观1号楚墓还发现了木胎皮甲，即在漆甲片内衬有木片，从实物看，这种甲不仅没有增加甲的重量，还比皮甲更坚实。耐人寻味的是，这种甲可套叠收拢成圆筒状，既方便收藏，又便于穿着。由此可见，楚国在兵服制作上可谓匠心独具。

迄今为止，比较完整的甲胄都见于楚墓和楚系的墓葬中。从文献记载和其他区域所出土的人物画像资料看，春秋战国时期，各诸侯国在战场上都普遍使用兵服了，这与列国纷争，旨在提高本国战斗力的环境是相符合的。各国的甲胄是否有区别，因缺乏实物无法比较，但从古文献的名称上看似有区别。如曾侯乙墓遣策上就明确记有“吴甲”和“楚甲”的不同名称。无论是从文献记载，还是从实物看，楚国制造兵服的数量、质量和品类都应是独步先秦列国的，这些先进的装备，熔铸了楚人挥师疆场，问鼎中原的雄才与气魄。

**2. 丧服**

丧服是一种特殊的服制，古人极重视丧事，凡遇丧事，生者的衣食住行都要改变，仅服而言，要更换其常服为丧服。对于死者则是厚之衣衾以葬，名其为“事死如事生”。因此体现在服式上的就是生者的丧服与死者的殓服。

丧服习俗的起源已无从稽考，从文献记载看，西周时似已纳入礼制的范畴。“三礼”中对其多有记载，仅《礼记》一书，全书49篇中就有11篇专论丧服制度，足见其重要性。

由于丧服在春秋战国时期广为流行且为生者所穿，一般不易保存。至今为止，对丧服的形制还不甚明了，不过从文献记载中，我们仍能够得到较为明晰的认识。

据“三礼”记载，丧服的核心内容是所谓的“五服”，即斩衰、齐衰、大功、小功和缌麻五种服制。这五种服制不仅包含有头衣，还囊括有足衣。其形制与常服大体相同，只不过是衣料的料质粗糙及附饰损缺，古人穿着这些服式，呈现一幅悲惨凄凉的景象，向人们示意家有丧祭。

五种服制根据死者生前的地位及其与生者的关系又有着严格的等级区别：斩衰服是丧服制中的最高等级，服期为3年，据《仪礼·丧服》及其注解可知，这种服制是用最粗的麻布制作的，在制作时均不缝边，断外露，因而得名；齐衰服为丧服中的第二等级，服丧的时间有3年、1年或3个月3种，用稍粗的麻布制作，缝下边；大功服为丧服中的第三等级，服期为9月，是五服中粗重仅次于齐衰的丧服，用粗熟麻布制作，称作大功是因为这种粗熟麻布名为“大功”；小功服为丧服中的第四等级，服期为5个月，其服所用之布的缕虽粗于丝麻之缕，却比大功之缕细，相对于大功布制作的丧服而言，故称作小功服；缌麻是五服中的最低服制，服期为3个月，是用熟麻布制作的，这种布名也称作“缌”，故称之为缌麻服。

丧服屡见于文献，生者都是按自己的身份和等级穿着。《左传·襄公十九年》载，齐国的晏桓子（即晏婴之父）死后，晏婴穿着粗布的丧服，头上和腰上都系着麻带，手执竹杖，脚穿草鞋，喝粥，住草棚，睡草垫子，用草作枕头。这些衣食住行应是士礼，但晏婴身为大夫却行士礼，故而被他的家臣讥为“这不是大夫的礼仪”。由此可知，生者所服丧服应与自己的身份相符。楚国的丧服是否也实行这些等级制度已不得而知，但楚国是一个重丧纪的国家，同诸夏相比，应不例外。无论是曾侯乙墓，还是包山楚墓及天星观1号楚墓的遣策都有助丧的记载，可证明楚国的丧事既纷繁又隆重，服丧存在定在情理之中。

发达的楚国纺织业为丧服的制作提供了原料，在已发现的楚国实物衣服中，大多为丝织品，尽管麻织品也有发现，但一般无麻织的衣服出土。可以推想，楚国的麻织品除用于制作鞋及麻绳和用于漆器的夹胎外，大部分恐怕用于制作丧服了，因为麻布的粗细是以升计量，即以布的经纬密度而言的。据《礼记·间传》所载，丧服中的斩衰用三升布，齐衰用四、五、六升布，大功用七、八、九升布，小功用十、十一、十二升布，缌麻“十五升去半”的布。但长沙楚墓出土的苎麻布片的经密为28根/平方厘米，纬密为24根/平方厘米，按汉代度量制推算，约折合十七升布，其细密度已接近于丝织品了，如果用楚国的麻布制作丧服，极难区分丧服的等级，故此推断楚国的丧服可能不存在等级之差。

殓服是死者的服制，古人死后一般都要加新衣于尸上，以亲其身，示洁净之意。加新衣于尸称之为殓尸。其中，殓尸又分为小殓和大殓。小殓即在死后的次日进行，据礼书记载，无论尊卑贵贱都要为死者穿上十九套新衣服，以像天地之数。穿上衣服后，用被子将尸体裹上并捆扎，然后用布囊套上尸体，小殓即告完毕。大殓则是在小殓的次日进行，即死后的第三天进行，大殓的衣服之数也有等级之差，衣服穿毕后即移尸于棺并加棺盖以待下葬。加盖棺盖后即表明大殓完成。

楚国也极重视殓尸，尽管一些楚墓的尸体大多腐朽，但在一些墓葬的棺内或棺外残留有一些丝织物，应为残存的殓服无疑。江陵马山 1 号楚墓发掘后，更为明晰地反映了楚国殓尸的程序、所用殓服的数量和品类。

马山 1 号楚墓的尸体虽腐朽，但殓服俱存，尤其是殓服的次第及捆扎情况都保留了当时的原样，这对研究楚国的殓尸习俗有着重要的参考价值。

由马山 1 号楚墓可知，楚国的殓服主要有绵袍、单裙、绵袴麻鞋和被服等。从殓服看皆为实用品，殓服既有穿于体上的，也有用于包裹的，还有叠置于棺内的。殓服的质地绝大多数为丝织品。据《仪礼·士丧礼》记载，殓服中的“袭”是一种左衽袍，是专门用于死者穿的。袭应有三层，除了给死者穿内衣外，还要在其外再套三件左衽袍，与生时的右衽服式相区别。从马山 1 号楚墓看，死者穿着三件袍和一件裙，内穿一件绵袴。其中外面的一件绵袍（N19）原为右衽，但在穿着时把里襟压在了外襟之上，形成了左衽，这与史载的要穿左衽袍是相同的，但另外两件仍为右衽，与史载又不同，可见，楚国的殓服与史载相异。有关殓服的使用，礼书所载极为详尽，与马山楚墓相比较，死者所使用的衣衾数量、包裹和系结在文献中都可以找到依据，但在具体的形制和方法上有较大的区别，说明楚国的殓服及使用有自己的特色。

# 第二章　佩饰篇

## 第一节　导论

配饰随着服饰的产生而出现，并伴随社会生产力的发展而演化。在一些原始遗址中，发现了一些制作精致的穿孔贝壳和兽牙装饰品，这些装饰品无疑属配饰。湖北钟祥和天门石家河遗址出土的泥塑人像不仅衣冠俱全，还佩戴配饰，并梳有美观的发式。从考古发掘资料可以看出，新石器时代玉石配饰可用于随葬，佩饰不仅做头饰，还有颈饰、腰饰等，此时配饰种类更加完备、材质更加多样。随着社会经济发展，贵族占有越来越多的物质资料，他们以拥有更为精致、贵重、烦琐的配饰为荣，并以此来象征自己的社会地位，配饰由装饰意义向象征意义转变。不同的配饰组合在一起，形成组配，这些组配过于沉重，用于佩戴装饰的可能性较小，多用于死后陪葬，象征主人的社会地位。

配饰材质多样，原始时期用石头、骨头、贝壳等做简单的配饰。随着生产力的发展，制作配饰的材料越来越丰富、贵重，有玉、铜、铁、金等不易获得的材料。这些材料不像丝绸、麻、棉等不易于保存，大多数材质坚硬、不易腐朽。因此，即使配饰在地下埋藏很久，也很容易保存下来。考古发掘出土的大量配饰实物为研究配饰提供了丰富的材料。从挖掘的考古实物中我们可以知道不同的地理环境、经济、文化，形成不同风格的配饰，配饰的地域特征也十分显著。

## 第二节　领饰和蔽膝

领饰是指衣领部的装饰，楚人的衣着除重视华丽外，还重视装饰，其领部的装饰尤其令人惊奇。楚人的领饰过去不太清楚，近年来新发现的一些资料，弥补了这一缺陷。领饰分别见于江陵武昌义地 6 号楚墓和纪南城 1 号楚墓出土的木俑上，形制相同。虽然都是彩绘于木上，但线条和形状却十分清楚。从其表现的结构看，它用绸带缝钉在袍领上，然后再在前领口处系成蝴蝶结（图 1–26），这一结构既可固定右衽的交领，又确实具有极强的装饰效果，但在出土文物中还没有发现与之相同的实物。可以肯定的是，楚人确应有这种领饰。可以作为旁证的是，在年代稍晚的秦始皇陵秦俑坑中出土的部分秦俑的颈间也系有丝巾或者布巾，有的在前颈处还系结成不同的形状，具有与领饰相似的效果。当然，秦俑颈部的巾是由于甲的领口过大而用来护颈的，它具有实用性与装饰性，这说明中国古代对衣领部极为讲究。江陵武昌义地 6 号楚墓和纪南城 1 号楚墓的年代相近，大约为公元前 278 年。由此可见，楚人在战国时期就已创造了蝴蝶结形的领饰。值得注意的是，这种领饰与后来欧洲普遍使用的领结如出一辙。然而，二者在时间上却相差 20 个世纪。也就是说，当欧洲人普遍开始使用领结的时候，楚人在两千多年前就已发明了这一装饰，这一点也不能不令西方人折服。

蔽膝又称韨、芾、袆等，是正当身前的一种衣饰，顾名思义就是遮盖大腿至膝部的饰件，它通常与腰带连用。在商周的服式上常可见到，其形制大体类同于今天的围裙，所不同的是为窄条形，自胸前的腰带处一直延伸到膝部（图 2–1）。目前虽还没有发现楚蔽膝的实物，但在江陵枣林铺 1 号楚墓出土的一件木俑上绘有蔽膝的图像，可揭示楚蔽膝的使用情况。该墓出土的木俑身着偏衣，腰部束带，带的正中还画有一带钩，在腰带以下的正中处垂一长方形的条饰，正好遮蔽至膝盖处（图 2–2），与商墓中所见的蔽膝饰件完全一致，应为蔽膝无疑。蔽膝在包山楚墓中也有反映，包山楚简中有“一装祓”的记载，这“祓”应是

“韨”，也就是指蔽膝。可见原墓中曾随葬有蔽膝，遗憾的是实物已经腐烂。

图 2-1 安阳殷墓出土的玉人摹绘图

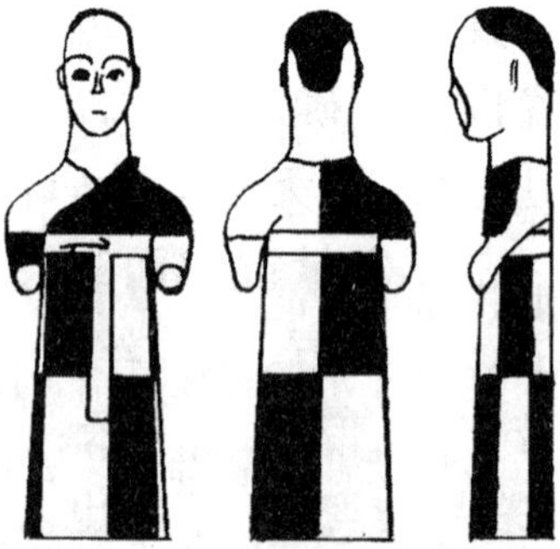

图 2-2 江陵枣林铺楚墓出土的木俑摹绘图

由楚国绘画资料和楚简材料可知，楚国是有蔽膝的。可以作为旁证的是，在楚系的曾侯乙墓钟架上的铜人胸前都铸有蔽膝，与商代玉俑上的蔽膝和楚俑身上的蔽膝相比，似要宽一些，这可能反映了不同区域在服饰上的差异。可以肯定的是蔽膝在先秦较为常见，到汉代后仍很流行，且古籍中提到的地方也很多。《汉书·王莽传》载，王莽及其妻都以蔽膝为饰。王莽的母亲得病后，一些公卿列侯派夫人去探望，王莽的妻子出来迎接，其装束就是衣外套蔽膝。蔽膝的起源较早，应与原始人以兽皮遮羞御寒有关，随着衣服的产生，这一遮羞物得以保留，进而又成了衣服上必不可少的装饰物，并流传后世。

## 第三节　带和带钩

带作为体衣必不可少的附饰屡见于文献和先秦的人物画像中。穿衣必束带是先秦的通例，这是因为先秦的衣服大多没有纽扣，为使衣服穿着附体，必须以带相束。故带成为体衣不可缺少的附件之一，并将其纳入了礼制的范畴。《礼记·深衣》对束带的位置也有明确的规定，称之为“带下毋厌（压）髀，上毋厌（压）胁，当无骨者”，即正当腰部。

从文献记载可知，先秦的衣带有着多种名称，即有带、大带、厉、绅、丝带等。《说文》云："带，绅也。男子鞶带，妇人带丝。"又云："绅，大带也。"《左传·桓公二年》："鞶厉游缨，昭其数也。"杜预注："鞶，绅带也，一名大带，厉，大带之垂者。"杜预以绅带来注解鞶，实则使人难以透解，形成绅带不分的模糊概念。实际上，绅应只是带相系后的两个下垂的部分而言。《礼记·玉藻》："参分带下，绅居一焉。"郑玄注："绅，带之垂者也。"由此可知，古代的衣带只有革带和丝带两种，所谓的绅和厉只是指系结后的下垂的部分而言。由于绅正当胸前，人们还可以用来临时记事，《论语·卫灵公》就有子张临时用绅记事的记载，但这不是绅的主要用途。

楚国的衣带作为楚服的主要附属物，不仅有大量的实物出土，还有大量的图像和木俑衣着可以证明。从出土实物看，楚国的衣带也恰只有革带和丝带两种。

革带在楚墓中发现较多，既有实物，也有遣策记录。需要指出的是，在楚简中，分别有"革带"和"缂带"两名。二者虽都指用皮制成的衣带，但它们有一定的区别，革带仅指素面皮带而言，而缂带则指绣花的皮带。由出土实物可知，楚国的革带一般都较宽，既有素面的，也有镂孔的。保存最为完好的当数江陵九店 410 号楚墓出土的一件镂孔革带。该革带出土时对折两次放于边厢中，由两层皮革黏合而成，其毛面向外，其上透雕四组二方连续的变形蟠螭纹，一端边缘有一个三角形穿孔。带长 100 厘米，宽 13.9 厘米（图 2–3），显然属一件实用品。

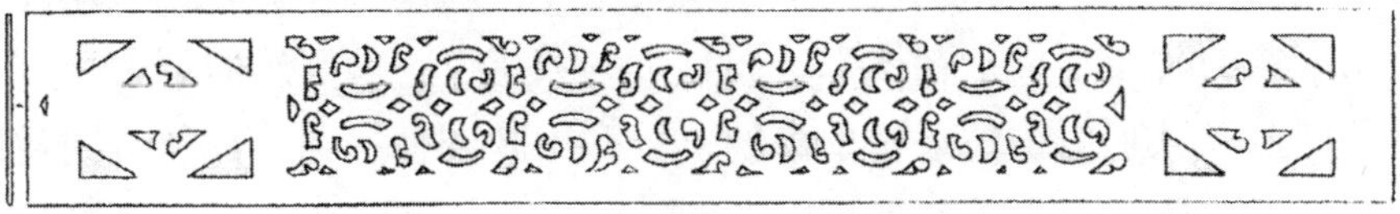

图 2–3 江陵九店 410 号楚墓镂孔革带摹绘图

丝带在楚墓中也发现较多，一般由组、绣、锦和绮等质地的丝织品制成。在马山 1 号楚墓死者的外层绵袍之上就系有一件完整的丝带。丝带由手工编的组制成，于前腰处扣成活结。丝带的左侧系组带，穿系佩饰（图 2–4）。江陵九店 410 号楚墓也出土了一件长条形丝带，也由组制成，丝带长 77.1 厘米，宽 55.3 厘米，一端有椭圆形孔，另一端有三个椭圆形孔（图 2–5）。

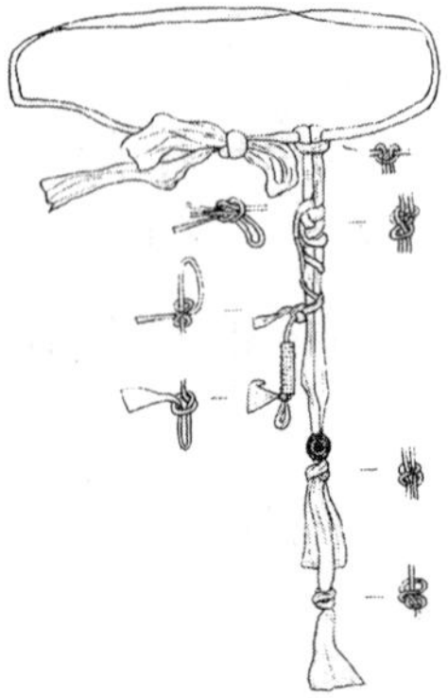

图 2–4　马山 1 号楚墓出土的丝带摹绘图

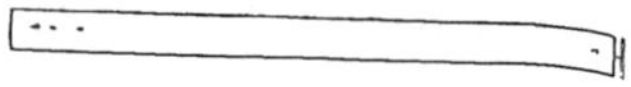

图 2–5　江陵九店 410 号楚墓出土的丝带摹绘图

革带和丝带都是体衣的附件，具有较强的实用性与装饰性。《礼记·内则》记：“男鞶革，女鞶丝。”意思是说，男子用革带，女子用丝带。从出土的不同质地的带看，楚国并非如此。如马山 1 号楚墓及江陵九店楚墓所出土的一些女俑的腰带也使用的是革带。看来，楚国对丝带和革带的使用没有严格的划分。

与带相配使用的为带钩，因为带的系结大多用钩连接。带钩古又称为“胥纰”“犀比”“师比”，《楚辞》中则称之为“鲜卑”。过去曾经认为带钩是由北方草原民族传入中原的，由考古发掘可知，北方草原民族使用带钩的时间不早于春秋末，而且带钩数量也不多。然而带钩在黄河流域则最早见于山东蓬莱村里集的 7 号西周晚期墓，到了春秋时期各诸侯国已普遍使用金、铜、铁等质地的带钩了。因此，传统看法已被越来越多的考古发掘材料否定。

在楚墓中也出土较多的带钩实物，最早的带钩当属淅川下寺 10 号春秋中期楚墓出土的一件铜质带钩，战国楚墓中更为多见，一般小型楚墓中都出土带钩。说明楚国的带钩不仅普遍，而且其使用还不存在等级之差。

楚国带钩的质地较多，金、银、铜（图 2–6）、铁和玉，还有一些复合质地的。其形制也大同小异，一般钩头作鸟头或兽首状的弯曲，下端作琵琶或长条状。钩的正面既有素面，也有铸刻复杂花纹的，以铜质的带钩最为多见。楚国在制作带钩上最为讲究，江陵望山 1 号楚墓出土的一件错金银的铁带钩满饰花纹，其弧度长 46.2 厘米，宽度达 6.5 厘米，是迄今为止楚墓所见最大的一件铁带钩（图 2–7、图 2–8）。信阳楚墓出土的带钩也有长达 20 厘米的，这在楚墓中实属罕见。不仅如此，一些铁质的带钩制作更为精美，且超过了铜质的带钩，如信阳 1 号楚墓就出土了 5 件铁带钩，其中的一件带钩上镶嵌有 4 块金质的蟠螭纹浮雕，在金属浮雕之间还镶嵌有 3 块谷纹方形玉块。足见楚人对这一服饰件的重视。

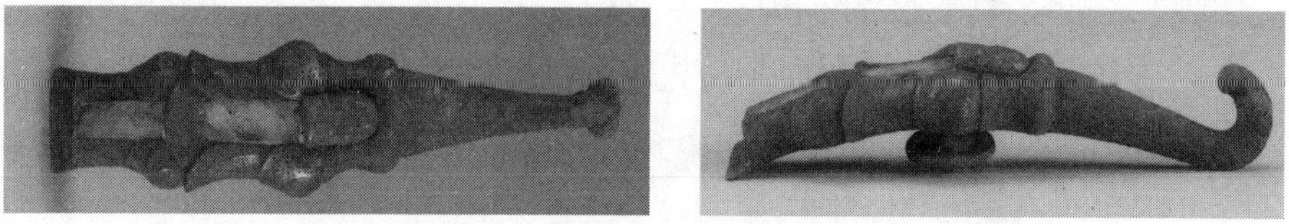

正面　侧面

图 2–6　铜带钩

图 2–7　望山 1 号楚墓出土的带钩摹绘图

图 2-8 错金银铁带钩

楚国的带钩大小相异，反映了它们在使用上的差别。一般的小型带钩当为束带之用，至于大中型带钩则多为佩物和佩饰用钩，当然，带钩的用途主要还是用于系连带，因此小型带钩在楚墓中最为多见。带钩系连的位置正当胸部，连接带的两端，其安装一般是钩的尾端固定在带的一端，钩头钩住带另一端的孔中。长沙 406 号楚墓曾出土了一件革带，带钩的尾端也正是插在革带一端的割孔中，钩头向外钩住另一端的割孔。这是楚国使用带钩的实例（图 2-9）。证之以实物，一些木俑的衣着也正是如此。江陵枣林铺战国楚墓出土的木俑绘画的革带上还画有一带钩，正与楚墓所见实物相同。事实上，这种使用方法也见于燕下都铜俑的衣着，说明带钩的使用在先秦各国应是相同的。

图 2-9 长沙 406 号楚墓出土的革带和带钩摹绘图

需要指出的是，过去认为带钩只与革带相配使用，因为革带有一定的硬度不易系结，然而在楚国，丝带也有用带钩的。江陵九店 410 号楚墓出土的一件丝带，一端有孔，另一端并列有三孔，出土时其旁还伴有一件铜带钩，显然属一件完整的配有带钩的丝带，另一端的三个孔是用来调节松紧的。因而，至少可以说，在楚国，带钩的使用并不只是局限于革带之上，有些革带上甚至不用钩，如江陵马山 1 号楚墓和九店东周楚墓出土的木俑身上的革带就没有使用带钩，而是两端分别钻孔用组带连接。

因为带与带钩位于衣袍的表面，并且还可以悬挂一些佩饰，所以它们成为衣饰的一个重要部分，色彩斑斓的衣服再配以精制的带与带钩，成为当时显贵竞相追逐的风尚。《淮南子·说林训》所说的“满堂之坐，视钩各异，于环带一也”，应是当时社会生活的真实写照。

## 第四节 单佩和组佩

佩饰是古人衣着外的装饰，据《礼记·内则》载，子事父母要有配饰。佩包含有多种，玉、刀、巾、金燧等，我们所说的单佩与组佩都是指佩玉而言的。以玉石作佩饰早在原始社会时期就已成风气，商周时期，随着玉石加工技术的提高，佩玉之风更是盛行，再加上礼制的规定，玉石被赋予诸多人格化的解释，并被蒙上一层神秘的道德色彩。《礼记·玉藻》就有“古之君子必佩玉……进则揖之，退则扬之，然后玉锵鸣也”，“君子无故玉不去身，君子于玉比德焉”等之说。意思是说，古代有修养的人一定要佩玉，如此，既可听到玉铿锵清脆的撞击声，又要自己的品行像玉一样高洁。

考古发掘资料表明，在周代，各诸侯国都能雕凿形制各异、花纹繁缛的玉石和佩戴名贵高雅的玉器了。但对于楚国而言，则更为突出。各地楚墓，无论是大中型楚墓，还是小型楚墓，大多都有玉器出土，其品类之多，已达各诸侯国之冠。不仅如此，文献中一些与玉石有关的脍炙人口的故事也都发生在楚国。如楚人卞和两次向楚王进献玉璞，因无识者而被楚王刖去双足，后来楚文王派人理璞而得宝，命之为“和氏之璧”。和氏璧流传到赵国后，秦昭王竟愿以 15 城同赵国交换此璧，可见楚国的玉器价值连城。《国语·楚语下》也记有贵玉白珩享誉列国。屈赋中还多见有将自己比做琼玉的，包山楚简还见楚国设有专门的机构——玉府，足见楚国人对玉的偏爱。

在众多的玉器中，以玉佩最为多见，以至于在诸侯国间的宾礼中往往以玉佩相赠，以示友好。《左传·定公三年》记载，蔡昭侯曾拿两件佩玉和两件裘服到楚国，献给楚昭王一佩一裘，可见佩不仅是一般贵族热衷追逐之物，也是王侯艳羡的佳宝。（图 2–10）

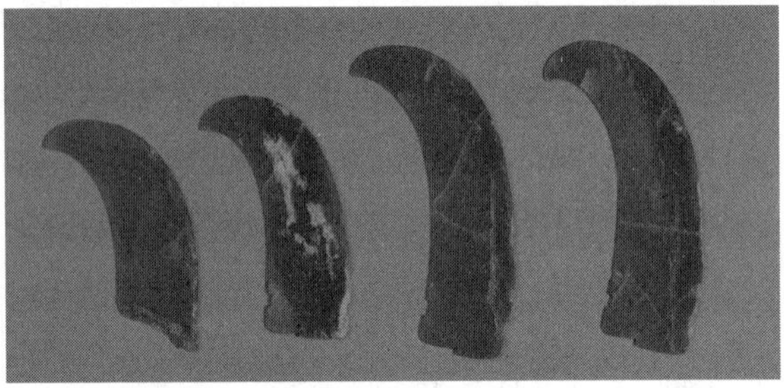
图 2–10　玉佩

东周的佩玉较为复杂，从名称和形制看，有些虽能与文献相对应，有些根本就无法确指。至于佩用方法，更是众说纷纭。从众多的楚国佩饰实物和木俑身上所戴佩饰看，大体可分为单佩和组佩两种。单佩即是以一件或以一根组带相连多件佩挂于胸前，组佩则是以多件玉饰相连分两组佩挂于胸前。无论是单佩还是组佩，佩挂玉饰的种类主要有璧（图 2–11）、环（图 2–12）、瑗、玦（图 2–13）、琥（图 2–14）、管（图 2–15、图 2–16）、珠、觽、玑、韘、璜（图 2–17）等。

图 2–11　玉璧

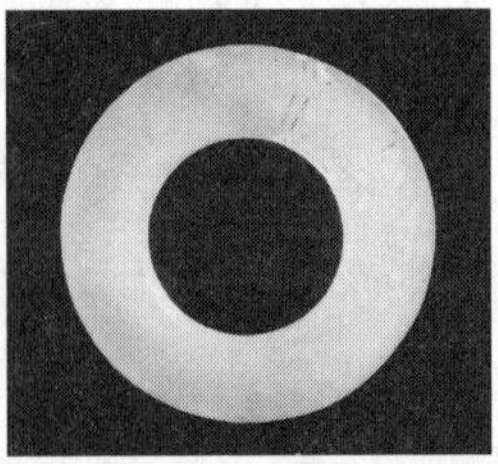
图 2–12　玉环

**璧、环和瑗**　这三种属同一类，皆为圆形，中间有孔。在先秦，它们是以中间圆孔的大小而加以区别的，据《尔雅》所载：“肉倍好谓之

图 2–13　玉玦

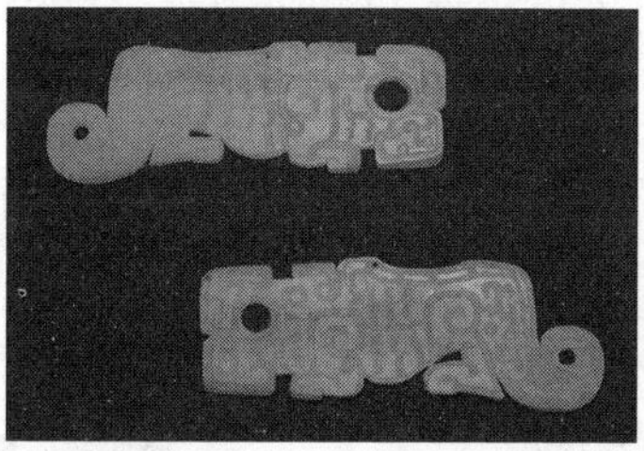

图 2–14　玉琥

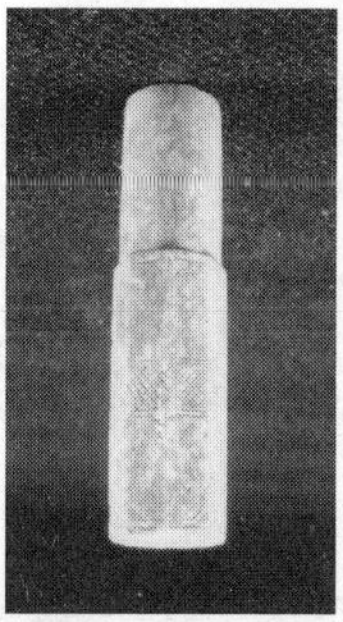

图 2–15　玉管

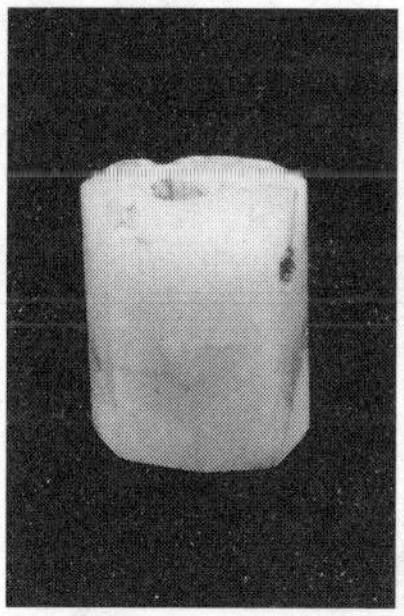

图 2–16　菱形玉管

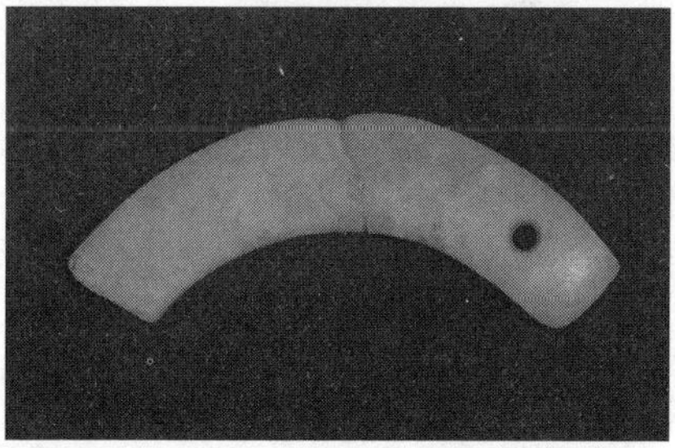

图 2–17　玉璜

图 2–18　琉璃珠

璧，好倍肉谓之瑗，肉好若一谓之环。”这里的肉是指孔外圈的玉体部分，好是指器的中心孔，意思是说孔径是边径的一半则称之为璧，边径是孔径的一半称之为瑗，孔径和边径相等的称之为环。事实上，古人治玉并不十分重视尺寸，故而在出土文物中，几乎没有一件与上述尺寸相对应的，从而造成了这三种玉器命名的混乱，现在考古界对这一器类的称谓是，凡中间圆孔径略小，边缘稍宽者皆称之为璧，凡中间孔较大，边缘窄皆称之为环。至于瑗就不再提及了，这就廓清了人们对于这三类器物认识上的混乱。在楚国，璧和环的数量都较多，既有玉石的，又有水晶和玛瑙质的（图 2-19-1、图 2-19-2）。在先秦，璧的用途极为广

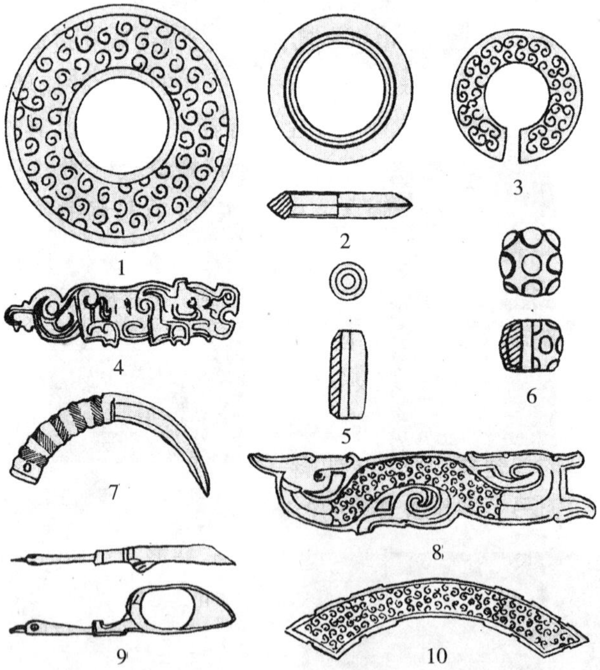


1. 石璧（九店 436 号楚墓）　2. 玛瑙环（九店 294 号楚墓）
3. 玉玦（曾侯乙墓）　4. 玉琥（曾侯乙墓）
5. 料管（九店 256 号楚墓）　6. 琉璃珠（九店 294 号楚墓）
7. 玉觿（下寺 1 号楚墓）　8. 玉佩（望山 2 号楚墓）
9. 骨韘（望山 1 号楚墓）　10. 玉璜（望山 2 号楚墓）

图 2-19　玉、石、琉璃佩饰摹绘图

泛，除用于佩玉外，还用于丧葬和建筑装饰等。它们在外形上没有差别，其不同的用途主要是据其出土的位置来判定的。

**玦**　也为圆璧形，但边缘有一缺口。《楚辞·九歌·湘君》有“捐余玦于江中”一语，洪兴祖补注：“玦，如环而有缺。”玦在楚文物中也多见，其质地有玉也有石，一般对玉的制作最为精制，其上再刻以花纹（图 2–19–3）。佩玦是喻己遇事有决断和决心。

**琥**　属于礼玉中的“六瑞”之一，《说文》释为发兵瑞玉。作为发兵瑞玉，专指虎符。因琥被随身携带，渐以玉制作，从而成为人们常用的佩饰。楚墓中出土的琥较少，战国中期后基本不见，但在春秋时多见，是主要的佩饰之一。曾侯乙墓出土了一件琥形玉佩，是楚系墓葬中所见最晚的一件琥形佩（图 2–19–4）。

**管**　为圆柱形，中空，在组佩中属串饰。楚墓出土的管主要为玉质，也有玻璃质的（图 2–19–5）。管一般与珠配合使用。

**珠**　楚文物中也多见，有玉、水晶、陶和玻璃等不同的质地。然而最具特色和引人关注的是一种琉璃珠（图 2–18），因其具有多种颜色，每一个上又有若干个点凸起，其外又饰以圆圈，酷似眼睛，故又称其为“蜻蜓眼”。此珠一般较小，直径不过 2 厘米，中有穿孔，有极强的装饰性。近来，通过化学成分的鉴定，发现有些琉璃珠与古罗马和西亚所出的料器相同，有些又有区别。据检测结果可知，多数琉璃珠都是楚人自己制造的。这种琉璃珠极有可能就是《楚辞》中的“鱼眼”，在佩饰中多用作串饰。

**觿**　为半圆弧形，《说文》释为佩角，其尖端是用来解绳结的。楚墓中出土的觿一般两端尖，也有一端尖的，而另一端作兽首状。在安徽长丰杨公战国晚期楚墓中曾发现了一件雕刻精美的玉觿，其形为弯曲的龙身，一端为龙首，另一端尖细，与古籍中的冲牙有些相似。这种玉饰件在河南淅川下寺春秋楚墓中就已多见。实际上觿的主要用途是解结，初为小孩佩戴，最后演变成组的佩饰之一，亦为成人所佩戴。从其外形看，它主要与其他佩饰配合使用，通过人体运动撞击其他玉器，从而发

出悦耳的声音。（图 2–19–7）

**佩** 在楚文物中最为多见，其形各异，雕刻也极为复杂，一般个体较大，作龙形。楚墓中最主要的是单龙佩和双龙佩两种形制。前者全躯雕成一条龙形，躯体中部上凸，龙作反首回顾状，尾卷曲（图 2–19–8）。后者则是雕成反向相望的两条龙，左右平衡。无论是单龙佩或是双龙佩，龙的形体都千姿百态，可能就是《楚辞》中的“苍龙佩”。

**韘** 《说文》说是“射决也”，一般戴在右手上，是射箭时用以拘弦的一种用品。其质地有玉石和骨质两种，由于先秦时极重视射礼，故以韘为佩是喻己已掌握了射艺。楚墓中有以韘为佩的实物，荆州杨场楚墓曾出土了一件完整的用组带穿成的珠和韘的佩饰，曾侯乙墓的墓主的右手也握有一韘。荆州望山 1 号楚墓出土的一件骨韘还特意制成一鸟形，比较形象地反映了韘的用途，可见以韘为佩饰具有特殊的含义。（图 2–19–9）

**璜** 大体呈半弧状，古人大多称之为半璧。《说文》也释璜为半璧。事实上，在楚墓中也没有一件璜为半璧，一般为璧的 1/3 左右，甚至有个别仅为璧的 1/4。楚墓中出土的璜较多，从形制看，既有长短大小宽窄之别，也有厚薄之分。有的两端或一端作兽首形，有的上饰云纹和谷纹，一般在器中部的上方有穿孔，也有的穿孔位于器的两端，说明璜的穿系有多种形式。（图 2–19–10）

上述玉饰，既有作单佩的，也有作组佩的。有关其佩戴方法历代经学家都曾作过专门研究并进行了种种推测，莫衷一是。从楚墓出土的佩玉实物及木俑衣着外的绘画佩玉看，可明确地解答楚人的佩玉使用情况，即楚人只通行单佩和组佩两种形式。

单佩目前已发现两件实物，皆以一根组带对折而成，一件出自荆州杨场楚墓，上串一琉璃珠和一骨韘（图 2–20）。另一件出自马山 1 号楚墓，与丝带相连，上串一玉管和一琉璃珠（图 2–4）。在信阳 2 号楚墓彩绘木俑上也见有一单佩画像，其佩饰件是一珠、一环和一璜的组合形式（图 2–21），可见单佩所使用的玉饰件一般都较少。

图 2-20　江陵杨场楚墓出土的佩饰摹绘图

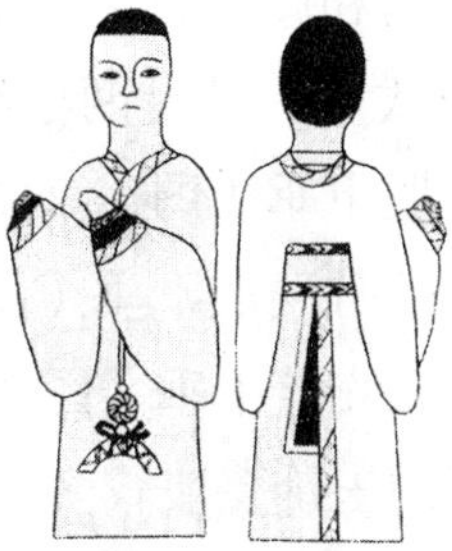

图 2-21　信阳楚墓出土的佩玉俑摹绘图

虽未发现完整的组佩实物，但从一些出土的楚墓佩饰中可见其存在的痕迹。如安徽长丰杨公 8 号楚墓的玉饰就是分两排排列的；河南淮阳平粮台 16 号楚墓出土的玉璜、玉管和玉佩也是分两排排列的；楚系的曾侯乙墓内棺内皆为成双成对的玉器，可看出是分两排佩戴于身的。这些说明组佩在楚国确实常见。若干木俑身上所绘的佩饰则为我们解答了楚

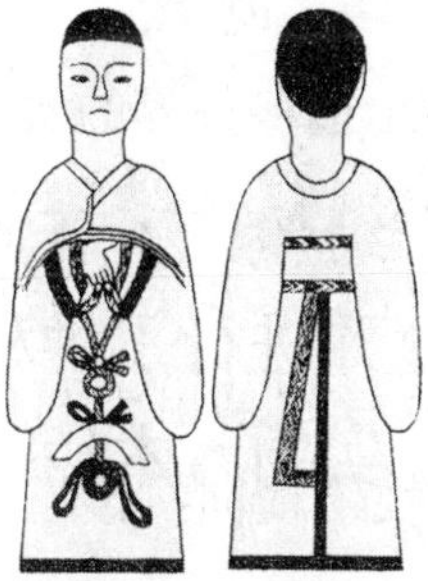

图 2-22　信阳楚墓出土的佩玉俑摹绘图

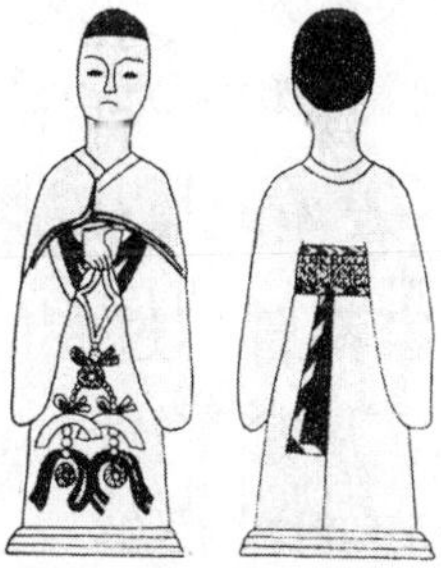

图 2-23　信阳楚墓出土的佩玉俑摹绘图

图 2-24　纪南城 1 号楚墓出土的佩玉俑摹绘图

人的组佩结构和佩系方法，组佩都由两根组带和多件玉饰组成，但它们又分三种形式。一种是两根组带由腋下的丝带处下垂至腹部系结交连，然后并为一股下垂（图 2–22）；第二种是两根组带由腋下丝带至腹部系结交连，然后分两股下垂（图 2–23）；第三种是两根组带自腋下的革带处左右各一，直接下垂（图 2–24）。由画像材料和出土实物的迹象可知，组佩所使用的玉饰一般较多，应是楚国最为通行的一种佩玉装饰。

## 第五节　囊与佩芳

囊是一种用丝织品制成用于装香料的袋子，与诸夏不同的是，楚人的服饰装扮中不仅佩玉，而且还佩香囊，形成楚人特有的仪容装束。仅《楚辞》而言，在所提及的佩饰中，无外乎就是佩玉与佩芳（佩香囊）两种，可见楚人既重视佩玉，也重视佩芳。

囊，楚人称为帏，见之于《楚辞·离骚》。《说文》："帏，囊也。"《礼记·内则》则称之为"容臭"。楚墓曾出土过多件囊的实物，其质地为丝、绢、皮革等。其中江陵马山 1 号楚墓共出土 5 件，皆为长圆筒形，底部为圆片拼缝。有的缝合不另拼片。有一件装有花椒，囊带用组带扎系，长 36.8 厘米（图 2–25）。江陵九店 410 号楚墓出土两件，其中一件保存完好，绢质，也为长圆筒形，它由两块绢横向拼接后再纵向缝合

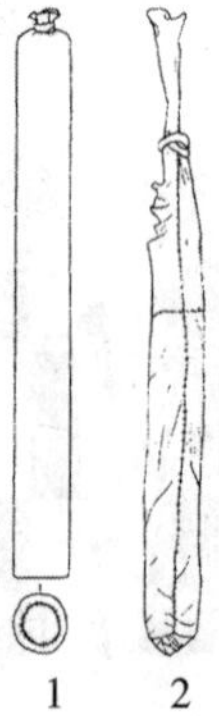


图 2–25　楚墓出土的囊摹绘图

成袋，口部不是系带，而是挽结，长度为76厘米。长沙406号楚墓还出土过皮囊，虽看不出原形，但在边和角的地方有针缕孔，可知曾缝合过。

上述几例囊的实物除马山1号楚墓的一件内装有花椒外，有的有香草，有的还装有别的东西，说明囊的用途较为广泛，但可以肯定的是有相当多的囊是用来装香料的，因为楚人极重视佩芳。仅《楚辞·离骚》中就记有兰、芷等一类的香草名，姜亮夫先生在《楚辞通故》中认为兰芷之类的香草皆为楚人所佩，这是极有见地的。

将香草装入囊中佩戴称为佩芳，在屈赋中常借以表现自己品行的圣洁，楚人这一特有的风俗习惯也曾延续到汉代。长沙马王堆1号汉墓出土了4个香囊，其中一个装茅香根茎，一个装花椒，另外两个装茅香和辛夷等，4个香囊皆为圆筒形，腰部有带便于携挂。荆州凤凰山167号汉墓也曾出土了4件囊，从遣策可知，有两件装有花椒。可见楚人的佩芳之风深为汉人所喜。

## 第六节 容刀与佩剑

容刀与佩剑也是楚人的服外装饰之一，《礼记·内则》记，子事父母，"左佩纷帨、刀、砺、小觿、金燧，右佩玦、捍、管、遰、大觿、木燧"。这里的"帨"是指去污后用于擦手的巾，"砺"是指磨刀石，"金燧"与"木燧"皆为取火的工具，"遰"是指剑鞘，捍是指射箭拘弦的韘。《释名》也说："佩……有珠、有玉、有容刀、有帨巾之属。"

容刀，周代时早已有之，见于《诗经·大雅·公刘》。它不是一种用以自卫的刀，而是一种为了表仪容的刀，所以《释名》说它是"有刀形而刃，备仪容也"。

楚国的佩饰中也有容刀，河南淮阳平粮台16号墓墓主人的腰部就有一玉匕，显然是容刀装束的遗物。楚系的曾侯乙墓墓主人的腰间也有一把十分考究的玉剑，剑分5节，各节用金属物连接，不能活动折卷，无刃，明显不是一件实用品（图 2–26），应是一件表仪容的“容刀”。之所以佩挂这种容刀，是因为玉质兵器不易伤人，而纯作佩饰用。从文献记载看，它应属羽具玉剑，《说苑·反质》载：“经侯往适魏太子，左带羽具玉剑，右带环佩，左光照右，右光照左。”这里的光亮互照显然都是描述玉质的反光，更显示出显贵佩玉的身容。需要指出的是，容刀在楚墓中还不多见，其佩带可能受身份等级的限制。

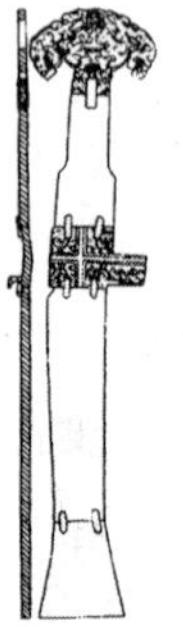

图 2–26　曾侯乙墓出土的玉剑摹绘图

需要提到的还有一种玉具剑，一般由玉饰的剑首、剑格、剑璏、剑珌所组成。故称之为玉具剑。剑首一般称为玉镡，最早的实物出土于春秋晚期的墓葬中。剑格也称护手，它是镶嵌于剑柄与剑身交接处的玉质饰物。剑璏是镶嵌于剑鞘中，供穿带佩系之用的，俗称文带。玉璏一般嵌于剑鞘中央。剑珌是剑鞘尾端的玉制饰品，至迟在春秋时就已广为流行。（图 2–27）

从考古发掘可知，楚国至迟在春秋中期偏晚就有玉具剑了。2006 年考古工作者在湖北郧县乔家院一座春秋中期偏晚楚墓中就发掘出土了 1 件较完整的玉具剑，不过剑身为铁质。剑柄为玉质。出土于墓主人腰腹间左侧。出土时剑身腐朽残断，其上附着木质残留物，当为剑鞘，是一把带鞘的玉柄铁剑。从共存位置看，玉质剑首、剑格、剑璏、剑珌俱全。剑身为铁质，尖锋，有从，中起脊，截面菱形，嵌入玉质剑格中。茎为玉质，乳白色，受沁有黑斑，质地细腻，半透明。宽格，中部微鼓弧。剑茎再分剑首和剑茎两部分，茎为扁平长方形，宽扁首。茎的两端有凹榫分别与剑格和剑首的母榫套合相连，其套合连接处的中间用玉销钉加以固定。剑鞘为木质，其鞘尾套有一梯形珌，珌为玉质，乳白色，珌的凸榫中部有一圆形小穿孔，鞘中部镶嵌一内凹弧的长方形玉璏。剑茎、鞘珌通体饰云纹，用以佩带的木质剑鞘外的玉璏弧面饰阴刻云纹。剑长约 31 厘米，身长 19.8 厘米、宽 3.1 厘米、格宽 2.45 厘米、玉片长 4.5 厘米、宽 3.3 厘米，榫孔径 0.1 厘米（图 2–28）。从形制看，应是 1 件形制考究的玉具剑，与一般玉具剑所不同的其玉柄部是由三块玉片榫结而成，应是迄今所见年代最早、最完整的楚国玉具剑。（图 2–29）

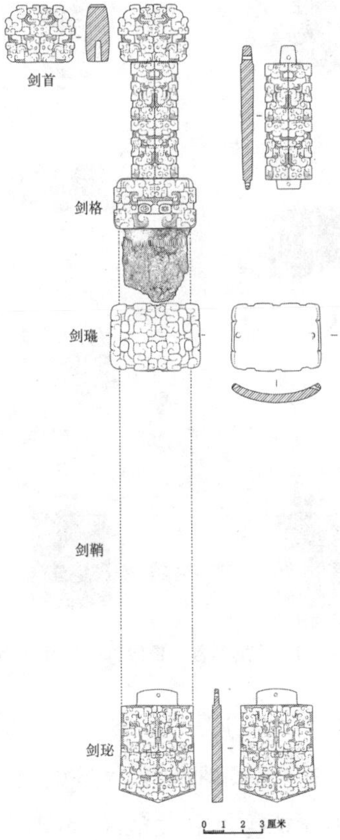


图 2–27　玉具剑摹绘图

图 2-28　楚玉具剑

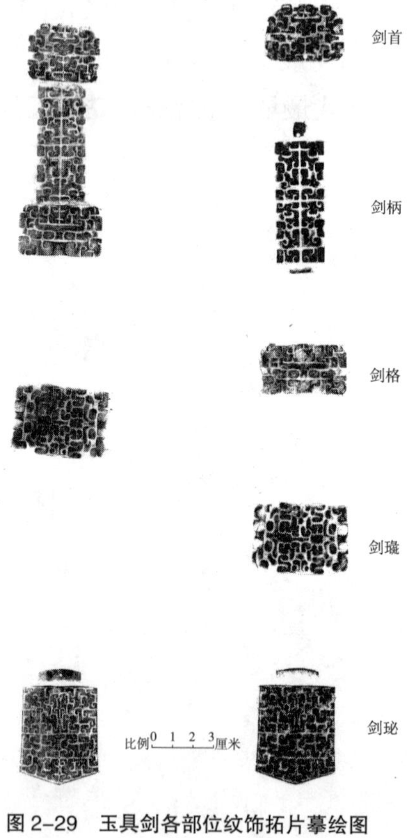


图 2-29　玉具剑各部位纹饰拓片摹绘图

在楚国，除了佩表仪容的刀外，还有佩真兵器的，这就是佩剑。《楚辞》中有佩剑的描述。佩剑既见于众多的楚墓中，又见于大量的楚国绘画材料上。楚国中小型墓葬中大多随葬有剑，时间大体从西周晚期到战国晚期。当阳赵家湖楚墓共出青铜剑 57 件，分属于 56 座墓葬，除

1座墓外，其余均为一墓一剑。江陵雨台山楚墓共出172件剑（包括剑盒、鞘和木剑），分属于168座墓，江陵九店楚墓共出土203件剑，分属203座墓葬，也基本上是一墓一剑。其他零星楚墓也有铜剑出土。从出土位置看，这些剑大多出自棺内人骨的腰部，显为佩剑。

在楚国画像及雕塑材料中也能看到佩剑，如长沙出土的人物御龙帛画、曾侯乙墓漆鸳鸯盒上的人物的腰部都佩戴有剑，曾侯乙墓的钟架上的铜人及包山楚墓的木俑腰间也佩挂剑。这些都说明楚国佩剑之风特别盛行。

过去，人们将有剑出土的楚墓墓主推定为武士，这是不准确的。事实上，东周时各国都有佩剑的习俗。《史记·秦本纪》载："简公六年令吏初带剑。"《正义》曰："春秋官吏各得带剑。"从《庄子·说剑》看，似乎佩剑之风源于当时的舞剑之习，因为舞剑属于宴乐性质的武事游戏，所以人们佩剑多是为了传剑之舞容舞术。楚国的佩剑之风至迟在西周晚期已初露端倪，春秋后已盛行。

楚国的佩剑之风也为汉人所继承，秦收天下兵器，但吏人士大夫的佩剑不在此列，众所周知的汉高祖刘邦挟剑行大泽之中的故事，项羽学剑的故事及韩信为布衣时喜佩剑的故事皆可说明，所以《说文》在释剑时有"人所带兵也"之说。不过，秦汉时期禁止大臣带兵器见君王。除《史记·萧相国世家》所载的萧何特许带剑上殿外，其他臣僚入殿皆由警卫人员摘其兵陈于殿下（见《史记·刺客列传》）。但在其他场合仍可带剑，可见佩剑之风的流传经久不衰。

容刀和佩剑都属于表仪容的装饰。在楚国，佩剑之风则更广，诸多楚墓出土的随葬铜剑更说明了这点。

## 第七节 发式与发饰

头发是人体仪容的主要部位，古人除了讲究华丽的衣着外，也重视发式。先秦的男女都留有长发，因而对头发的梳洗就格外讲究了。如果自己的头发长得不美，就用别人的头发来装扮自己，至迟在春秋时就开始使用假发了。《左传·哀公十七年》记有这样一个故事，卫国的庄公在城上看见己氏的妻子头发长得特别美，于是就派人剃光了她的头发，作为自己夫人吕姜的假发。战国时的楚国极盛行假发装饰，在江陵马山1号楚墓女尸头上和包山2号楚墓男墓主的墓内都发现有假发。不仅如此，如果头上染有灰尘，还要经常洗涤，楚人就有清晨洗发的特殊习惯，《楚辞·离骚》及《远游》都有清早“濯发”的描述。

头发的装束也体现出民族个性，《史记·吴太伯世家》记长江下游的吴越土著居民就是“文身断发”；《淮南子·齐俗训》记的三苗居民就是“髽首”；《史记·西南夷列传》记的僚濮人就是“编发”。可见不同的民族有着不同的装束。

东周时期的楚国是一个多民族的国家，反映在头发装扮上也必定是多种发式，但文献对其记载语焉不详，对楚人流行的发式还不能逐一加以分辨。幸运的是考古发掘见到了一些楚人的发式实物以及部分木俑发式和人物画像资料，尽管有些细节处仍不太清晰，但也可从中窥见一个大致轮廓。

从木俑发际装束和一些绘画资料看，楚人的发式主要有髽、编、垂髻、盘髻、偏髻、披等。

**髽与编** 髽是将头发梳于脑后，然后在头发的根部用带扎，其发末呈自然下垂。《淮南子·齐俗训》载：“三苗髽首。”高诱注：“髽，以枲束发也。”三苗是楚地的土著居民，髽发应是楚人的一种流行发式。它是以麻束发而不加任何编结和盘绕的一种发式，由于麻在古代大多用于丧服，故有丧事也大多梳这一发式。对照文献记载，我们从楚墓出土的木俑头上的发式中可以见到其式样。江陵马山1号楚墓2号彩绘木俑头上的长发即梳向脑后，用带扎成一束，下端自然松开且下垂，发顶呈水波状，两侧掩耳（图2–30）。从束发的结构看，这种发式的头发一般都不长，其长度仅及上背部。髽首指的就是这种成束下垂的发式。

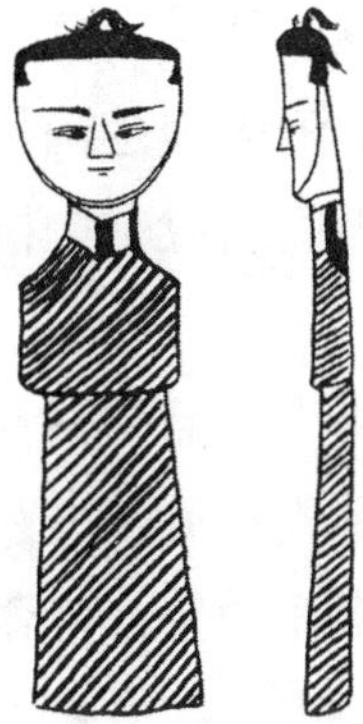

图 2-30 马山 1 号楚墓木俑摹绘图

编是将头发梳于脑后并编成一根辫状，末端用丝带系扎并自然下垂。这种发式在西汉时仍很流行，被称为少数民族的发式。《史记·西南夷列传》载："其外西自同师以东，北至楪榆，名为嶲、昆明，皆编发，随畜迁徙，毋常处，毋君长，地方可数千里。"《汉书·终军传》也有"编发"的记载。编皆为辫发，是楚国最盛行的发式。包山 2 号楚墓出土的两件木俑皆为编发。其发式是在头部附假发并梳于脑后，分成三股，呈人字形编结并自然下垂（图 2-31）。江陵九店楚墓出土的一件木俑也是用麻作假发而编成辫状。不同的是，此编发是从后脑向左耳斜编（图 2-32）。不难看出，这一编发形制仍属于《史记》记载的编发。编发发式的头发一般都较长，大多达于人的腰部或臀部。尤其值得注意的是，包山 2 号楚墓的木俑的头发在头顶的中部向两边分开，形成一条中

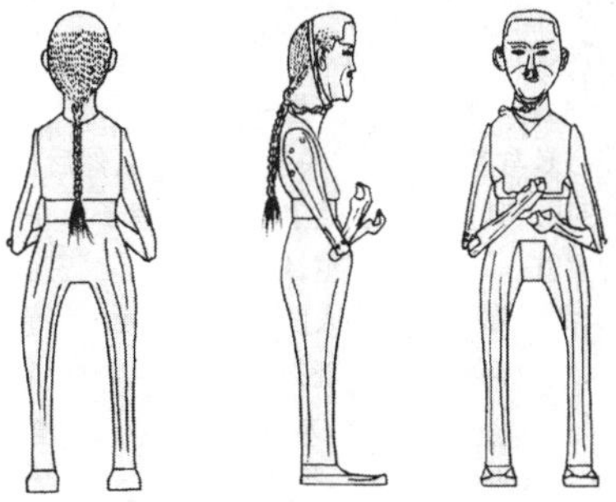

图 2-31 包山 2 号楚墓出土的男辫发俑摹绘图

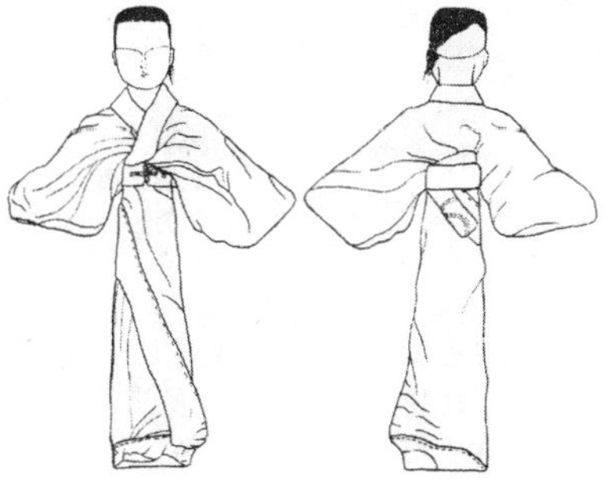

图 2-32 江陵九店 410 号楚墓木俑摹绘图

分线，余发集中于脑后再分三股编结，这一发式与今天的发式有相似之处。编发发式不见于女俑，推测应为楚国男子流行的发式之一。由于这种发式极利于男子的活动，因而它应是中国后世男子长期流行独辫发式的主要来源。

**垂髻与盘髻** 垂髻是将头发向后梳成一束，在发下端挽成一有空间的髻，并自然下垂。垂髻的发式不见于文献记载，但这种发式在楚墓出土的木俑中多见。其中最为明显的是江陵雨台山354号楚墓出土的一件木俑。俑头作长假发并编成一束，在发束的下端作挽髻，明显为垂髻散开后的式样（图2–33）。垂髻与髽发不同的是它不以带结，而是以发缠绕后再用簪固定。这种发式的头发一般都比较长，长可及腰部，而且其

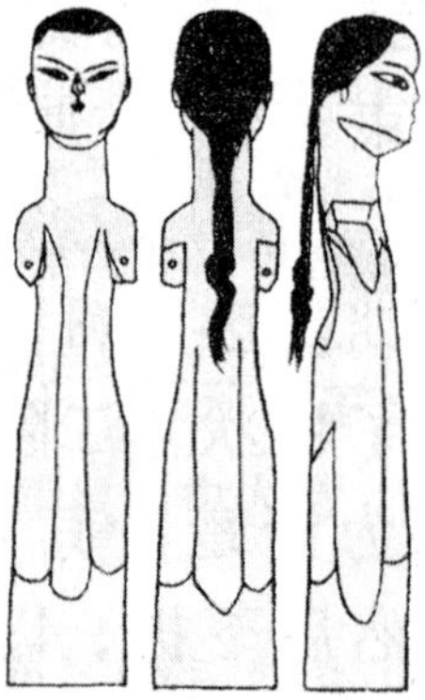

图2–33 雨台山楚墓出土的垂髻俑摹绘图

图2–34 江苏徐州北洞山西汉楚王墓出土的女性垂髻发式摹绘图

发式大多数见于女子的头上，应是楚国女子流行的发式之一。这一发式也对后世的发式有着深远的影响，长沙马王堆1号汉墓出土的舞俑及女侍俑皆为这种发式，江苏徐州北洞山西汉楚王墓出土的女俑也是这种发式（图2–34）。

盘髻是将头发集中梳至头顶或脑后，盘挽成一个圆形的髻，这种发式在楚墓中多见，既有楚发盘髻的实物，也见于一些画像资料。可见，楚国极通行这种发式，也是女子的发式。盘髻的发式实物见于马山1号楚墓墓主的头上，据报告所述，该女子头发保存完好，头发分真发和假发两部分，近发根处的真发长15厘米，向后梳成一束。其上接一束长约40厘米的假发，然后分成两股，用黄色组带系住后用余发盘成圆髻，最后用簪固定。由于尸体长期仰卧，圆髻被压成圆饼状，但其所盘之髻仍保留了原状。江陵九店410号楚墓墓主的真发盘髻更为清楚。其盘髻方法是先将头发集中梳至头顶，然后下折，以所束的发根为中心，自左向右盘挽，形成一高耸的圆形髻，最后用木簪横向固定（图2–35）。

图2–35 江陵九店410号楚墓墓主的盘髻发式摹绘图

盘髻的发式并不是单一的，除了盘之于头顶外，也有在脑后另盘一髻的。长沙陈家大山楚墓帛画中的女子在头顶有一髻，在脑后也有髻，其实它仍属盘髻（图2–36）。盘髻的发式上大多配有帻，结合马山1号楚墓出土的巾帻实物，我们还可以得到对盘髻更为明晰的认识。巾帻实物的正中部有一圆形孔，显然是用来容髻的，但在帻的后部还有两个小孔，也是用来容发的，盘髻时，当有两股头发分别从帻后端的两个小孔中穿出，或结之于顶，或结之于脑后。从同墓出土的帻的使用看，正有两股头发是从这两个小孔中穿出而至顶后盘成圆髻的。长沙出土的漆卮上女性的头顶上就是在盘髻上再戴帻的明例。由楚发式实物及若干绘画资料可知，盘髻的头发一般都较长。马山 1 号楚墓墓主的真发较短，是接假发后再盘的。盘髻后不是以带结，而是以头发自结，然后用簪固定。《史记 · 郦生陆贾列传》中的“为髻一撮似椎而结之”的“椎”即是指圆髻，“结”则是指用发结。《楚辞 · 招魂》中的“激楚之结”的“激楚”也应是盘髻的发式，其“结”也当为以发自结。盘髻的发式在其他国家也流行，秦始皇兵马俑坑出土步兵军吏俑的头上也见有这种发式。然而就楚实物可知，楚国的男子似不流行这一发式，这或许是楚国在发式上体现性别差异的装束之一。

图 2–36　长沙陈家大山楚墓帛画中的人物摹绘图

**偏髻与披**　偏髻是将头发梳向一边后成束而盘的髻，其形制与上述盘髻相同，区别只是所盘之髻偏向一边。偏髻的发式较为独特，在楚国的人物造型资料中多见，最为明显的是包山 2 号楚墓出土的一件持灯铜俑，俑的头发梳向右上角，形成一束后再下折盘结，其盘结的程序与江陵九店 410 号楚墓墓主的盘髻完全相同，可以看出是用发尾端缠结的（图 2–37）。另外，江陵九店楚墓出土的两件绣衣木俑也是偏髻，以麻制的假发向后梳成一束，于脑后左侧用红色丝带系住（图 2–38）。不同的是，假发使用的是带结，这可能与受麻质假发长度限制而不易盘结有关，但偏髻的位置却极为明显。

图 2–37 包山 2 号楚墓出土的偏髻铜俑摹绘图

2–38 江陵九店 410 号楚墓出土的偏髻俑摹绘图

偏髻的发式起源较早，流行区域也比较广。迄今所见最早的偏髻见于春秋时黄国的黄君夫人孟姬的发型。经过复原，是一个典型的左偏髻。髻以发结后用两根簪固定。有特点的是在盘髻前，其发末皆用丝线编成若干小发辫（图 2–39）。黄国后为楚所灭，这一先辫后盘的发式也不排除在楚地通行。偏髻的发式还见于秦始皇兵马俑的男俑头上，其形制和盘结方法与楚俑所见相同。迄今为止，还没有材料证明楚国的男子也流行这种发式，但楚女子多以偏髻装扮应无疑问。由楚俑偏髻发式可

1．偏左高髻

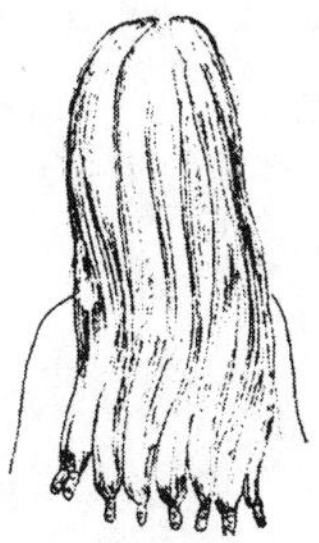

2．盘髻前用丝带缠绕的发辫

图 2–39 春秋时黄君夫人孟姬发型复原图

知，髻有向左偏的，也有向右偏的，这应是楚人据其爱好所致。楚人尤其是楚国的女子最工于发式，善于装扮自己，《楚辞·招魂》就有“盛鬋不同制”一语，意思是说女子的鬓发下垂有着不同的方法，目睹楚人这些不同的发饰，可见屈原笔端所描述的应是真实的。

披是指将头发直接梳于脑后而不加任何束结，这种发式在文献中称之为“被发”。被发是长江下游吴越民族流行的一种发式，楚国似也流行这一发式。《楚辞·大招》就记有“被发”。这种发式的特点就是长而乱，给人以不修边幅之感。但在楚文物及人物绘画中还很少见到，唯一一例是望山2号楚墓出土一件铜人骑骆驼持灯俑的发式，其头发正是向后梳的。由于该俑是青铜铸成，其发末端未表现出来，但头顶部明显与披的发式相同（图2–40）。实际上，目前见到的楚俑头上的发式还并未被全部认识。一方面，由于一些实物保存较差；另一方面，一些俑头不是用假发来装饰，而是以墨涂或刻线来表现，因而很难区分其发式的种类，但楚国存在披应无疑问。

图2–40　望山2号楚墓出土的披发俑摹绘图

# 第三章　饮食篇

## 第一节　导论

世界各民族都极为重视饮食，不同时期的饮食，既反映一个社会群体的风习，又反映出当时社会生产力的发展水平，还可折射出人的精神面貌。《管子》一书甚至说“民以食为天”，《尚书·洪范》及《礼制·王制》都把饮食列为“八政”之首，足见饮食的重要。中国是一个注重饮食的国家，其饮食之考究，烹饪技术之高闻名于世，千百年来烹饪技术不断演进和提高，成为华夏灿烂文化的重要组成部分。

### 一、饮食与种类

在先秦，楚国的饮食系统基本属华夏系统的一个分支，在食谱内容和烹饪手法上大致与中原诸夏相同。由于受地理环境、民族嗜好的影响，楚国的饮食又体现出明显的特色来，这主要表现在主食的构成、副食的品类、烹饪的口味、食物的加工方法等方面。

楚国是一个地大物博的国家，民族众多，经过不断交流和吸收，融合了各民族的饮食风俗，可以说楚国是一个集南北民族饮食系统之精，携东西烹饪技术之长的美食之乡。精于饮食又成了楚国之长。《战国策·楚策三》中的苏秦说“楚国之食美于玉”，这并不是游说之士的粉饰之辞，楚人自己也是这样认为的。《楚辞·招魂》称楚国贵族的饮食就是“食多方些”，意思是说楚国的饮食真讲究，至于汉人对楚人饮食的评价那就更多更高了。

有关楚人的饮食文献记载较多，其中比较全面和集中的要数《楚辞·招魂》了，堪称是楚人的食谱。更为重要的是，数以万计的楚墓出土了众多的楚国饮食实物及简牍文字记载的有关饮食的品类，让我们对楚国的饮食有了一个全新的认识。

**1. 主食类**

华夏民族自进入农业社会后，就以粮食作为主食，文献中有关先秦的粮食记载颇多。粮食古统称为五谷，比较可信的说法是黍、稷、麦、菽、稻或稻、稷、麦、豆、麻五种粮食。这种排列顺序的差异，可能反映了区域种植和主食嗜好的不同。楚人的主食以稻为主，《楚辞·招魂》就是把稻放在首位的，可见楚人更重视稻，那么楚人的五谷就应是稻、稷、麦、豆、麻。

**稻** 属细粮之一，作为主食，在我国南方至少有七千年的历史。在新石器时代早期至两汉时期的遗址和墓葬中都有发现，最早的稻见于长江下游的河姆渡新石器时代遗址。在长江中游的澧县城头山也发现有稻，在长江中游的屈家岭新石器时代遗址的红烧土中也发现有大量的稻谷遗迹。文献中也有楚地种稻的记载。在荆州纪南城遗址的陈家台铸造作坊内就发现有成片被火烧过的稻米遗痕，有的厚度达 5 ~ 6 厘米。《淮南子·泰族训》载吴王阖闾五战入郢后曾火烧楚国的高府之粟，这粟就是指稻谷。《史记·滑稽列传》还记有楚国食马肉还要“佐以粮稻”。这些都说明楚国大量种稻及以食稻为主。西汉时，楚地仍以种稻为主，江陵凤凰山 167 号汉墓的陶仓内就出土有四束成熟的稻穗，稻穗上的长芒和刚毛都十分清楚，经鉴定为粳稻。马王堆 1 号汉墓也出土有稻谷，经鉴定为籼、粳、黏、糯四种。西汉与楚的年代相距不远，从侧面也可反映楚人的农业状况和主食构成。

**稷与黍** 稷即小米，像黍而黏，是楚人的主食之一，《楚辞》称之为“粢”。与稷相近的还有黍，即现代北方所谓的黍子，又叫黄米，色黄而黏，比小米稍大。楚国也种黍，《楚辞·天问》：“咸播秬黍。”“咸”为皆意，“秬黍”即黑黍。在古籍中黍稷通常连用，稷的地位通常要高于黍。稷还被尊为谷神，它同祭祀的场所“社”一起构成了“社稷”一词并进而代表国家。稷和黍的实物在楚墓中有发现，信阳楚墓曾出土了1000余粒小米的实物，虽未鉴定，但属于黍和稷一类的小米食物似无疑问。在长沙后冢汉墓和马王堆1号汉墓都曾见到有黍的实物，这些都说明楚人的主食有黍和稷。

**麦** 属旱地作物，又分大麦和小麦，其地位没有黍和稷那么突出。《诗经·周颂·思文》有大麦和小麦的记载，说明麦与人们的生活关系密切并早已种植。《楚辞·招魂》也有麦的描述，虽然麦还没有在楚墓中发现，但长沙马王堆1号汉墓已出土大麦和小麦的实物。

**豆** 也称菽，原指大豆，是豆类的总称。据《说文》段玉裁的注解，豆是汉时的称谓，菽是古语，即先秦的称谓。实际上，豆也有大豆和小豆的区别。豆之所以作为主食，可能是因其不受南北地理因素的影响而易于种植的缘故，更为下层庶民所食用。《诗经·小雅·小宛》就有“中原有菽，庶民采之”之说。望山2号楚墓还出土了81粒芸豆，马王堆1号汉墓也出土了大豆和小豆的实物，说明楚国不仅种豆，而且其品类也较多。

**麻** 也是古代的主食之一，其之所以列为五谷之一，是因为麻籽不仅可以充饥，而且麻茎还是纺织品的原料。其种植极其广泛，在距今四千年前，我国劳动人民从生产实践中已能鉴别出麻的雌雄，把雄麻称为枲，雌麻称为苴。《诗经·豳风·七月》：“九月叔苴。”意思是夏历的九月正是麻籽成熟的季节，拾起来“食我农夫”，可见麻是当时农民的主食品。楚地也曾大量种麻，《尚书·禹贡》记载荆州就盛产贡麻，楚墓中还出土了大量的麻织品即是明证。

《楚辞·大招》曾描述楚的粮食是“五谷六仞”，仞是高度计量单位，一仞约合七尺，六仞即四十二尺，战国的一尺约合今0.23米，六仞就相当于9.66米，这是形容楚国的粮食堆积如山的景观。这既可以说明楚的主食种类多，又可说明楚的粮食产量高。当然，可供楚人食用的品类也并不限于上述五种，春秋战国时常称“五谷”，较之更早的还有

“六谷”“八谷”“九谷”乃至“百谷”之说。“百谷”并非指谷类真有百种，不过言其多罢了。五谷的确立反映了先秦在粮食栽培技术上的进步以及人们对粮食类品种的选择与需求已相对稳定。对楚国而言，五谷中的稻是重中之重，这是楚人在主食上的特点。

**2. 副食类**

楚人除主食外，副食品类也很多，其食物的来源也极其广泛，除了自身耕作种植的外，采集和捕捞也兼而有之，食物的构成几乎无所不包。

楚人种植的副食品类主要是蔬菜和瓜果，蔬菜主要种植在园圃内，楚国盛行园圃种植并以其收成来维持其生存。《楚史梼杌·虞丘子》记楚庄王赐虞丘子菜地三百户；《庄子·天地篇》记子贡南游于楚返回晋国时，经过楚汉阴之地，就曾看见一老人在园内浇水；《韩诗外传》也记楚国有一个叫申鸣的士人靠园圃种植来供养父母。这些都说明楚国的园圃种植业较为发达。

楚国种植蔬菜和瓜果的品类绝大多数与今天所见相同，在一些楚墓中出土了众多的蔬菜和瓜果的果实。不仅如此，一些墓葬的遣策也记录了一些用种植的蔬菜和瓜果制成的食品和辅料。因此，我们决不能低估楚人在种植蔬菜和瓜果方面的成就，在种植的品类上甚至足可以同我们今天的种植作物等量齐观。

迄今为止，有关楚国的蔬菜瓜果品类已发现了数十种之多，随着楚墓的不断发现和发掘，还将不断增加。就品类而言，见诸报道的有葱、韭、生姜、花椒、葫芦、梨、梅、栗、樱桃、大枣、小枣、柿、松塔、杏、柑橘等。这些品类大多见于信阳楚墓、包山楚墓和望山楚墓。其中仅包山楚墓就有 12 种之多，并且大多为人工栽培。毫无疑问，这些品类还不能代表楚国种植的全部。从文献记载看，楚国的种植品类当更多。《新序》就记载楚与梁的边亭还种有瓜，且种类较多。《吕氏春秋·本味》和《战国策·赵策》皆记楚国还是橘、柚的产地。可见其种植的品类远不止目前楚墓所发现的，只不过有些植物的果实迄今尚未发现而已。

需要提到的是，在楚墓中尚未发现有关常见的蔬菜种类如白菜、苋菜等的种子，这是因为这些种子的颗粒一般都较小而不易保存，所以不能因此而否定楚国曾种植过这些蔬菜的事实。在属于楚故地的长沙马王堆 1 号汉墓的简文中就记载该墓随葬有白菜、冬苋菜、芋、芥等蔬菜。

采集和捕捞也是楚人副食的来源之一。采集的对象主要是水生植物，当然也不乏一些旱地的植物果实和薹茎，然而楚墓中所见较多的是水生植物果实。包山 2 号楚墓就有藕、莲子、荸荠、菱角等，这些水生植物既有人工栽培，也有野生的。其共性特点是皆可生食，具有较高的营养价值，楚人以这些水生植物为副食自当是情理之中的。楚人特别爱食某些水生植物，譬如菱角。在楚墓中多见菱角，文献中也有楚人喜食菱角的记载。《国语》和《左传》皆记有楚令尹屈到吃菱的事，《楚辞·招魂》中还提到“采菱”曲，即是采摘菱角时所唱的歌。这不仅说明了楚人喜食水生植物，菱还进入到楚国高等贵族的社会生活中。

楚国的水产极其丰富，大到扬子鳄，小到龟、鳖、鱼虾和蛤蚌，楚人均捕食。《吕氏春秋·本味》就说楚有洞庭湖的鳊，东海的鲕，澧水的鳖。《宋卫策》也说江汉地区产的“鱼、鳖、鼋、鼍”是天下最多的。《史记·货殖列传》还记有楚越之地食“果隋蠃蛤”，“果隋”即瓜果，“蠃蛤”即淡水中的螺与蚌一类的硬壳水生动物。张守节《正义》也说：“楚、越水乡，足螺鱼鳖，民多采捕积聚，棰叠包裹，煮而食之。”包山楚墓还出土了一个完整的蛤蜊壳，显然是食用后又将其制成装饰品了。这些既反映了楚地丰富的水产，又反映了这些水产被楚人所喜食。

在众多的水产中，楚人更喜欢鱼，大量捕获食用，还入市买卖或送人。《说苑·贵德》就记有这样一个故事，孔子到达楚国后，有一个捕鱼的人，想送鱼给孔子，孔子执意不要，捕鱼人说：“天气炎热，又远离市场，即使卖也卖不出去，想丢掉，还不如送给您。”我们可这样认为，捕鱼人所说的卖不出去，是因为楚人都有鱼，自己不吃，大概是因为自己吃腻了鱼，故而，他只好送人了。然而在鱼类中，鲫鱼又以其肉质的细嫩和味道的鲜美而备受楚人青睐。《楚辞》中所说的鱼类就有“鲼”，这“鲼”就是指鲫鱼。包山2号楚墓东室16号罐内就出土了两条鱼，经鉴定是鲫鱼。

无论是种植、采集还是捕捞都是楚人副食来源的手段，它们既为楚人提供了众多的副食品类，又使楚人在实践中获得了一些相关的技术。仅种植的蔬菜和瓜果而言，就足以令今人深研细究。包山2号楚墓出土的一些果实，如梨、板栗、枣、梅、柿、藕、菱、荸荠、生姜等，它们的成熟和收获期都不尽相同，尤其是梅、藕、荸荠极易腐烂，其他果类如不处理也不易保存。但在墓中它们都以鲜果样子同时下葬，说明楚人在种植和采集这些副食的同时也掌握了高超的储藏和保鲜技术。

### 3. 肉食类

肉食也属楚人的副食，之所以在这里将其列出来单独叙述，是因为肉食是楚人副食的主体。楚人的肉食品类很多，既有野生的飞禽走兽，又有家禽家畜，肉食来源以畜牧和狩猎两种手段为主。

畜牧是楚国肉食的来源之一，起源于新石器时代的家庭畜牧业，到了春秋战国时期，无论是饲养的品种和数量，还是其饲养的技术都大大提高了。仅楚国而言，此时不仅有专门的屠宰场——肆，还有了专门管理畜牧的官吏——豚尹。前者见于《庄子·让王篇》，后者见于《说苑·奉史》。

楚国畜牧的种类主要有牛、马、羊、猪、鸡、狗等，这些品类既散见于浩繁的典籍里，也屡见于众多已发掘的楚墓中。

牛是大型牲畜，人们对牛的饲养极早。进入战国后，随着农业生产的发展，牛又成了农业生产的重要工具，对牛的饲养就更为重视了。《礼记·王制》规定：“诸侯无故不杀牛。”“故”是指祭祀，这是说诸侯没有祭祀是不准杀牛的。但是楚国好像不是如此。楚国饲养的牛较多，不仅民间放养，官方也放养。考古发掘还表明，楚国不仅杀牛，而且，还杀未成年的幼牛。包山2号楚墓出土了众多的牛骨，一些牛骨上还遗留有刀砍的痕迹，经鉴定皆属未成年的水牛。值得注意的是，这些牛体都是肢解后精选出好的部位而随葬于墓中的，可见楚国畜牛之多且并不受礼制的约束。

马也是大型牲畜之一，楚国对马的饲养也极为重视，官方和民间都养马，这是因为不仅马肉可食，马还可以驾车，是车战中不可缺少的牲畜。楚国号称万乘之国，如果每辆车仅以四匹马计算，也可见马数之多了。河南淅川下寺、江陵九店、湖北荆门和宜城楚皇城都发现了楚国的车马坑，都是以真马殉葬的，仅杀殉的马匹数量就足以让人称奇。

羊是人们最为常见的肉食对象，比起牛和马更易于饲养。楚国养羊的数量，可以从楚国有专门屠羊的职业和专门的屠宰作坊中略见一斑。《庄子·让王篇》记有这样一则故事，楚昭王丧失国土后，有一个名叫屠羊说的人随昭王一起外逃，后来昭王复国返楚，打算赏赐跟随他一起外逃的人，屠羊说自当在其列。昭王多次赏赐和加封屠羊说的俸禄和官爵，都被屠羊说拒绝了，最后他还是操起了他原来屠宰羊牲的职业。从这则故事中可反映出楚国养羊是极为普遍的。在古代，羊肉中的上品是幼羊肉，也即羔羊，通常用来祭祀。《诗经·豳风·七月》：“四之日其蚤，献羔祭韭。”“蚤”即早，对司寒之神的祭祀，羔是最上等的祭品。楚国也是以羔羊为上品，包山2号楚墓的腰坑中就随葬有一只整羊，经鉴定为一未成年的山羊。

猪和鸡也是古人最常见的肉食来源，其养殖历史就更长了，春秋战国时期仍为人们所重视。《孟子·梁惠王上》记：“鸡豚狗彘之畜，无失其时，七十者可以食肉矣。”“豚”即小猪，“彘”又称豕，这是说对鸡、猪和狗的饲养不失掉其繁殖的机会，七十岁的老年人都有肉吃。楚国也大量饲养猪和鸡，楚墓中还出土了大量的猪和鸡的遗骸，并以小猪和小鸡最为多见。望山2号楚墓的一件竹笥里有许多鸡大腿骨，为专门挑选的上等鸡肉。在包山2号楚墓出土的竹笥中大多装有鸡肉，其中有6件竹笥里是鸡和猪共存，经鉴定皆为家畜，猪为幼猪，鸡为仔鸡，且都是煮熟后分置于不同的竹笥里的。足见楚国是以小猪和仔鸡为上等肉食的。

狗也属古人饲养的家畜之一。狗属宠畜，既可看家，其肉也可食用，故《孟子》一书把它同猪、鸡并提。楚墓中尚未发现有食狗肉的明例，但楚人有用狗祭祀的例子。在楚系的曾侯乙墓就随葬有狗，并且还用一木棺装殓。可以推见，楚人有养狗的习俗，并极爱狗。在人们的传统观念中，大多贱视狗肉，素有狗肉不上正席之说，其实吃狗肉在文献中屡见。《左传・昭公二十三年》记有鲁国大夫叔孙被晋国扣留，叔孙就带有一只狗，负责看守叔孙的晋国治狱官吏与叔孙在箕地居住时，就向叔孙要狗肉吃。叔孙当时没有给，但在叔孙即将回国时，却又主动将自己的狗杀了给晋国的治狱官吏吃。叔孙事先不给，是因为他当时身陷囹圄而避贿赂之嫌，后来他得以释放又主动杀了自己的狗则是表明并不是舍不得。从这则故事中我们可以看出，狗是古人所好并可随意宰杀的。《晏子春秋》也载有齐景公的猎狗死了，他准备用棺葬并还要为其祭祀，后来晏婴提了意见，结果景公敦促厨师将其烹饪，招待了客人。文献中也有专门屠狗的职业——狗屠。《史记・刺客列传》中的聂政和《樊哙列传》中的樊哙都是从事这一职业的。可见狗肉确为古人所好，不过从文献记载和考古发掘看，楚人食狗似稍逊于他国。

除畜牧外，狩猎也是楚人获得肉食的手段之一，其品类要比家畜多得多，仅见于《楚辞》的就有鸹、鸿、凫、鹑、鹜、鸧等，一些稀有的动物都曾为楚人所食。《左传・文公元年》载楚成王曾“请食熊蹯而死”。“熊蹯”即熊掌，是极为难得之物。《吕氏春秋・本味》还载：“肉之美者，猩猩之唇。”这稀有的猩唇之味楚人也品尝了。《战国策・楚策四》还提到了黄鹄和兔。从2000年以来两湖地区的考古发掘看，已发现先秦和西汉时期的野生动物就有华南野兔、梅花鹿、雁、鸳鸯、雉、鹤、斑鸠、喜鹊、麻雀、竹鸡等。事实上，还有很多楚墓中出土的动物骨骼尚未鉴定和公布，其种类当远不止这些。包山2号楚墓铜戟装饰有羽毛，经鉴定为白鹇的尾羽，可见飞禽走兽都应是楚人所捕获的对象。

## 二、酿酒与饮酒

我国酿酒的历史悠久。到了东周时期，酿酒技术进一步提高，饮酒也成为社会风尚，形成中华特有的酒文化。

在周代，各诸侯国都酿酒、饮酒，然而对于楚国来说似乎更突出，一方面表现在楚人的酿酒技艺与方法上，另一方面还表现在楚国浓郁的尚酒风习中。

楚人的酿酒技艺与方法既精且高，其制造的品类也较多，主要有茅香酒、醴酒、瑶浆、琼浆、桂酒、椒浆、楚沥等。最具楚国特色的当是茅香酒——一种用茅香草过滤而成的酒。

《左传·僖公四年》记载管仲代表齐桓公率领诸侯之师伐楚，宣布了楚的罪行，其中的一条就是："尔贡苞茅不入，王祭不共，无以缩酒。"其中的"苞"即裹束，"茅"是菁茅，意思是说楚国成捆的菁茅没有向周王朝交纳，周王的祭品得不到供给，祭祀时没有用来缩酒的东西。所以这成了诸侯之师攻伐楚国的借口之一。从这一则记载可以看出，包茅仅为楚国所有，并成为楚国向周王室交纳的主要贡品之一。古人制酒大都以主食为原料，经过发酵而成去其糟后必须过滤，而用菁茅过滤是因为过滤后的清酒具有茅香味。显然，这一技术是楚人发明的，并传入周王室。因通过菁茅过滤的酒能成为酒的上品，所以菁茅成为祭祀的专用品。

瑶浆是一种低度的白酒，见于《楚辞·招魂》。瑶是一种玉，因玉多为白色，以玉为名是用来形容酒色之白。清人胡文玉在《楚辞掌故》中将其释为白酒，因浆在古代通常指解酒的甜饮料，但其成分含有酒，故仍称之为酒。瑶浆是楚人制成的一种低度酒，其成分当是以甜饮料为主，再兑以少许酒。从其名看，应是经过过滤后而不含酒糟的酒，大体类同于今天的汽酒。

琼浆是一种低度红酒，见于《楚辞·招魂》。因琼为淡红色，清人胡文玉在《楚辞掌故》中将其解为红酒。从其性能和配制方法上看，与瑶浆应是相同的，只是颜色相异而已。

桂酒和椒浆皆是一种低度的酒，它们同见于《楚辞·九歌》。桂和椒皆为香料，其制作方法应与上述的瑶浆和琼浆相同，只是在酒中再掺入了桂或椒的香料，大抵类同于今天的香槟酒。

楚沥是一种含酒精度较高的酒，见于《楚辞·大招》，其特点是米与酒母发酵的时间要长一些，它可能指《楚辞·渔父》中的“醨”。但过量也可以醉人。《左传》中曾两次记有楚国醉酒的事，一例是鲁成公十六年楚司马子反醉酒于军中；另一例是鲁昭公十一年楚国在申地招待蔡侯，将其灌醉后俘获。这两次醉酒的事都应与饮用了浓度较高的酒有关。《楚辞·大招》中的“不歠役只”之“役”，过去不得其解，今人于省吾认为应读为“烈”字，意即烈酒，意思是不喝浓度高的酒。事实上，这种烈酒指一种经多次酿成的酒。《楚辞·大招》中就有“四酎并熟”一语，这“四酎”指的是多重酿造法，即指用三次酿成的酒再加水发酵而成。由于酿造这种酒所需时间较长，其浓度自然偏高了。“四酎”酿造法反映了楚人具有高超的酿酒技术。

从上述楚酒的品类看，楚国既有浓度较高的酒，也有浓度较低的酒；既有红酒，也有白酒；既有经过过滤的，也有未经过滤的。在制造的方法与技术上应各有差异，这些酒应是据人们对酒所需的不同场合和口味而制成的。《周礼·酒正》把酒分为三类，一是事酒，二是昔酒，三是清酒。郑司农说：“事酒，有事而饮也；昔酒，无事而饮也；清酒，祭祀之酒也。”楚人酿造的酒应是多样的。从文献记载看，楚人仍是以酿造和饮用低度的酒为主。

高超的酿酒技艺，形成了楚人对酒的偏嗜，可谓饮酒之风于楚为盛。仅文献记载而言，有关楚人饮酒的记载要比楚人膳食的记载多得多。从已发掘的楚墓看，一些大中小型墓葬中都随葬有盛酒和饮酒的器具，可见上至楚国高等贵族，下至楚国一般士人无不以饮酒为乐。《招魂》所记的就是楚贵族不分日夜沉湎于酒色中的真实一幕。更要令今人引以为戒的是，作为楚晋鄢陵之战的主帅子反，竟因醉酒而贻误战机，导致了军事上的失败。

风靡楚国的饮酒之风，也造就了楚人特有的饮酒风习，这就是冻饮和温饮。

冻饮，即以冰镇酒，使酒冰凉后再饮。《楚辞·招魂》："挫糟冻饮，酎清凉些。""挫糟"即滤其酒滓而使其成为纯酒，意思是"冰冻的纯酒，满杯进口真清凉"。《大招》也有"清馨冻饮，不歠役只"一语，意思是愿喝清淡馨香的酒，不喝纯浓酷烈的酒，可见楚人常饮冻酒。冰冻后的酒更清甜可口，这应是楚人在夏季的一种饮酒方法。

温饮，与冻饮相对而言，就是将酒加热后再饮用，这种方法虽然不见于屈赋，但是在曾侯乙墓中出土了两件冰鉴，冰鉴为方形，内置一方壶，壶底用插销固定在鉴的内底上，鉴与壶的四周皆有空隙可以置冰和盛水，具有冰温两种功用，故考古学界称之为冰（温）酒器。将酒加温后再饮用，应是楚人在冬季饮酒的一种方法。

冻饮与温饮是楚人在长期的饮酒生活中摸索出来的两种方法，它适宜楚地的气候变化规律，这与我们今天在酷热的夏天喜饮冰饮料，在寒冷的冬天喜吃滚烫的火锅有着相似之处。它既反映了楚人特有的饮酒习尚，又揭示出楚人早就摸索出一套科学的生活方法。

## 三、食物加工技艺与方法

食物作为人类生存的必需品，古人历来都注重其味道和营养，这味道和营养就体现在食物的烹饪技术上。东周时期，我国的烹饪技术已经达到了相当高的水平，楚人的烹饪技术堪称是中国上古烹饪水准的典范，其烹饪技术不仅表现在食物的味道和营养上，还表现在制作食物的花样上。可以毫不夸张地说，我们今天流行的很多食味与制法，楚人早就在成熟地运用了。这既可从文献中考证，也可从大量的考古发掘中得到证实。

有关楚人的烹饪技术，楚人自己已经将其描述得淋漓尽致了。我们先节录《楚辞·招魂》中的一段，然后再作详述。需要说明的是，译文节选自郭沫若的《屈原赋今译》，其中原文有一句漏译，为使读者完整地了解其意，笔者作了补译并标括号以示区别。

| | |
|---|---|
| 室家遂宗，食多方些； | 家族相追随，饮食真讲究： |
| 稻粢穱麦，挐黄粱些； | 大米、小米、新麦、黄粱般般有， |
| 大苦咸酸，辛甘行些。 | 酸甜苦辣样样都可口。 |
| 肥牛之腱，臑若芳些； | 肥牛筋的清炖喷喷香， |
| 和酸若苦，陈吴羹些； | 是吴国司厨做的酸辣汤。 |
| 胹鳖炮羔，有枳浆些； | 红烧甲鱼、叉烧羊肉拌甜酱， |
| 鹄酸臇凫，煎鸿鸧些； | 煮天鹅、烩水鸭，加点酸浆， |
| 露鸡臛蠵，历而不爽些。 | 卤鸡、焖鳖，味可大清爽， |
| 粔籹蜜饵，有餦餭些。 | 油炙的面包、米饼渍蜂糖。 |
| 瑶浆蜜勺，实羽觞些； | （清甜的白酒用耳杯盛装，） |
| 挫糟冻饮，酎清凉些； | 冰冻甜酒，满杯进口真清凉， |
| 华酌既陈，有琼浆些。 | 为了解酒还有酸梅汤。 |
| 归来反故室，敬而无妨些。 | 回到老家来呀，不要在外放荡。 |

读完上面的一段文字，说《楚辞·招魂》是先秦的一份楚人的食谱，也不算是言过其实。这出自两千多年前楚人自己的笔端。如此丰富、完整地记录有关烹饪的食类，这在先秦的文献中实属凤毛麟角。

反映烹饪技术之长是多方面的，除用料的选择、刀工、制作方法外，还在于加工和调料等。制作的成品要达到色、香、味俱全，这些楚人似乎都做到了。仅从包山 2 号楚墓看：在选料上，一些肉食品的原料不仅专挑幼仔，而且还专挑肉多味鲜的部位；在刀工上，很多食品不仅切成极细的丝条，而且在作肢解时，几乎很少留下痕迹，确有游刃于间之工。至于加工、火候、调料和烹饪方法那就更多、更复杂了。

楚人的烹饪方法主要有炮、煎、蒸、粘、胹、炙、脍等。

**炮** 即是将牲和毛裹烧，是一种间接的致熟方法，与我们今天在急火中用油爆炒不同。据《礼记·内则》载，古代炮的制作工序较为复杂，大致是先将牲宰杀，去掉内脏；在腔内填满枣子，用草在外面裹住，并涂上泥用叉子叉住放在火中烧；火把泥烧干后，再掰开泥并揭去皮肉上的薄膜，这样泥草就都去掉了；然后在肉上涂上米粉类的作料，放在油里煎炸；捞起后再放在器具里蒸，最后拌上醋或甜酱等作料食用。这种方法制作的肉食味道鲜美，看来楚人极善于用炮的方法来制作肉食。但这种方法只适应于一些小型的牲畜，如羔羊、仔鸡和野兔等。《楚辞·招魂》中就有"炮羔"，它是拌以甜酱食用的。实际上，炮包含了煎、蒸等制作方法。

**煎**　即把肉类放在油中熬，煎时油一般要没过肉，与今天的炸有点相似，这种方法多用于制作鱼和鸟类的肉。《楚辞》中就有"煎鰿"和"煎鸿鸧"。"鰿"即鲫鱼，"鸿"和"鸧"皆鸟类，包山2号楚墓竹简就记有干煎鱼两笥和干煎鸡两笥，说明楚人在烹饪中常用煎。

**蒸**　是将食物放在有箅孔的食具内，其下放水，通过蒸汽使食物熟烂。也称之为烝，这方法与今的蒸完全相同。《楚辞》中有"烝凫"，包山楚简中还见有"蒸猪"，都使用这种方法。楚墓中还出土一种甑和甗的器具（详见后），是专门用于蒸食物的。

**䊢**　就是将食物放在器具中加上作料利用水将食物煮熟，这种方法与今天的煮大致相同，其特点是不加其他佐菜，保持食物的本味，楚墓中鼎大多就是用于这种方法，䊢的对象主要是飞禽走兽，这在《楚辞》中比较多见。

**胹**　也是指加水煮烂食物，大体相当于今天的煨，与䊢的区别就在于制作食物时间的长短和火候的大小上。胹的主要对象是不易煮烂和所需时间长的一些食物，如动物的腱肉、龟和甲鱼等。《楚辞》中有"胹鳖"和"臛蠵"都是指经过很长时间的烧煮而制成的羹。文献中还有"胹熊蹯"之说，熊蹯即熊掌，也是不易煮烂的食物。

**炙**　即用火烤肉，这种方法与今天的烤肉是相同的，从这个字的结构就可以知道其方法。炙的上半部是肉的变体，下半部是火字，即以火烤肉。《楚辞》中的“炙鸹”即是烤鸹鸽，包山楚简中所记的“炙猪”也是指烤猪。炙的方法应是远古原始人类加工食物方法的一种遗留。因其加工的食物味道鲜美，故这一方法一直为后世所沿用。需要说明的是，与炙相同的方法还有“燔”，“燔”是指火烧之名，因可烤肉，也有烧烤意。据《诗经·小雅·楚茨》孔颖达的解释是，离火远的称炙，离火近的称燔。也就是说，易熟的肉食远火烤为“炙”，难熟的肉食近火烤称“燔”。从楚简可知，楚人多采用这种方法。

**脍** 是文献中常见的一烹饪方法，但由于史载缺佚，对其制作方法不明，推测与今天的炒相近，因为脍字据《释名》的解释是细刀切，即将肉切成极细的丝状，并且越细越好，所以《论语·乡党》有“脍不厌细”之说。《楚辞·大招》中就有“脍苴蓴只”，“苴蓴”即“蘘荷”，即是将“蘘荷”切成细丝后再炒。由于脍与炙分别为两种不同的方法，且用这两种方法做成的食物为人们所常食，故而有成语“脍炙人口”，意即如脍和炙做出的菜肴那样为人所好。

上述的一些方法都是用于制作类似于我们今天的菜，即文献中的膳类。其实一些主食也可采用不同的加工方法制成甜美的糕点，文献中称之为“羞”，类似于我们今天的点心或干粮，这就是糗、饹、粔籹、蜜饵、脯和修等。

**糗** 是用主食加工而成的熟食品，即随时可食，类似现在的炒豆、炒米和炒玉米等。《国语·楚语》曾记载成王每天送子文一束脯（干肉）和一筐糗。包山 2 号楚墓和江陵望山楚简皆记有“糗”，且都是用囊或笥装，这与《诗经·大雅·公刘》所谓的糗“于橐于囊”是相吻合的，可知它确为熟主食。糗的工序已不得而知，但其制作是复杂和费时的，《庄子·逍遥游》曾记：“适千里路者三月聚粮。”这粮就是指糗，意思是说要走千里路的人，三个月前就要动手准备干粮，由此可见，其制作非一日或几日可成功。由文献和楚简可知，楚国特别善于制糗，不仅用主食制糗，还用一些果品来制糗。不过果品糗大多加蜜制成，称之为“糖糗”，但一般只用竹笥盛装。包山 2 号楚墓就出土了很多果糗，其中有梨、枣和荸荠等。马王堆汉简也见有枣糗和荸荠糗，显然应为楚人的遗风。

**伥** 即是将主食碾成粉而制成米粉糕。《楚辞·离骚》有“精琼靡（粉）以为伥”一语，意思是将大米碾成粉屑，再蒸成米糕。今楚故地仍有这种做法。

**粔籹** 是一种合成的糕点，即膏环，据《齐民要术》记载，膏环是用米粉和糖，做成环状，然后在油里煎炸，形状类似于今天“焦圈”的合糖炸糕。

**蜜饵** 饵即饼，即为米粉制成的饼，蜜饵即放有蜜的饼，其制作是用微火烘烤而成。包山楚简中就记有饼，称之为“稻饼”。马王堆汉墓竹简也记有饼，糗与饼应是楚人常制作的两种熟食品。

**脯** 是楚人常制作的一种干食，其制作的原料不仅有牛、羊、鹿、豕、鱼等，就连一些果品如梨、枣、荸荠等也可制成脯。以肉食制成的脯称肉脯，以果类制成的脯称果脯。它们的共同特点是将新鲜的食品洗净，加盐或糖后通过阳光暴晒，使其干燥。制作肉脯时要把肉切成条状，晒干后就类似于今天的干腊肉。《礼记·内则》上就有“鹿脯、田豕脯、麇脯”等。包山楚简也记有“豕脯”和“桃脯”。脯一般用竹笥盛装，也有成束捆扎后吊挂的。一根脯称为一脡，十脡称之为一束。《国语·楚语》就有楚成王赠子文“脯一束”的记载。汉人也承袭了楚人喜食脯的遗风，江陵凤凰山167号汉墓和马王堆汉墓的遣策皆有随葬脯的记录。

**脩** 其制作原料和方法与脯相同，皆为干食，由于它们在外形上又相似，所以古籍上常是脯脩并称，实际上，它们在配料上是有区别的。《周礼·腊人》注曰：“薄析曰脯，捶之而施姜桂曰锻脩。”“薄析”即是将肉切成薄条状，意思是不加桂姜一类的香料而晒干者称之为脯，经捶击后而加香料的称之为脩。《周礼·膳夫》正义也说：“不加姜桂用盐腌后晒干即为脯。”包山楚简既记有脯，也记有脩，可见楚人在脯和脩上是有区别的。

从楚人的烹饪食物方法上我们还可以领略到楚人的食味，食味包括植物作料和通过一些植物作料所加工成的调料。

楚人的作料从文献和考古发掘所见实物看，主要有葱、韭、姜、蒜、辣椒、花椒和桂等。在烹饪时将这些作料切碎或捣碎掺入菜羹中，可见，这些作料的使用方法与今天相同。然而，更能反映楚人讲究食味的应是在烹饪前按比例配制成的一些调味品——调料。

楚人的调料是由盐、梅、醋、酒、椒、饴、蜜制成的咸、酸、苦、辛（辣）、甘（甜）五种味道。按《楚辞》王逸注及洪兴祖补说，五味中的咸味得之于盐，酸味得之于腌制品，苦味得之于胆、豆豉和荃菜，辛味得之于椒、姜和蒜，甘味得之于饴糖、蔗汁和蜂蜜。古人十分重视烹饪中味道的调和，《吕氏春秋·本味》专门谈到了这五种味道的具体使用方法，《左传·昭公二十七年》还讲到烹调鱼肉时所使用醋和肉酱是“齐之以味，济其不及，以泄其过”。“齐”是调配，“济”是增加，“不及”即味道不足，“过”是指味道太酸和太咸。这段话是说调配味道应酸咸适中，如果酸咸不足，则加梅盐，如果太酸太咸，则加水减其味。《吕氏春秋》说的是使用调料所要达到的要求，《左传》说的是调料在烹饪中的作用。从《楚辞·招魂》看，楚人这五种味都具备了，说明先秦楚人对五味已有了深入认识，并能在烹饪中娴熟应用。在众多的调料中，楚人最善于制作各类酱。

酱有多种称谓，以肉制成的古称“醢”，以主食或果类制成的多称酱。肉酱的制作较为复杂，一般是先把肉制成干肉，然后铡碎，加进稻米制成的酒曲和盐搅拌，再用酒浸渍，密封在瓶子里，经过一百天以上才能食用。实际上，对于楚国而言，不仅以家畜的牲肉制酱，也用野生的飞禽制酱，包山楚简记载了以鸟制的“醢”。当然制作更多的还是以谷物和果类制成的酱，如信阳楚简就有“一瓶食酱”和“一瓶梅酱”的记载，食酱的“食”不是指可食用的意思，而是指用麦或豆类主食制成的酱，同样，梅酱则是用“梅”制成的甜酱。汉代以后制酱就更多了，马王堆汉简就有“瓜酱”“豆酱”，江陵凤凰山 8 号汉墓简也记有“豆酱”，显然这制酱的工艺与方法应与楚有关。

酱作为调料一般不单独使用，它常与用炮、炙、脍等制作好的食物配合使用。当然，它也可用来腌菜，即今天的酱食。包山 2 号楚墓东室 16 号陶罐内就出土了一条用酱腌过的鱼，《楚辞 · 大招》还有“醢豚”。由楚简名物惯例可知，这“醢豚”不是指用小猪制成的肉酱，而是以酱腌剁碎的小猪，否则就应称为“豚醢”。酱食应是楚人最常见的食用方法，反映了楚人所特有的食味。

作为调料五味的配用在古代是极其讲究的，一般是“春多酸、夏多苦、秋多辛、冬多成，调以润甘”，但在具体制作食物时，常常相互搭配，前引《左传 · 昭公十二年》所记的烹饪鱼肉时就是咸与酸的搭配。由《楚辞》可知，楚人在烹饪食物时对味的搭配是苦与辣、咸与酸、酸与甜、酸甜与苦等多种搭配法。比较而论，楚人更嗜好甜和酸这两种味道，仅《楚辞 · 招魂》记录的一些菜肴中就多见酸和甜味，如“和酸”“鹄酸”“甘鸡”“蜜饵”“柘酱”等，包山楚简还见有多种“苴”（即酸菜），如“葱苴”“藕苴”等，即是以葱和藕等制成的酸菜，这些都是楚人偏爱甜和酸的明证。

## 四、享神饮食

楚国是一个重鬼信祀的古国，大凡战争、丧纪、灾荒、疾病等都要占卜和祭祀。祭祀的对象既有自然界的大山名川、日月星辰，也有与人们居处相关的门神和灶神，还有自己的祖先。祭祀的目的就是乞求神灵和祖先的保佑，以安邦抚民，消灾灭祸。楚人浓郁的祭祀之风不仅见于诸多的文献记载，还被大量的考古发掘材料证实。

祭祀是中国礼乐文化的核心内容，在夏商周三代备受统治阶级的推崇，它是以祭祀天神、地祇、人鬼三元神为主要内容的，故又统称为“三礼”。凡举天地、山川、百物、祖先之神都要按一定的等级进行祭祀，所以古籍对其记载的名目繁多。其中最主要的是一年四季的常祭，即春祠、夏礿、秋尝、冬烝（《周礼 · 春官 · 大宗伯》）。由文献记载看，楚人也实行常祭。其中春祭称“膢祭”，《说文》“膢，楚俗二月祭饮食也”。《国语·楚语下》还记有“烝祀”。包山2号楚墓出土的四组祭祷简，其所记的祭祀日月与秦简《日书》所记的秦楚月名对照，另有与文献中的“秋尝”和“冬烝”相当的祭祀，更为重要的是，楚简所记的祷祭神祇也是按天、地、人的顺序排列的，无疑应是文献中的常祭。这为我们了解楚国的祭祀情况提供了弥足珍贵的材料。

祭祀的目的是乞求神灵保佑，祭祀时都要向所祀对象进荐物品，物品的种类包括饮食和器用两大类，这就是《左传·庄公十年》所说的“牺牲玉帛，弗敢加也”，意思是说，祭祀用的牲畜、宝玉和丝绸，我都按规定供奉给鬼神，不敢虚报。在向鬼神进荐的物品中，饮食是主要的，饮是指酒浆，食则是指牲类和主、副食。《周礼·地官·肆师》：“凡师甸用牲于社宗则为位。”这里的“社宗”是指社庙和宗庙，“为位”是指负责用牲的人。《国语·楚语下》：“诸侯宗庙之事，必自射牛、刲（即割）羊、击豕，夫人必自舂其盛。”以及“敬其粢盛”，“禋其酒醴”等都是祭祀时的享神饮食。享神饮食与人的饮食在品类上大体相同，为了表示对神的恭敬与虔诚，其区别就在于对饮食的精选、丰盛和洁净上。前引《左传》中的“牺牲”就是一例。文献中的牺是指毛色纯正的牲畜，牲是指身子完整的牲畜。这是说用牲的精选。包山楚简记有“一牺马”，即指一匹毛色纯正的马，说明楚国的祭祀用的牲也是经过挑选的。《左传·僖公五年》：“吾享祀丰洁，神必据我。”意思是我享神的祭品丰盛和洁净，鬼神一定会保佑我。这是指享神饮食的丰盛与洁净。从包山楚祭祷简看，荐神饮食也是如此。

除了上述几处记载外，享神饮食品类的多少据进献者身份和地位的不同，有着严格的等级规定，如用牛羊豕三种牲畜祭祀称太牢，只用羊豕称少牢。太牢是最隆重的祭礼，《礼记·王制》载：“天子社稷皆太牢，诸侯社稷皆少牢。”由于这些牲畜大多用鼎盛装，故而用鼎的多少也成了等级的象征。天子用九鼎，诸侯用七鼎，大夫用五鼎等。春秋战国时期，这一用鼎规定并不十分严格，出现了很多僭礼的现象。尽管如此，祭祀用鼎盛装牲畜的礼仪自始至终都存在。楚国使用太牢的大多见于高规格的墓葬，使用少牢的大多见于中型墓葬。可以说明，楚人祭祀时的享神饮食既十分普遍，又存在着等级之差。

由楚简可知，楚国的祭祷分三种，即举祷、嗣祷、馔祷。享神饮食主要是牺牲和酒食。其中的牺牲为牛、羊、猪、马、犬五种，用马应是楚人用牲的特点。从进供鬼神规则看，无论是牺牲，还是酒食，似有一定的规律，即先供所献牺牲，酒食紧附于后，无单独供祭饮和食的例子，只是在使用牲畜的种类和数量上与献食者的身份和地位相关。

举祷是杀牲盛馔举行的一种祭祀，祭祀的对象主要是先祖、父母、兄弟、山川和各种神祇。嗣祷是晚辈对先辈的祭祀，祭祀的对象仅限于近祖及直系亲人。馔祷即是对神赐予福佑后给予神回报的一种祭祀，它大体与文献中的“秋尝”类似。从包山楚简看，这些不同的祭祀以及进献不同的神祇都有相应的饮食，不过，用牛祭祀，自始至终都是高规格的享神饮食。

## 第二节　饮食器具

饮食器具的出现是历史发展到一定阶段的产物，一般而言，饮食器具产生于农业经济以后。饮食与器具是相辅相成的，有了饮食，就必须有相应的器具盛装。当然，饮食和器具又有动态的一面，饮食随着社会生产力的发展和烹饪技术的不断提高而变化，所以器具也随着饮食的这些变化而变化。就生产力的发展而言，人们最初使用石质或陶质的器具，但随着人们掌握了采矿和冶炼技术，就相应地使用铜质和铁质器皿。就烹饪技术而论，人们最初“茹毛饮血”，但随着火的发明以及煮、蒸、炙等不同方法的出现，就必须有相应的器皿来实现，故器具可以折射出人类文明发展的程度。

不同时代有着不同的器具，不同的人群也有着不同的器具，尤其是炊具最能反映不同群体的社会风俗习惯。如长江中游的大溪文化是以釜和罐为主要炊具，故大多流行圜底器，而稍晚的屈家岭文化是以鼎和鬲为主要炊具，故而大多流行三足器和平底器，从而形成了两个考古学文化的显著差异。由此反映了不同时代，不同人群的文化渊源关系。

东周时期的楚国极重视烹饪技术的多样化，制陶、冶炼、髹漆等百工行业的出现，使饮食器具得到了长足发展。无论从其实用性，还是从其工艺来考察，都是前代所不可比拟的。楚国的饮食器具既有陶质的，也有铜质的，还有铜铁混制的。从其用途看，主要有炊具、食具和酒具三大类。需要说明的是，古人存在着一器多用的情况，有些器具兼有几种用途，这种划分是相对的，只是从主要用途加以区别。还需要提到的是，这三类器物中又分若干品种，限于篇幅，我们只能择其要者介绍。

## 一、炊具

炊具是属于加工食物的器具，主要有鼎、鬲、甗、甗、釜、炉等。至于这些名称的来历，一是根据文献记载，二是根据一些器物的自身所带的铭文“自名”。尤其是不断增多的楚国简牍材料，使我们对楚国的器名有了更多的认识。

**鼎** 主要用煮肉或盛肉，其形制一般为圆腹，下附三足，口部有两个立耳，是用来抬举的。因其有三足支撑而显得平稳，故成语有“鼎足而立”，或俗语“鼎足”“鼎立”来形容力量三分或三家对峙。鼎的起源甚早，作为炊具可上溯至距今七千年左右的新石器时代早期的磁山文化。当人类进入阶级社会后，人们产生了对天、地、山川等神祇和祖先崇拜的意识，到了商周之世已达到极点，凡有大事都要卜问、祭祀种种神祇和祖先。《左传·成公十三年》所谓的“国之大事，在祀与戎”就反映了这一事实。人们祭祀时，必然要向鬼神进献食物，而这些由神鬼享用的“食”也必须要用某一器皿来盛装，于是，鼎又成了盛牲之器，鼎还衍生出体现用鼎者身份的功能。

由于鼎兼有实用与礼制的功效，进入春秋战国后，从外形上就开始出现区别。就楚鼎而言，不仅外形有别，而且在自身铭文和楚简记录中就有多种称谓。如升鼎、于鼎、汤鼎、馈鼎、繁鼎、匜鼎、乔鼎、贯耳鼎、石沱等。这些鼎名的古文字大多带有表义符的“鼎”，可见它们仍都是鼎属。这些名称都是楚人自己的称谓，除了反映外形上的差别，更主要的是表现功用上的不同。

楚升鼎就是一种束腰平底鼎，一般多件并出。与周鼎相比，它没有大小之别，它是楚人所创造的一种新形制的鼎，专门用来盛装牲肉（图3-1-1）；其名为升鼎，是因为大多自名为“升”。从楚墓随葬品看，升鼎的使用应存在等级上的差别，升鼎一般只见于高规格的墓葬之中，且等级越高，使用的升鼎就越多。目前出土升鼎最多的是安徽寿县楚幽王墓、曾侯乙墓和擂鼓墩2号墓，都是9件。其次是安徽寿县蔡昭侯墓和淅川下寺2号楚墓，都是7件。在一些稍低等级的墓葬中还没有突破这个数字，说明升鼎的使用应有等级之别。

于鼎即文献中的镬鼎，用来煮牲，一般形体较大；汤鼎用于煮肉羹和热水；匜鼎专门用于煮开水；馈鼎用来祭祀和享宴宾客。至于升鼎、繁鼎（图3-1-2）、贯耳鼎和石沱以其外形而得名，属于典型的楚式鼎。它们的用途也多与炊煮有关。总之，楚国的鼎名和鼎式多种多样，仅从各式鼎就可以看出楚人精于制作饮食。

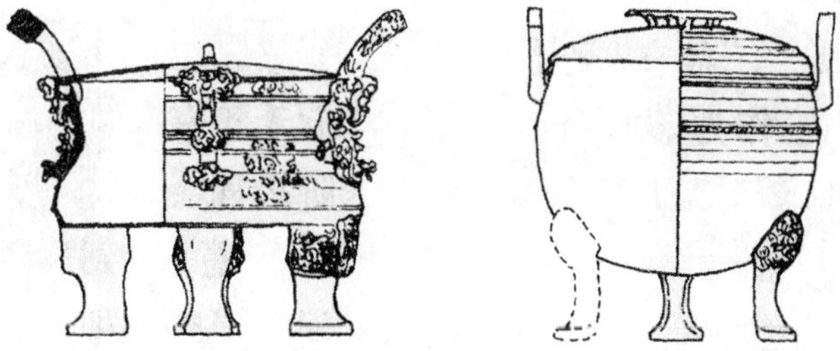

1　　2

图3-1　楚升鼎和繁鼎摹绘图

**鬲**　用于煮粥的器具，形状与鼎相似而无耳。这种炊具在中原和楚地都使用，但在外形、制作、结构等方面楚与中原有着较大差别。楚地的鬲使用比较广泛，一般贵族和平民都用这一炊具。仅就外形而看，中原的鬲大多为袋足分裆，而楚鬲则多为高柱足连弧裆（图 3–2），具有明显的楚风，故而常命名为“楚式鬲”。

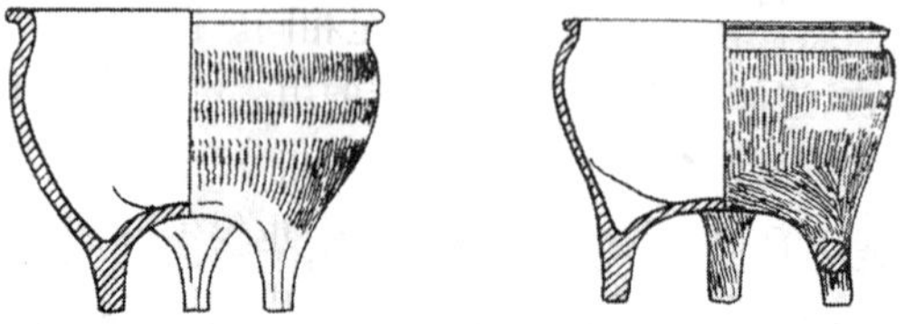

图 3–2 楚式鬲摹绘图

**甑** 用于蒸食物，形状似大碗，有宽沿，平底，底上有透穿的箅孔。这种器物一般放在鬲或釜上使用，食物放在甑中，鬲或釜内放水，水蒸气通过箅孔气熟食物。甑不包含下面的鬲和釜。

**甗** 属蒸煮套器，由鬲和甑两部分组成。楚甗有两种形制，一种为连体的，一种为分体的。分体甗的甑底部一般都有箅孔（图 3–3）。连体甗的甑腔和鬲腔相通，相连处较细，使用时应在甑和鬲的相交处另置一箅子（图 3–4）。甗的使用是在下部的鬲中放上水，由水蒸气透过箅孔蒸熟食物，与今天的蒸完全相同。甗包含鬲和甑两种器物，连体甑的出现说明该器的用途更专一，并且蒸食更为人们所器重。

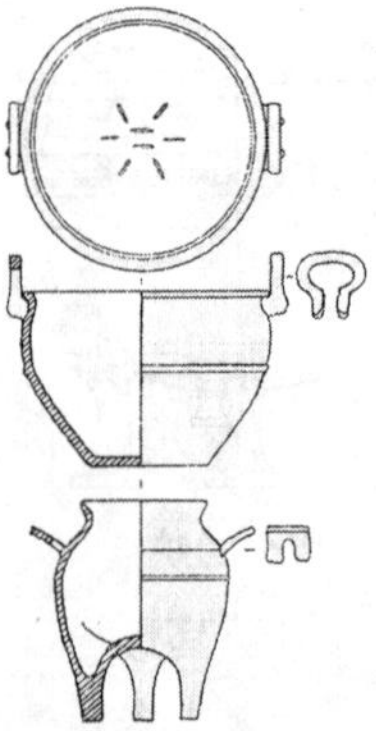

图 3–3 望山 1 号楚墓出土的分体甗结构图

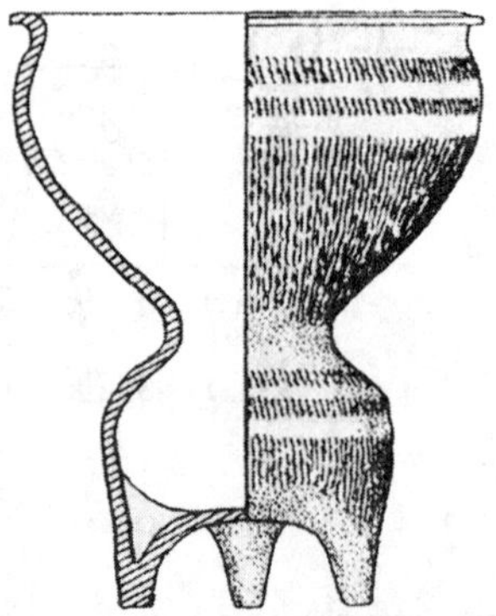

图 3–4 望山 1 号楚墓出土的连体甗摹绘图

**釜** 一种用于煮粥的器具，也偶尔与甑相配合使用，它与鬲的性质是相同的。楚墓中出土的这一类器具较少。江陵纪南城内出土了一件铁釜，小直口，圜底。它与甑在外形上相似，文献上常是釜甑连言。《孟子·滕文公上》："许子（许行）以釜甑爨，以铁耕乎？"釜在史前较通用，进入战国后，由于炊具的改进，尤其是鬲和甑相结合的复合甗出现后，釜基本上就很少派上用场了，这也是楚墓中少见的原因。同时釜兼有量器的功用，《论语·雍也》记孔子的弟子公西华出使齐国后，孔子的另一弟子冉有为公西华的母亲请粟，孔子说给她一釜的粮食，这是釜又作量器的例子。

**炉盘** 是一种煎炒器，由双层盘组成，下层盘为炉，形似有三矮脚的炭盆，盆底有通风的孔，上层盘为煎炒的锅，两边各有一提链环（图3–5）。从曾侯乙墓出土的实物看，下层盘内装有木炭，上层盘内有鲫鱼骨，说明应为煎鱼之器，属一种复合用器。

**炭炉** 是一种用于炙烤的器具，其形制与上述的炉盘相似，但无上层盘，这一器具在楚墓中多见。从曾侯乙墓出土的实物看，盘内不仅装有数块木炭，而且还伴有用于添炭和除炭灰的铜箕和漏铲。望山楚墓也有出土，形制近长方形，也当为炙烤的器具（图3–6）。过去一般认为这一套用具为取暖的用具，从众多的楚实物及出土位置看，它们皆与烹饪的鼎等放置在一起，故而实为炙烤的炊具。

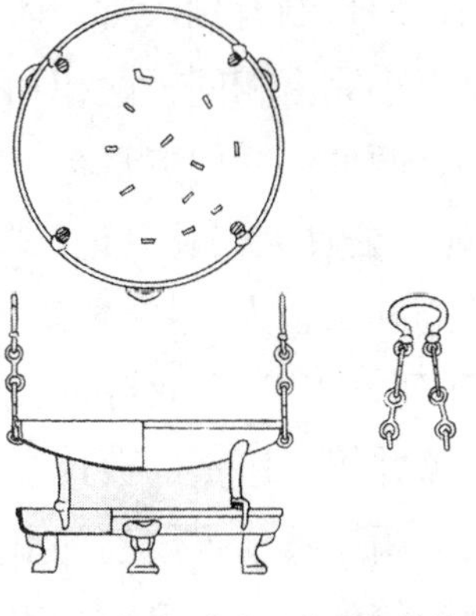

图3–5 曾侯乙墓出土的炉盘摹绘图

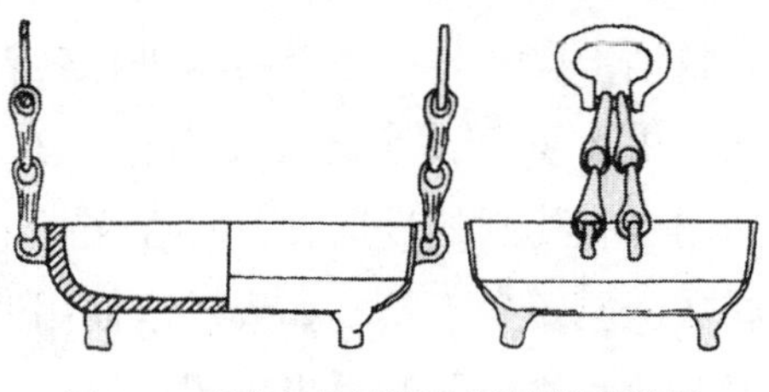

图3–6 望山2号楚墓出土的炭炉摹绘图

## 二、食具

食具是专门用来盛装食物的器具，这一类器具较多，主要有簋、簠、盏、豆、琦等。

**簋** 是盛装熟食的器皿，其形似今天的大碗，底有圆座或方座（图3-7）。这种器物出现较早，此器在祭祀时也用来盛装向鬼神进献的食品，同鼎一样具有礼器的功用。并且是等级的象征。它在与鼎相配使用时常以偶数出现，如九鼎配八簋，七鼎配六簋等。曾侯乙墓就出土有八簋，它正与九鼎相配。由于它是等级的象征，故小型楚墓中一般没有这类器物。

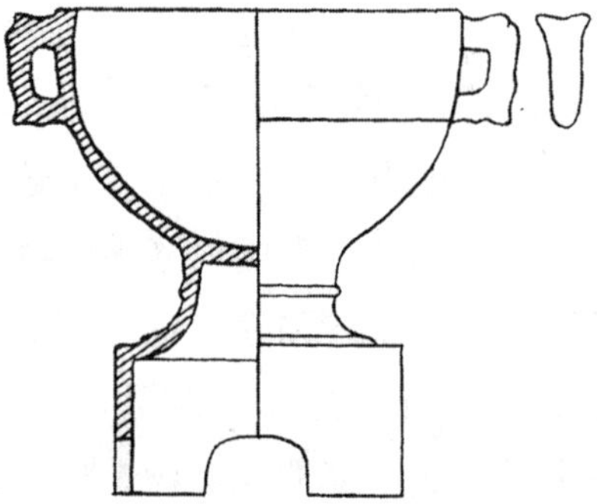

图 3-7 望山 2 号楚墓出土的簋摹绘图

**簠** 也属盛食器之一，它与簋的功用相同，但形制有别。簠一般为方形，四角下各有一矩形足，盖与身的形制及大小完全相同，两相扣合后极似一个带足的方形盒。将盖揭开后翻置又是两件一样的方形盘。簠所盛装的主要是稻或粱一类制成的熟食。《仪礼 · 公食大夫礼》记："宰夫膳稻于梁西。"郑玄注："进稻粱者以簠。"《周礼 · 舍人》："凡祭祀，共（供）簠簋，实之（装满它）陈之（把它陈列好）。"由此可见，其功用也有礼制的性质，并且在文献上经常是簠簋并提。用簠的数量多为偶数，但要少于簋，如天子诸侯用四簠，上大夫用二簠。曾侯乙墓出土了九鼎八簋的同时也出土了四簠，这与礼制是相符的。由于簠的实用性较强，故楚墓中多见。战国楚墓中多见陶质的，且上面绘有菱形纹（图3-8）。

**盏**　亦称“敦”或“盌”，是一种盛熟食之器，与簠和簋所盛的食物相同。其器形极似今天的大盖碗，其下有三足，近口部的两端各有一环，耳盖上也有三足或圆形的抓手。盖打开后翻置也可作食具使用。大体说来，楚盏的形制有两种：一种是盖要矮于器身；另一种是盖与器身形大小完全相同，扣合后呈圆球形，打开后翻置又是相同的两件器物。需要说明的是，这种器物的名称文献上多称为“敦”，楚辖以外区域所出土的铜器上也大多自名为“敦”（图3-9）。但在楚铜器和楚简牍中大多称其为“盏”，也有少数称“盌”，这应是楚国与他国在食具称谓上的差异。

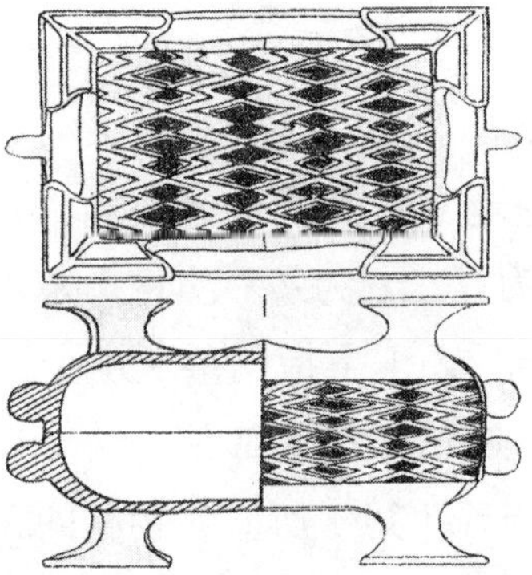

图 3-8　望山 2 号楚墓出土的簠摹绘图

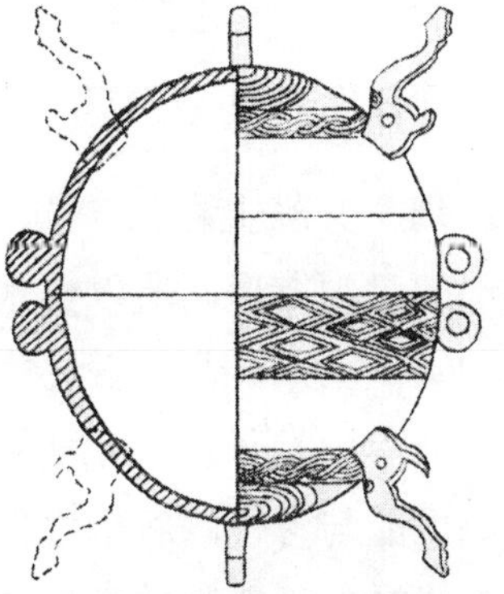

图 3-9　望山 2 号楚墓出土的盏摹绘图

**盒**　也称“会”。其形制与盏有相似之处，区别主要是平底，底下无三足。这一类器物在楚墓中多见，但大多为漆盒。盒与会应是同物异名，称会是指带盖的盒。《仪礼·士虞礼》：“命佐食启会。”《说文》：“会，合也。”包山楚简称盖豆为盒豆。楚国也有称其为“会”的，信阳楚墓出土了两件平底盒，同墓竹简所记的正是“会”。

**豆**　是盛装肉酱和粮食的器具，其形制是上为一圆盘，下有一柄和一座，有的还带有盖，但大多数不带盖（图3-10）。这种器具在各类楚墓中都有发现，每座楚墓出土的豆大多超过两件，其质地有铜、陶和漆木三大类，豆是最为常见的食具之一。文献和楚简中都称其为“豆”。豆的用途较多，既用来盛装粮食，也用来盛装肉酱而享祭鬼神，还有将其用作量器的。不过将其用作食器是主要的，在河南洛阳烧沟战国墓内出土的一件豆内就发现残存的粟米。

图 3–10　楚幽王墓出土的豆摹绘图

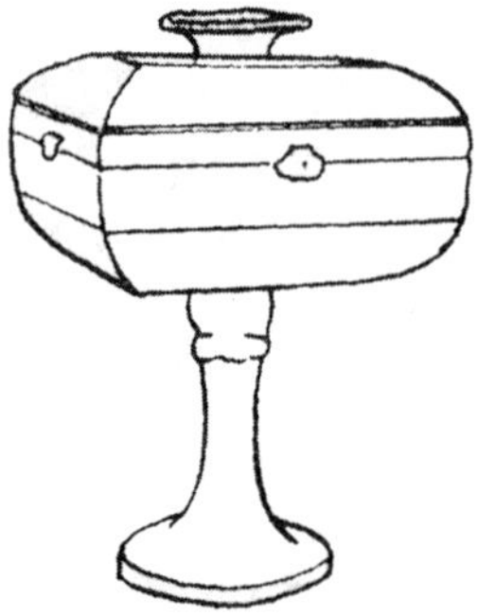

图 3–11　藤店 1 号楚墓出土的琦摹绘图

**琦**　文献上称为“笾”（图 3–11）。它与豆的形制大体相同，只是上部的盘为方形，所以古代注家都有“圆为豆，方为笾”之说。楚国称这种器具为“琦”，信阳楚简就记有“方琦”，正是指同墓所出土的方豆。河南固始侯古堆出土的铜方豆自名为“盉”，实应都是一名。它的发端可能与古代的宥坐之器有关。由于豆与琦（笾）所盛食物相同，因而古代时常是笾豆并提。从相关文献看，使用豆与琦（笾）享献客人似有等级之分，《左传·昭公六年》就记有晋侯在接待季孙宿时既使用了豆，也使用了笾，季孙宿认为这是违背了大国与小国之间的礼仪，并请求晋侯撤去了为他所加的笾。

**匕**　是古代从食具中提取食物的器具，其功用相当于今天的匙或铲，其形状一般多为铲形，尾部带一长柄。这一类器物楚墓中多见，楚简中称之为“比”或“匕”。

**勺**　其性质和功用与匕相同，形状与今天的匙相同，但柄多比匕短。楚简中称之为勺。楚墓中多见，应属常用器。勺也兼有饮具的功能，《楚辞·招魂》中就有“瑶浆蜜勺，实羽觞些”。意即以勺提取甜酒，盛装在酒杯中。

## 三、酒具

由于楚国饮酒之风盛行，楚国的酒器较多，各类楚墓中都有酒具出土。酒具可分为盛酒器、挹酒器和饮酒器。种类主要有尊、缶、鉴缶、壶、盉、耳杯等。

**尊** 为盛酒器，形制为敞口，高颈，底有圈足，因其上多饰有各种动物纹饰，因此文献上又有牺尊、象尊、龙虎尊等多种名称。楚尊实物较少见，只在楚系的曾侯乙墓中出土了一件尊（图3–12）。该尊采用失蜡法铸造，花纹繁缛，并置于一盘中，堪称迄今同类器中的精品。

图3–12 曾侯乙墓出土的尊摹绘图

**缶** 为大型盛酒器，但形制比尊大，一般为矮颈，大圆鼓腹，底部有圈足，腹部有两耳或四耳。缶的器形较大，《说文》称其为“盛酒浆”之器。这类器物在楚墓中多见，淅川下寺楚墓和蔡昭侯墓皆自名为“隮缶”（图3–13）。还有一类缶要比“隮缶”小些，战国楚简上有的称为“迅（沐）缶”，有的称为“卵缶”，这是据其形和用途之别而称名的（图3–14）。目前所见的最大的铜缶为曾侯乙墓出土，其中一件高达126

厘米，重达 327.5 千克，堪称缶王。

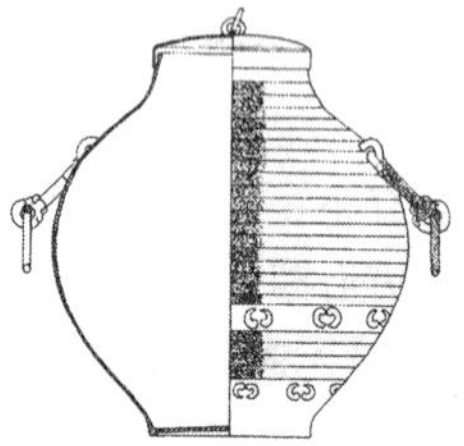

图 3–13　淅川下寺 3 号楚墓出土的隮缶摹绘图

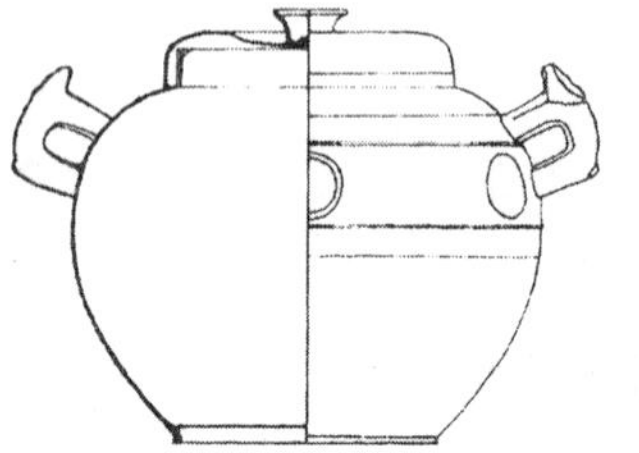

图 3–14　包山 2 号楚墓出土的卵缶摹绘图

**鉴缶**　为冰酒器，是一种复合酒具，它由鉴和缶两器组成。这类器物目前仅见于楚系的蔡侯申墓和曾侯乙墓，通常是缶置于鉴中（图 3–15），因鉴与缶周围有较大的空间，夏天在其内放置冰块可冻酒，冬天在其内放置热水可加热酒，因此它应属冰（温）酒器。楚人善于饮冻酒和温酒，《楚辞》就有“冻饮”，应是使用这种器具制成的。曾侯乙墓出土的鉴缶外还附有勺，显然是从缶中提取酒的器具。

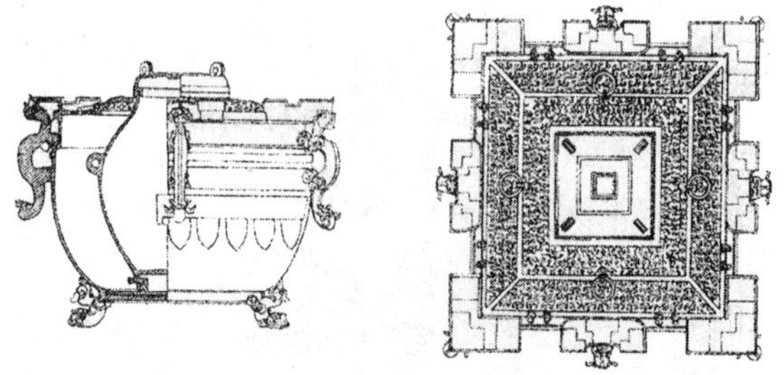

图 3–15　曾侯乙墓出土的鉴缶摹绘图

**壶**　为盛酒器，器形有大有小。一般为高颈，大圆鼓腹，底下有圈足，其形制有方有圆，有的还有提链。此器在楚墓中最为多见，《诗经 · 大雅 · 韩奕》中的“清酒百壶”就很清楚地说明了壶是用来装酒的。目前所见最大的壶是曾侯乙墓出土的一对铜联禁壶（图 3–16），壶置于禁上。中小型楚墓还出土有铜壶（图 3–17），但大多只出土陶壶，一般成对出土，但器形都不大。壶是楚墓中最常见的随葬品之一。

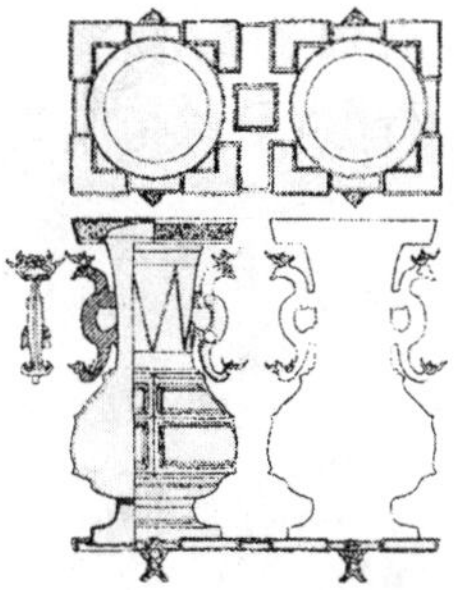

图 3–16 曾侯乙墓出土的壶摹绘图

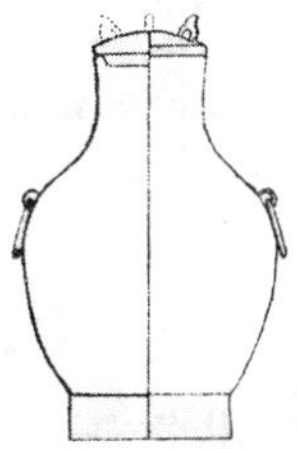

图 3–17 望山 2 号楚墓出土的壶摹绘图

**盉** 为斟酒用器，类似今天的斟酒用的酒壶。器形一般不大，底下有三足，腹的中部设有一流嘴，肩部还有一提梁（图 3–18）。这种器物在楚墓中也多见，在规模较高的墓葬中一般为青铜制成，身份较低的墓主的墓葬大多只出土陶质的盉。

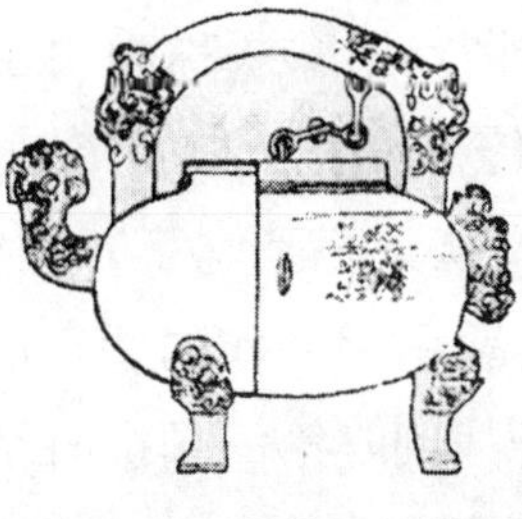

图 3–18 淅川下寺 1 号楚墓出土的盉摹绘图

图 3–19 九店楚墓出土的漆耳杯摹绘图

**耳杯** 又称羽觞，属饮酒器，器形较小。楚墓所见多为木质，椭圆形，平底，口部两边各有一耳，因以为名（图 3–19）。耳杯大多髹漆，绘彩。这种器物在楚墓中也多见，一些墓主身份较高的楚墓还有成套的耳杯出土，出土时还用精制的木盒盛装，考古学界一般将装有成套耳杯的木盒称为酒具盒。

**瓒** 属勺类，有青铜和木质的，也有陶质的。其形为一杯状的斗，一侧带有一长宽平的柄，楚墓大多出土木质的瓒，《左传 · 昭公十七年》

杜预注“瓒”为勺。过去大多称其为勺，其自名为“瓒”，包山楚墓、天星观楚墓、曾侯乙墓、当阳赵家湖楚墓等都有出土，包山楚简上记为“瓒”，其用途主要是盛酒和宴飨宾客。

## 第三节 其他

饮食习惯也是随着社会的变化及经济条件的变化而变化的，同时，不同民族和不同等级的人的生活习惯也不同，因而饮食习惯是复杂的。概而言之，饮食习惯包括日常饮食的次数、使用的餐具、食用方法等。

楚人的日常饮食应有日食二餐和日食三餐两种。每日二餐的习惯起源较早，大体源于原始人类的狩猎时代。殷代的甲骨文中就有“大食”和“小食”的记载，这是最早关于每天吃二餐的记载。春秋战国时期，这种习俗仍存在，它与人们“日出而作，日入而息”的生活方式是相适应的。

每日二餐在文献中多见并有专门的称谓。第一餐称为“朝食”，又称“饔”，时间大约在上午 9 时左右。《左传・僖公二十七年》记楚令尹子文在睽地带兵演习“终朝而毕”，就是指从天亮到吃第一顿饭这一段时间。《左传・成公二年》记齐晋鞌之战时曾引了齐侯的一句话：“余姑翦灭此而朝食！”齐侯的意思是说自天亮开战到吃第一顿饭时结束战斗。第二餐称为“餔”又称“飧”，时间大约在下午 4 时左右，即古代的申时。《说文》：“餔，申时食也。”《淮南子・天文训》说：“（日）至于悲谷（传说中西南方的大深谷）是谓餔时。”由于朝和餔分别指每天进餐的餐名，所以它们又常以单音词联合的形式见之于文献中。《后汉书・王符传》：“百姓废农桑而趋府廷者，相续道路，非朝餔不得通，非意气不得见。”其中的朝是指朝食时，餔是指餔食时。它们就是以“朝餔”成词而出现的。楚国也有餔食的习惯，《楚辞・渔父》：“众人皆醉，何不餔其糟而歠其醨。”这里的餔虽引申为一般的吃，但它表明楚人有餔食的称谓和习惯。

每日三餐的习惯也见于文献记载，尤其在周代较为常见。《庄子·逍遥游》：“适莽苍者，三餐而返，腹犹果然。”意思是说到近郊去的人，往返一日吃三餐饭就不感到饥饿。《周礼·膳夫》：“王日一举……王齐（斋）日三举。”其中的“举”就是“杀牲盛馔”的意思，“王日一举”是说一日有三餐饭，每餐都吃同一馔中的牲。因为周王每天吃早饭时都要杀牲以为菜肴并用馔装，但中、晚饭就不再杀牲，而是继续食用“朝食”所剩下的牺牲。“王斋日三举”是说为了斋戒时的庄重，不吃剩余的牲肉，必须一日宰杀三次牲，即每餐都吃新鲜的牲肉。这与《论语·乡党》所谓的“齐（斋）必变食”是相同的。《礼记·玉藻》载“皮弁以日视朝，遂以食，日中而馂”。这里的“馂”就是指吃剩余的东西，意思是官人们在朝廷上理事，然后吃早饭，中餐则吃早餐剩下的食物。尤其值得注意的是“日中而馂”一语，说明古人不仅有中餐，而且与今天中餐的时间大体相同。

楚人每日三餐的习俗比较确定，尽管没有像一日二餐那样有“朝食”和“餔食”的专名，但用餐时间可在每日具体的时间界标中体现出来。楚人将每日划分为“鸡鸣”“日中”和“日入”三大段。《左传·宣公十二年》：“楚子为乘广三十乘，分为左右，右广鸡鸣而驾，日中而说；左则受之，日入而说。”这里的“说”同“舍”，意即休息。它是描述楚庄王的两组卫兵车队在日中时刻换班的情况。这可能就是因为日中需要吃中饭才作为换班的界标。此处的日中与前引《礼记》中的日中是一样的含义，与我们今天中餐时间应是相当的。

日食二餐和日食三餐这两种习俗在古代并存，到汉代后仍得以延续。陈直在《汉书新证》中得出“汉代的统治阶级日三餐，一般人们日两餐”是正确的。事实上，这一习俗至迟在春秋时就已存在。

楚人制作食物还有专门的房屋，史称庖厨，类似于今天的厨房，这与史前的灶大多位于房子的中间是有区别的。从陕西凤雏西周甲组建筑发掘看，至迟在西周时就有了专门炊食的庖厨之地。《孟子·梁惠王上》也曾说讲仁义的人应远离庖厨，包山楚简所记的祭祀五神中就有灶神，这灶无疑是在专门的庖房内。炊食的燃料主要是柴草和木炭，草木灰烬在楚文化遗址中屡有发现，一些炊具如鼎、鬲等的器底在出土时仍可见到烟炱痕，当是柴草燃烧后的熏痕。木炭作为燃料在考古发掘中也多见，曾侯乙墓的一些炊具内不仅放有木炭，在椁外还铺有重达数百吨的木炭，说明当时木炭的使用极为普遍。至于是否已用煤作燃料，尚无实物说明。但从大冶铜绿山古矿冶遗址发掘看，煤早已用于冶炼了，因而也不排除楚人用煤作燃料来炊食的可能。

食物煮熟后当放在专门的房子内吃，这种专门的房子楚人称之为“食室”，即存放食物和用于饮食的地方。包山 2 号楚墓的遣策对各个不同的室都有不同的名称，诸如“大卯（庖）”“食室”和“相徙”等，所有随葬品都是按类别分放在不同的室中，而“食室”存放的正是不同类别的食具和以不同方法制成的食品。长沙五里牌 406 号楚墓竹简也有相似的记载。古人事死如事生，椁室的结构是地上建筑的反映，这些室名当来源于地面的相应建筑。“食室”不见于文献记载，包山楚墓发掘后，丰富了我们对楚人饮食习惯的认识。

食物制作完毕后，盛于食具内并用长方形的案移至食室，案就相当于今天的托盘。需要指出的是，楚人的案有两种，一种是矮足的，一种是高足的。矮足案是专门用来托盛装食物的器具，高足案的面是平的，其用途比较广泛，除供存放物品外，还可能是用于书写的家具，类似今天的桌子（图 3–20）。曾侯乙墓的一件高足案在出土时上面放置有弋射用器。河南唐河电厂西汉画像石墓中有一拜谒图，其中两个高足案边各

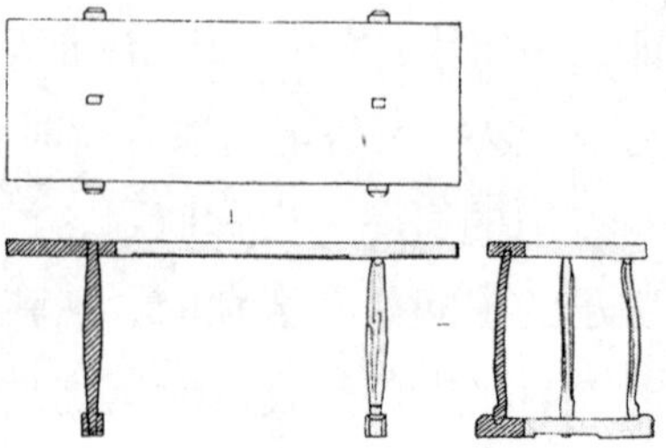

图 3–20　包山 2 号楚墓出土的高足案摹绘图

刻一跪坐执笏的人（图 3-21），这对了解高足案的用途极有帮助。矮足案的四周一般都有凸出的边框，这是一种防止食具滑落的设计，目前所见最为精致的矮足案是荆州望山 1 号楚墓出土的一件漆案（图 3-22）。案面上用黑漆绘有 36 个排列整齐的圆涡纹，以象征案内所置的菜肴。汉代以后，这种用于托盘的案下四足就已消失成为平底，并饰以繁缛的花纹，称之为“画案”。马王堆 1 号汉墓出土了一件漆案，内置杯、盘、卮和竹筷等各种食具，这是案上所放物品的真实写照。

图 3-21　河南唐河西汉画像石上的高足案摹绘图

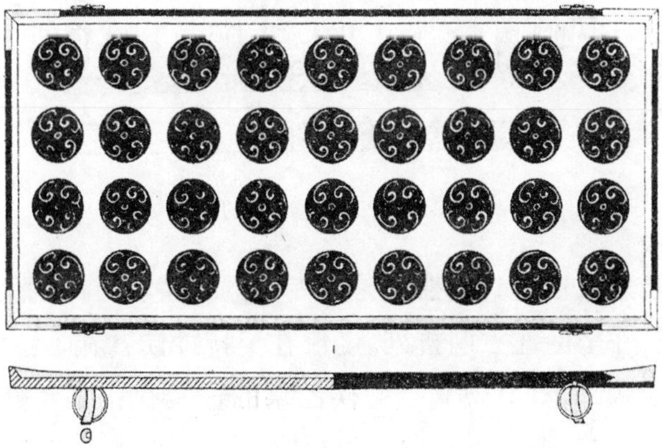

图 3-22　望山 1 号楚墓出土的漆案摹绘图

食室的矮足案一般不止一个,《孟子·尽心下》所谓的“食前方丈”就是形容食案和菜肴的众多。同时，高足案也不止一个，除了有放置食物的案外，还有放置酒具的案。楚墓中一般都出土有 2 件以上的高足案。这是因为食具与大型盛酒器一般不同置于一个案上，而大型盛酒器一般放在棜或禁上再置于另一高足案上。棜和禁的形制与案相同，但大都无足，其名称的差别似有等级之别。《礼记·玉藻》："大夫侧尊用棜，士侧尊用禁。"这尊就是盛酒器，望山1号楚墓和包山2号楚墓分别出土有禁（图3–23）。十分相近的是，禁面的左右各有一方框，这是确定酒具放置的位置的。由此可知，棜和禁上一般只放置两件盛酒器。尤其是望山1号楚墓出土的禁，在禁面的两个方框内还各加绘有一圆圈纹，出土时，禁面的方框内各有一件陶方壶。可见禁确为放置酒器的器具，并且只放置两件。值得一提的是，曾侯乙墓和淅川下寺2号楚墓都出有大型铜禁，这种禁是放置大型盛酒器的。曾侯乙墓出土时，禁上放置着一对大型壶。因这种大型壶太重，所以这种禁就不能放在高足案上，因而禁下就有足，当另置于食室中。

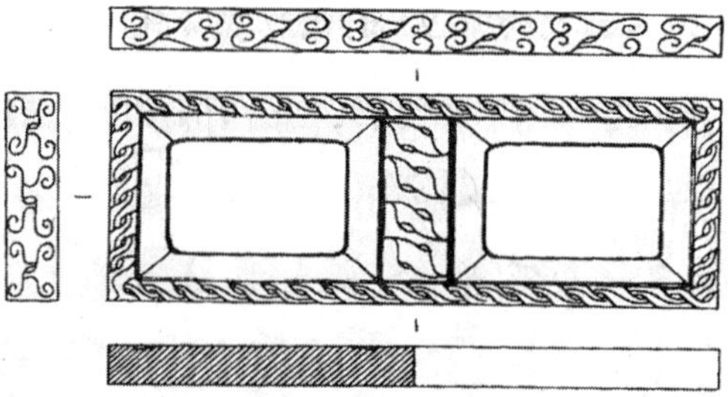

图3–23　包山2号楚墓出土的禁结构图

酒器置于禁或棜上，其摆放是有专门的位置和方向的。一般是放在食室的东部，并呈南北方向排列。《仪礼·特牲馈食礼》："壶、棜、禁馔于东序，南顺，覆两壶焉。"曾侯乙墓的连禁壶正是紧贴中室东壁的中部，呈南北方向排列，这与史载相吻合。由此，我们可以进一步推定，曾侯乙墓的中室相当于楚人的食室。中室所伴出的编钟、编磬等乐器及食器是古代上层贵族钟鸣鼎食的再现。

楚人的饮食习惯是席地而坐，地上铺竹席，围案而食。在楚墓中发现有大量的竹席，竹席上还编有不同的花纹，有的还加以彩绘，这些竹席有相当一部分是饮食时坐地使用的。因席子容易卷起，故铺于地上的席子的四角一般都用“镇”来压住。镇一般为半球形，厚重，是专门用来压席的。镇分玉和铜两种。《楚辞・九歌・东皇太一》有“瑶席兮玉瑱”一语，“瑱”即镇，王逸注：“以白玉镇坐席也。”最早的镇见于新石器时代的良渚文化，为半球形的玉质镇。曾侯乙墓出土了4个半球形的铜镇，这是首次发现青铜镇的实物。

食物放于案上，食用时还使用一些助食的器具，这就是匕、勺、斗、刀、俎等。匕主要是用于从食具内取出饭或肉。《仪礼・少牢馈食礼》郑注：“匕，所以匕黍稷也。”这是用于取饭的匕。《诗经・小雅・大东》毛传：“匕所以载肉食也。”“载”即“捞”意。这是说取肉的匕。勺主要用于取羹，与今天匙的形状和功用是相同的。斗则是从大型酒器中取酒用的，楚墓出土的斗柄一般都较长，正反映了该器具有挹取的功能。

勺、匕、斗在楚墓中发现较多，从其出土位置看，它们大多与食具和酒具相伴出土，可折射出楚人的饮食习惯和方法。需要说明的是，刀和俎在楚人的饮食中是不可缺少的器具。刀主要是在吃饭时用来切碎大块的肉，切肉时不是在案上，而是在俎上。所以在吃饭时，案旁还放有俎。俎相当于今天的砧板，形制类似于今天的小板凳，比案要矮（图3–24），这与当时人们席地而坐的饮食习惯有关。俎经常与食具并提，在文献中也称为房。《诗经・鲁颂・閟宫》：“笾豆大房。”“大房”即大

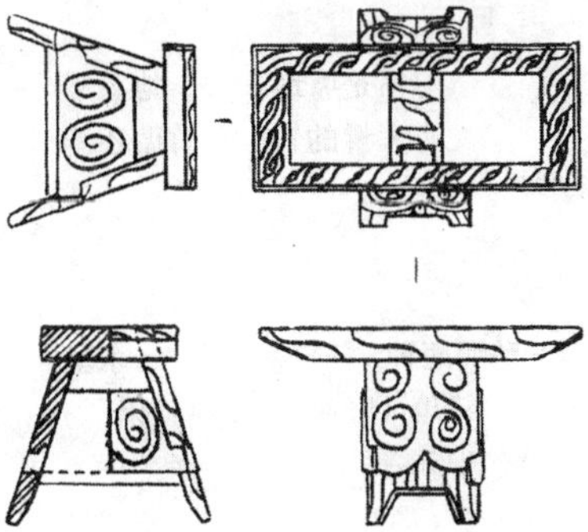

图3–24　包山2号楚墓出土的俎结构图

俎，包山楚简也记有“房”，据《诗经》郑玄笺记载，它称为房，是因为俎下的两足各为一立板做成，这一特征与房的形状相似。楚墓中出土的俎也正是这一结构。由于刀和俎相配合使用，所以刀俎在文献中常连言。《史记·项羽本纪》中的“如今人方为刀俎，我为鱼肉”即其例证。知道了刀和俎的用途，就不难理解其含义了。

楚人助食的用具还有“箸”，也就是今天的筷子。筷子之名始于明代，是因为“箸”与“住”音相似，人们讳其有滞意，而反呼其为“快”，因其为竹制，进而派生了“筷”字。过去人们一直认为，古人吃饭是不用筷子的，即用手抓食，这是错误的，古人很早就知道使用筷子了。《史记·宋微子世家》：“纣始为象箸。”即说明至迟在商代就已开始使用筷子。1989 年在湖北清江香炉石遗址就出土了商周时期的骨筷和牙筷，当阳金家山 2 号楚墓中也发现了竹筷，说明楚人的饮食习惯并不是用手抓食，而是用刀在俎上将肉碎开后，再用筷夹食，其食法应与今天相同。助食的用具除“箸”外，还有筴，在曾侯乙墓中共发现了 3 件竹筴。其中酒具箱内 2 件，食具箱内 1 件，形制大体相同。皆为长竹片自中间弯成夹形，并利用竹子的弹性可收拢或扩张，极似今天的镊子。酒具箱内的竹筴长 29 厘米，宽 1.8 厘米，食具箱内的竹筴长 38.6 厘米，宽 1.8 厘米。它们都与酒具和食具共存，可确知为助食器具。“筴”被认为是古代的“筷”字，但对于其形制过去一直不知，曾侯乙墓被发掘后，才使我们对筴的形制有了比较清楚的认识，进一步证实了楚国的饮食习惯是夹食，而不是用手抓食。

# 第四章　出行篇

## 第一节　导论

车和船是我国古代陆行和水行所依凭的主要工具，其出现具体年代已无从稽考。甲骨文字已有了车和船的象形文字，据此可以认为，我国至迟在商代就已有了完备的车和船。从考古发掘资料看，似应更早。在新石器时代中晚期的遗址中，发现了一种中间有孔的圆形纺轮，这种纺轮与车轮不无联系。因为轮是车的重要部件，只有发明了圆形的轮后，才能制造车。此外，在长江下游的河姆渡新石器时代遗址中还发现了迄今最早的木桨，在长江中游的湖南澧县城头山大溪文化遗址（距今6000年以前）也发现了木质船桨和船艄等。所以说，车和船在新石器时代就已出现应是无疑问的。

东周时期，车和船已高速发展了，其标志是，车船的数量和种类不仅增多，而且形制更加完备，分别用在了助行、运输和战争等各个方面。楚人最善于制造车船，仅车而言，楚庄王时曾下令改车，形成独具一格的楚车。据《左传·宣公四年》载，其形为“锐上斗下，号为‘楚车’”。楚车的数量也多，战国时，楚国国内仅陈、蔡、不羹几个封邑的车就有千乘之多，楚国全境的车那就至少在万乘了。

先秦的车主要由马来牵引，故而常是车与马连言。当说到马就意味着有车，谈到车就包括有马，车马俱全的则称为“一乘”。用马驾车时使用马的数量是有区别的，并有不同的称谓。如驾两马的称为“骈”，驾三马的称为“骖”，驾四马的称为“驷”。文献上还见有驾六马、八马或十六马的，由于受道路的限制，再加上马多后反而不便。《晏子春秋·内篇谏上》就针对用成倍的马去驾车时说："田猎则不便，道行致远则不可，然而用马数倍，此非御下之道也。"不过古代以驾四马最为常见，这与当时的道路宽度是相适应的。《诗经》中所见的"四牡"和"四介"都是指四马所驾之车。从目前发现的楚国车马坑和一些画像资料看，楚国驾车的马数不等。既有一马、二马、三马、四马驾车，也有六马驾车，但仍以四马驾车最为多见。四马驾车时各马也有专名，驾辕的马一般为两匹，叫做"服马"。服马两边各一匹，叫做"骖马"。由于古代常以左为尊，所以，如果需要解马做他用，习惯上就是解左骖，以示对对方的尊敬。再则，驭手居中，辕由两服马驾着，解下一骖后，仍不妨碍驾驶。

由于车主要是用四马来驾驶，故"驷"与"乘"又成了车的计数单位。拥有车的多少，不仅显示国家在军事上的强弱，也表示某人的经济实力和贫富程度。楚国号称"万乘之国"，是指楚国的军事实力强。《国语·晋语》："秦后子来仕，其车千乘，楚公子干来仕，其车五乘。"这是说秦后子比楚公子干富有。《左传·襄公二十二年》："楚观起有宠于令尹子南，未益禄，而有马数十乘，楚人患之，王将讨焉。"这是说楚令尹子南把持国政。培植个人势力，使其亲信观起没有官禄就拥有了大量的车马，这显然对楚国有威胁，所以楚王要讨伐他。可见楚人极重视车和马。

车也是财富的象征，所以古代只有地位较高的人才有车或能乘车。《晏子春秋·内篇谏上》载："有车之家，是一国之权臣也。"说的就是车与财富和地位相连。不过拥有车的数量，根据其地位的高低，一般都受到限制。在楚国也是如此，前引《左传》中的楚观起没有官禄就拥有数十乘车，所以惊动了楚王，甚至遭到楚王的讨伐。考古发掘也证实，只有较高等级的一些楚墓葬才随葬有车马。从墓葬分类看，在楚国似乎只有大夫级以上的墓葬才有车马，并且等级越低，数量就越少。如河南淅川下寺令尹子庚墓，为上卿级，仅低于楚王，就有专门的车马坑，坑内共葬 7 乘车。天星观1号楚墓墓主官至楚国的封君，也为上卿级，墓内共出土 22 件龙首车辕，代表了 22 乘车。包山 2 号楚墓墓主官至左尹，主管楚国的司法，为上大夫级，墓内随葬的车数只有 5 乘，望山 2 号楚墓墓主为下大夫级，随葬的车仅 3 乘。当然，上述几个典型墓葬墓主代表了楚国各阶层，尽管随葬的车并不能完全代表其生前拥有的实际车数，但随葬车的数量是随着墓主级别的递减而递减的，这一方面说明了楚国在丧葬中有着严格的用车等级制度，另一方面，也说明了各阶层受所拥有的车的数量的限制而不可能去僭越等级而拥有更多随葬车。因而墓葬反映的差异应是客观的。

需要说明的是，在楚国，除了一些特殊墓葬设置有专门的车马坑，并随葬整套的车马外，一般墓葬都不设专门的车马坑。由于受棺椁空间的限制，只将所需随葬的车马部件和附件撤下后葬入墓中，如车轴上的軎，马头上的衔和镳等，考古学中称为车马器。实际上，两个车軎代表了一乘车，一套马具代表了一匹马。虽然在一些墓葬中只见有车马器，未见车厢和车辕及马等，但仍说明墓主在葬前拥有车和马，只不过是受椁室限制而未全葬而已。考古学家正是通过这些车马器的数量来判定墓主曾经随葬有多少辆车的。

还需要说明的是，车马还可以赠送他人，但只局限于送死人，也即助丧，文献上称之为“赗”，死者身份等级越高，他人所送的车马就越多，曾侯乙墓、包山楚墓和天星观 1 号楚墓的遣策上都记有他人馈赠的车和马。

## 第二节　代步工具——肩舆（轿）

肩舆即今天所说的轿子，作为代步工具，一般认为它是秦以后出现的。实际上，从考古发掘出土物看，这种看法已不能成立。1978 年，考古工作者在河南固始侯古堆发掘了一座春秋战国时期的大墓，墓中就出土了 3 乘肩舆。固始在春秋时就已属楚，可以认为应是楚人的遗物。考古发掘证实，至迟在春秋时期的楚国就已发明了肩舆。

人们过去对肩舆出现的年代产生模糊的认识，一方面是因为文献上缺乏对其记载，另一方面也没有实物材料来作说明。直到汉代才对其有了比较明确的记载，并直接称“肩舆”为“舆轿”或“担舆”。《汉书·严助传》中有“舆轿而隃（踰）领（岭）”的记载，这其中的“舆轿”就是指肩舆。我们从《汉书》的记载中可以知道舆轿主要是在山中行进时由人所抬举的一种代步工具，因为山行时不能通车，统治者为了免其步劳，便用人来抬行。颜师古在注《汉书》时曾引项昭的一段话说：“领，山嶺也，不通船车，运转皆担舆也。”由此可见肩舆的用途和适用场合。当然，后来的轿子并不仅仅是山行时所需的工具，在平原也派上用场了。“舆”字在文献中一般是指车舆，有轮就称车，无轮用人的肩抬的就是肩舆，可见肩舆与车有着较大的关系，也就是说先有车，还是先有肩舆，这是一个现在还无法说得清楚的问题。车在夏代应广泛使用了，轿在夏代也应该有，《史记·夏本纪》记夏禹“陆行乘车，水行乘船，泥行乘橇，山行乘檋”。“檋”实际就是指轿。“檋”字在《史记·河渠书》中又写作“桥”，近人马叙伦认为“桥”就是“轿”的假借字是极有见地的。不过，在以前还没有发现先秦轿的实物时，马氏的这一观点并未引起文物考古界和史学界的重视。

河南固始侯古堆出土的肩舆已是比较完备的了，所出 3 乘肩舆虽略有差异，但整体结构大体相同。经过对 116 号肩舆复原，发现整个肩舆为木竹结构，由底座、立柱、栏杆、顶盖、舆杆和抬杠组成。舆座为长方形，长 134 厘米，宽 94 厘米，高 123 厘米。边框四角凿有榫眼并相互套合，底座中间有圆形底撑木 4 根，其上平铺 124 根竹条。舆的四周设立杆，并用竹条编成围栏。舆前端设有一门，舆上有盖，舆盖仿造四面起坡式的屋面形制，中间起脊，盖檐伸出舆外，由舆外专设的弯木支撑，俨然一座有檐的房屋。舆杆为长方形的木框，舆位于框的正中，前后各另设一抬杠（图 4–1）。整个肩舆髹黑漆，盖和舆的四周原应饰有帷幔的设施，但出土时已腐烂。复原后的肩舆舆厢与车舆相同，舆内也铺有竹席，应是供人乘坐的。肩舆的使用已不得而知，但从其结构看，肩舆的抬法可能有四人抬和两人抬两种，四人抬时既可抬舆杠，也可直接抬舆杆。两人抬时既可肩扛横杆，又可肩搭绳索。无论采取哪种方法抬，这种肩舆都是平稳的。

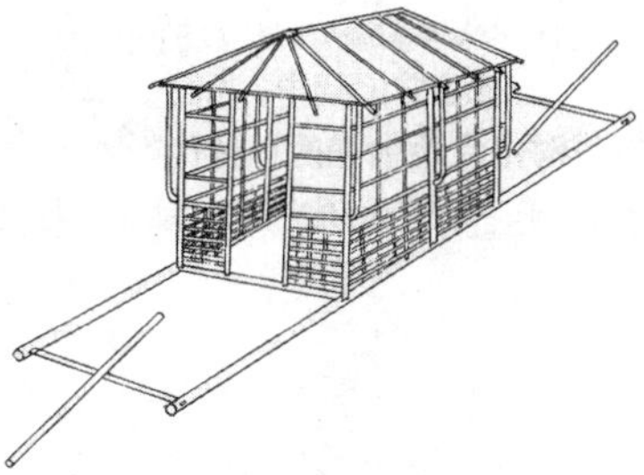

图 4–1　河南固始侯古堆出土的肩舆示意图

肩舆不仅仅只见于河南固始侯古堆的大墓，在曾侯乙墓中也有发现。曾侯乙墓东室的主棺东北出土了一件圆形的框架，报告称之为车舆，出土时已残碎，一些构件明显残缺，经复原整体为椭圆形，分上下两层。下层为两根方木煣成弓形，两根相对而平放，不相连接，形成一缺口，两根方木的两端皆凿成凸字形的方榫，可能是绑绳索用的。方木之上立小圆柱并与上层圆木相连，下层高 28 厘米。上层圆木由两根圆木煣成圆形后拼结而成，拼结处对削成斜面而连接成圆形，圆形的弧度大小与下层弓形木相同。圆木之上设围栏，围栏呈方格形，由纵横相交的小圆木穿成。围栏的前后部都留有一个 40 厘米宽的缺口，这一缺口与下层方木的缺口正相对，应为供上下用的门，围栏残高 31 厘米，复原高度为 60 厘米。围栏之上为宽平面的扶手并伸出栏外，扶手平面的底部由栏外另设的弯木所支撑。扶手平面上用牛皮编织成人字形并髹漆。与之伴出的还有一把木伞，木伞与楚车上的伞也有别。显然也应为其配套的设施并且不设帷幔。这一器形极其古怪，迄今还无人论及它的用途。可见这一件圆形的框架肯定不是车，它随葬在墓主的棺室，应为墓主日常起居之物。与河南固始侯古堆出土的肩舆比较可知，它应为肩舆（图 4–2），只不过在形制上有些差异而已。遗憾的是一些部件残缺，对其细部结构和使用还有待进一步研究。但从整体结构看，它的使用还是比较清楚的，其下层为肩舆的底部，相当于邓县画像砖墓上所见的肩舆的腿，下层弓形木上的凸榫应为绑抬杆而设置的，上层圆木应还设有横木并铺有席，人应乘坐在上层圆木之上。经复原，肩舆的椭圆长径约115 厘米、椭圆短径约 105 厘米，舆内正好可乘坐一人。与固始出土的肩舆相比，曾侯乙墓所出土的肩舆设有底座就显得更平稳些。根据固始出土的肩舆推断，曾侯乙墓出土的肩舆可能也为四人所抬，并且舆轿的门是设在两边的。

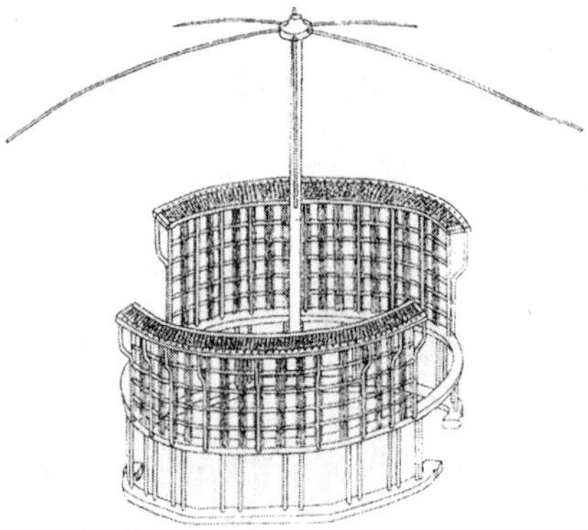

图 4-2 曾侯乙墓肩舆复原示意图

过去人们一直都认为肩舆作为代步工具是汉以后才出现的，通过考古发掘证实这一传统的看法是不符合实际的。尽管目前还比较少见，但可以这样认为，它的出现年代应与车大体相当。楚国至迟在春秋战国时期已具备这种代步工具了。由于肩舆具有实用性，并且能适应于山地也可用于平地，故而为后世所推崇。尤其是汉以后成为达官贵人出行显示身份等级的代步工具之一。随着社会的变迁，肩舆的使用虽越来越少，但并未退出历史的舞台，直到现在我们仍能够见到它的踪迹。

# 第三节　车马

## 一、乘车礼俗

### 1. 立乘与驭马

古代车上的人分乘者和御者，乘者分立乘和坐乘两种。立乘主要为男子，男子无论在兵车还是在出行所乘的车上一般都为立乘。包山 2 号楚墓漆奁画中的男子都为立乘。当然也有少数车属坐乘的。如安车就是坐乘，这种坐也只是一种跪坐，这可能与安车多为老者所乘有关。妇人主要为坐乘，这是因为妇人之车多饰帷幕而不便于立乘。

御者一般位于车舆的中部，主要是为了便于掌握车的方向，以利于车行于道中。从包山 2 号楚墓漆奁画的驾车图像看，大多与文献记载相同。前已谈到，控制驾车的马主要是通过系于马口部的辔。古代每马两辔，左右各一根，除两骖马有一内辔系在服马上外，四马驾车时就是 6 根辔。辔绳汇总后，分执于御者的两手中。如果是四马驾车，御者手中的辔就是 6 根，左右手各执 3 根辔。这就是《礼记・曲礼上》所说的“分辔”。如果只有两服马驾车。那么御者手中的辔就是 4 根，左右各 2 根。如果是两服马再加一骖马驾车，那么御者手中的辔就是 5 根。包山 2 号楚墓漆奁画所表现的就是御者手中有 5 根辔。并且所见三马驾车都是两服马加一右骖马。两手分执辔绳就是为了均匀而协调地控制马。《诗经・小雅・皇皇者华》中的“六辔既均”说的就是这个道理。当然如果遇到特殊情况，也有将辔绳合于一手的，这种情况称之为“并辔”。《左传・成公二年》记晋国的主帅郤克负伤后无法击鼓指挥，于是御者解张将所有的辔都合在左手中，空出右手来击鼓。六辔合于一手驾车，另一手还要击鼓指挥，可见其驾驭水平之高。但这种并辔只是应急而为，文献中也少见，迄今所见楚国的一些画像及他国的画像资料的御者都是双手握辔。

御者控制车速除双手都握辔外，其中一手还要握赶马的鞭。鞭分两种，竹条的称为策，皮条的称为鞭。由包山2号楚墓漆奁画看，楚车中的御者一般都握有驱马的长物，从表现手法中可以看出是竹杖，即文献中的策，并且策是握在手中，这是过去所不见的。因为鞭和策都用于赶马，所以鞭策成词后又引申为对人的鼓励。同时鞭和策又都是为身份低下的御者所执，所以“鞭策”一词又有服侍他人，为他人所驱使的含义，《史记·管晏列传》：“假令晏子而在，余虽为之执鞭，所忻慕焉。”其中的“执鞭”即为此意。

御者驾车时极重视驭马的技术和姿势，一般为站立，也有跪驾的，但上身直立，目视前方，如遇前方有情况，则应迅速收辔勒马。包山楚墓漆奁画上车行进时的御者就是如此。如有一辆车的前端画有一跪拜的迎者挡住了车路，御者作躬身收辔勒马状，极准确和真实地表现了楚人驾驭的姿势和技术。

**2. 乘车位置**

车中的乘者不仅有相应的位置规定，还有若干相关礼仪。车中的乘者的位置体现出尊卑，车中的乘者在行进中遇有尊者或途经他国都有一些特殊的礼仪。

古代的车中一般只乘三人，三人的位次平时都是尊者在左，御者居中，车右在右。楚墓中所见乘车位次也是这样排列的。文献中还少见有乘四人的，这用今天的话来说应是属挤乘，不过文献中称这个人为“驷乘”，从已发现的古代车舆实物看，这个“驷乘”只能站在车后，当然乘四人的现象极少见。作战时车上的乘员都有分工，在车左位置的是一车之首，称为“甲首”或“车左”，一般持弓主射。在车右位置的称“车右”或“戎右”或“骖乘”。骖乘既是专职的战士，也是车左位的辅佑，手中执长杆的兵器和盾牌。古代对车右有一些要求，这是因为车右既要参加实战，又要保卫车左，还要在车遇到险情时下车排除故障和推车。所以车右一般是勇而有力的人才能居其位。《史记·商君列传》：“多力而骈胁者为骖乘。”意思是说力大且身体健壮的人为“骖乘”。可见对车右有着特殊的要求。楚人尚左，乘车的位次与诸夏无异。在作战时，有时为了迷惑对方，会故意调换一些位置，结果闹出一些令人啼笑皆非的故事来。如《左传・成公二年》在记鞌之战时，韩厥在前一天的晚上梦见他父亲告诉他，打仗时要躲开车舆的左边和右边，待第二天交战时，韩厥真的站在中间御者的位置追赶齐侯，尽管如此，还是被齐国的邴夏识破，邴夏建议齐侯射中间的御者，齐侯固执己见，不相信韩厥会在中间的位置，结果使韩厥免于一死。如果车中有国君，那么国君就应当居中，御者就当居左了。在鞌之战时，齐国的逢丑父也迷惑了韩厥，他与齐顷公换了位置，站在车的正中冒充齐顷公，结果韩厥真的把逢丑父当齐顷公给俘虏了。通过这些故事，可以确证古代乘者的位置是有规定的。至于战时的临时换位，体现的只是战术的灵活与机动。

楚国对于乘者的位置不仅有规定，还有一些相关的礼仪，最常见的就是“超乘”。超乘就是在车的行进过程中，如遇到尊者，为了表示对对方的尊敬，车上左右立乘的人要从车上跳下，然后再迅速地跳上车。跳车时并不是乱跳，而是从车厢后的车门处跳。因为是在车行进过程中跳，所以就体现了乘者的勇猛。这一技艺常会博得他人的赞许，这一技艺还用在了相亲上。《左传・昭公元年》记有这样一个故事，郑国的大夫徐吾犯有一个漂亮的妹妹，楚国的子南和子皙都想娶她，结果徐吾犯决定由子南和子皙二人分别进去请他妹妹来决断。子皙穿着华丽的衣服进去，手捧丰厚的礼品出来。子南一身戎装乘车而入，自中庭“左右射，超乘而出”。结果子南以独到勇猛的“超乘”技艺打动了美女的心，最终被选中。这则故事说明，楚国子南的超乘技艺是相当娴熟的。

古代的兵车经过他国的城门，车上的甲胄之士不仅要脱下头盔行超乘之礼。而且还要把甲胄脱下，把兵器捆绑起来，以示对对方的友好，称之为“垂櫜”。“櫜”即是装弓箭和甲的袋子。《左传・昭公元年》记楚公子围到郑国聘问，伍举为副使。“伍举知其有备也，请垂櫜而入，许之。”楚公子围进入郑国，收起兵器，就是向郑国表示友好。如果乘车经过他国城门不“垂櫜”，就会受到谴责。《左传・僖公三十三年》载，秦国的军队在经过周王的北城门时，只是行了“脱胄”的“超乘”

之礼，但没有脱去甲衣，也没有收捆兵器，被周王视为无礼。

古代的将帅如遇君王，即使是遇敌国的君王也要下车，但不跪拜，只是脱去头盔，向前快步走，以示尊敬，称之为“趋”。这是因为甲胄之士身着兵服不易下拜。晋楚鄢陵之战时，晋国的郤至多次与楚国的军队交锋，但每次遇到楚共王的乘车时，他每次都“必下，免胄趋风”。这趋风就是乘车者也即下对上所行的一种常礼。

## 二、楚车形制与种类

楚车实物发现较多，主要见于河南淅川下寺、淮阳，湖北荆州、荆门和宜城等地。这些车都在墓葬附属的车马坑中出土，并且车形都较为清楚，与北方出土的魏国车、虢国车、齐国车和晋国车大体相似。不过，见得最多的是战车。从目前出土的楚车看，其主体为木质，有一长方形的带围栏的车厢，车厢后留有一可供上下的缺口，箱下有一轴，轴两端各有一轮，在轴的中部也即两轮的正中处向前伸出一辕，辕首弯曲，辕首端横一根衡。以江陵九店车马坑出土的2号车为例，车厢长152厘米，宽100厘米，高36厘米。轴全长271厘米，辕长340厘米，衡长136厘米，轮距184厘米，轮径126厘米。在淮阳还发现一乘双辕车，双辕车可能是驾一匹马的车。迄今发现最早的双辕牛车见于陕西凤翔战国早期的墓葬中。双辕马车除河南淮阳楚墓外，在甘肃秦安战国晚期的墓葬中也有发现，但相对于单辕而言仍属少数，至西汉后才开始增多。不过在楚国仍是以单辕车为主，楚车的名目较多，用途各异，其差异主要在车的大小和局部结构上。

西周中期以前，楚国还处在草创阶段。据《左传·昭公十二年》载，楚先王熊绎初封于荆山山地时，还是“筚路蓝缕”。“筚路”就是一种用于山行极简陋的柴车，这是说楚人初期创业的艰辛，也是楚人当时社会生活和社会生产力发展程度的真实写照。但进入春秋中期后，随着楚国领土的扩张，楚国不仅能制造各种各样的马车，而且还组建了一支驰骋疆场的车战部队。

文献中对楚车车名的记载较多，尤其是大批楚简及楚车实物发现后，不仅揭示了楚车的形制与结构，而且还丰富了我们对楚车种类与用途的新认识。综合文献记载和楚简记录，楚车可分兵车、运输车和出行乘车。

**1. 兵车**

兵车是用于作战的车，文献中有不同的叫法。《考工记》中称兵车，《六韬》《卫缭子》《战国策》和《史记》中称为战车，《礼记》《韩非子》称为武车。《左传》除称兵车外，还有戎车、阙车等称。我国车战始于商代，进入春秋后，车战最为盛行，战国时各国都拥有步兵、骑兵、水师等多兵种，但战车仍是主要的作战工具。这是因为战车的速度快，机动性强，冲锋时的破坏力大。对于当时只有青铜兵器的军队而言，对付这种勇猛的战车，尤其是由多辆战车组成的车阵是相当困难的，因而车战控制着当时战场的主动权。当然，战国与春秋时的车战不同的是，已经发展为包括步兵和骑兵在内的多兵种协同作战了。

楚国的兵车始于何时已不得其考，确切见于记载的当是楚武王时。《左传·桓公六年》记楚斗伯比对楚王说："吾不得志于汉东也，我则使然。我张吾三军而被吾甲兵，以武临之，彼则惧而协以谋我，故难间也。"斗伯比的意思是说我们楚国不能在汉东这一带达到目的，是我们军事上的失策造成的。我们扩充我国的军队，装备精良的武器，用武力胁迫汉东的小国，他们害怕，只好同心协力来对付我们，所以很难离间他们。斗伯比所说的"三军"就是指战车而言的，因为当时的战车是分为左中右三军，三军就是车战的主体。当然，作为兵车而言，还可以分很多种类，如直接参与作战的攻车，用于临时补充的阙车，用于侦察的楼车和巢车以及用于后勤的守车和辎车等。

**攻车**　即攻击型的车，由于这种车灵活、快速、轻便，文献上又常称之为轻车。其特点是，战时乘者不求舒适，车上不设伞盖和帷幕。不仅如此，所驾之马也披甲。车上还插有旗和设有盛装武器的櫜和扃等。

攻车在文献中也有多种称谓，如戎车、广车、驰车、冲车等，曾侯乙简和包山楚简中还见有其他车名，其实它们有很多都是攻车的不同名称。古代的兵车作战一般是列阵而行，车阵中有不同的车名，列阵后的车统一称为广车。《左传·宣公十二年》记邲之战时说，楚“其君之戎分为二广”。其中的广就是指列队后的战车而言的。文献中对楚国广车的队形、名称、各车在队形中的位置很少记载，从曾侯乙简中似可看出广车的基本队形。该墓120号简记载有“凡广车十乘又二乘”对照简文，这十二乘广车名称是：乘广、少广、大旆、左旆二乘、右旆二乘、大殿、左殿二乘、右殿二乘。其中的旆和殿都是相对的，旆是军车中有大旗的驱兵车，殿是殿后之车，左、右旆是位于旆的左和右，左右殿也无疑是位于殿的左和右。从这种排列看，显然为三列，大旆和大殿则是一前一后居正中。经过复原，可以看出这十二乘车的基本队形是：共三列四排，一列即左、中、右，每列四乘，正好是十二乘，旆车位于前，殿车位于后。不过楚战车也有分两列的，《左传·宣公十二年》记“楚子为乘广三十乘，分为左右”。如果分为两列，那么每列就应是十五乘了。车阵在秦俑坑中也有发现，2号坑出土的一个方阵就是八排八列，共64乘车，这是一个标准的方阵。文献还没有记载楚人有这种阵容的方阵。看来广车的车阵并不是单一的，应是根据作战的需要而布设的，其间可能受战争规模、战争场地等限制。

楚人攻击型的车中比较清楚的有正车、韩车和冲车。

正车，即车阵中的指挥车，其名见于曾侯乙简和包山楚简，从曾侯乙简看，它在旆车之后，殿车之前。殿有君长之意，它应是王帅所乘的指挥车。

韩车，即车阵中的护卫车，其名见于包山楚简，韩读卫，它相对于正车而言，在车阵中起保护作用。

冲车，是一种不列入车阵中的攻击型车，其名既见于文献，也见于曾侯乙简，史载的形制是轮有刃，车前衡上的两端有剑。从曾侯乙墓出土的实物看，墓中正出土了一件带矛的车軎（图4–3），应即简中所记的冲车。軎正好在车轮的毂端，与轮上有刃相合，但衡上是否有剑还没有发现。軎上的矛处于轮的中心位置，并伸出轮外与地平行，矛离地高 60 ~ 70 厘米，冲入敌阵时，通过轮的转动，杀死近车下的徒兵，可见冲车的作用是冲散和杀死敌步兵。

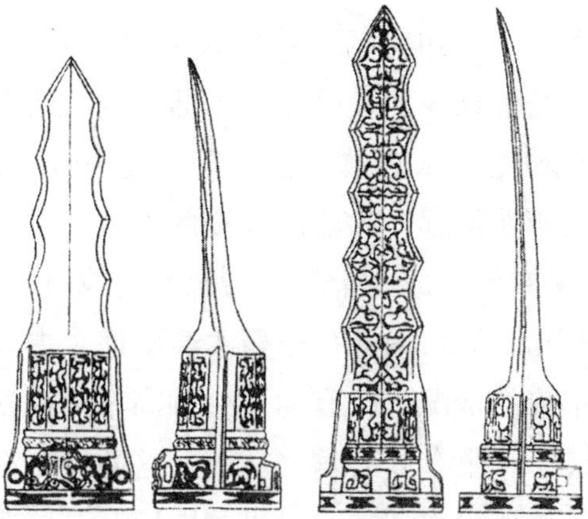

图 4–3　曾侯乙墓出土的带矛车軎摹绘图

**阙车**　属攻车之列，但属备战攻车，它是用于补充车阵中因战时损坏而阙位的车。古代车战讲究车阵，且车阵在作战时要求对称、完整。破坏对方车阵是制胜的一个关键。如公元前 638 年，宋人与楚人战于泓时，在楚人渡河时，宋国的将士请求宋襄公此时攻打楚军，宋襄公没有同意。当楚军渡河后，还没有排列好车阵，宋人又提出趁此机会攻击，宋襄公仍没有出击。当楚军排列好车阵后，宋襄公才出击，结果宋军大败。这是说宋襄公没有把握战机，如果趁楚人渡河时或渡河后还没有排列好车阵时出击楚军，恐怕不至于大败，当楚人的车阵排好后已为时过晚。作战难免会造成车的损失而出现阙位的现象，为了保持车阵的完整，就必须用阙车补位。邲之战时，“楚使潘党率游阙四十乘，从唐侯以为左拒”。这是说楚派潘党所率的阙车四十乘去补唐侯的左翼方阵。这里已将阙车的作用说得很清楚。同时阙车还有防卫的作用，这是因为车战一般远离营地，当军队宿营和调动时，不在阵中的阙车就负责警戒。银雀山汉墓所出的汉简《孙子兵法》中就有：“车者，所以当垒。”

就是用这种车围成营垒起到防护作用，这也体现出了阙车机动与灵活的性能。

**楼车与巢车** 都是作战时用于瞭望的一种车，其车形应较高，可用于侦察敌情。《左传·宣公十五年》记楚围宋，宋告急于晋，晋派"解扬入晋，使无降楚"。谁知解扬又被楚人捉住，楚人用重金收买了他，使他"反其言……登诸楼车，使呼宋人而告知"。站在楼车上同宋国人喊话，既可使远在城上的宋人看见他，又可使声音传得更远、更清楚。楼车只有高，才能够看得远，才能同远处的人谈话。巢车的形制和用途应和楼车差不多，《左传·成公十年》载鄢陵之战时，"楚子登巢车以望晋军"。这也说明了巢车高，只有登高才能望远。古人没有望远镜，而作战前要了解敌军阵的情况，只有通过一种高车来窥探对方，其他车都不行，显然只有楼车和巢车才有这一功能。这两种车都是见于与楚国相关的史料，且都是作战时出现的，可见楚国应有这些车，并且只为战争服务。遗憾的是目前还没有发现这种形制的车。但在东汉画像石中大体可见其形，如孝堂山石祠出行图中的鼓吹车的车厢就分上下两层，形如层楼，上层击鼓，下层奏乐。《隋书·礼仪志》也说"鼓吹车上层饰层楼"。这种层楼虽晚出，但它极有可能就是从古代的巢车发展而来的。

**守车** 是一种专用于战时防守的车，其车形比较大，《周礼》等书中称为苹车，苹即屏，有阻碍意，它与《左传》中的軘车应是一回事。《左传·宣公十二年》记邲之战时"晋人惧二子之怒楚师，使軘车逆之"。即用軘车来阻截楚师。文献中虽未明确提到楚有軘车，但楚晋两国在军事上实力相当。晋国有的，楚国想必也是有。軘车、守车与攻车虽都属战车之列，但在外形上应有差别。攻车一般要求轻捷，车型要小些，守车则要求笨重，车型要大些。这样才能发挥各自的作用。《左传·襄公十八年》记晋齐平阳之战时，齐败后，齐国的宦官夙沙卫就用大车阻挡敌人的进攻，这大车就是一种专用于战时防守的车。

**辎重车** 用于运送军需物资的车。《左传·宣公十二年》："乙卯，王乘左广以逐赵旃，……丙辰，楚重至于邲。""乙卯"与"丙辰"为干支记日，分别为公元前597年的七月十三和十四两天。“重”即指用于运送军需物资的车。这是说楚先头部队到达邲时，第二天楚国的军需物资车就到达了。据《七国考》所载，楚国有军法，军需车一般在先头部队之后，二者不能太近也不能太远。太近会影响车战的空间，造成军阵混乱，太远则会被敌人截袭，造成军需供给困难而导致战争失败。可见楚有辎重车，并紧跟部队之后，相距的路程以一日为限。

从上述兵车车类看，楚人用于作战的兵车品类齐全，因此说到兵车，并不只是指用于冲锋陷阵的车，而是包括了与战争相关的其他各种车辆。

**2. 运输车**

这里所说的运输车是指专门运送货物的车，虽然兵车中的辎重车也属运输车，但那是专门运送军需物资的，属兵车之列。民间也有专门运送货物的车，称为大车。大车即文献中的牛车，其名见于《考工记》。据郑玄注：“大车，平地载任之车。”这种车为直辕，牛驾，方形车厢。与轻车相比，低轮而轸深，也就是车栏较高。之所以称为大车，是与小车相对而言的。从《论语·为政篇》及注中我们知道它主要为牛驾。《周易·系辞下》所说的“服牛乘马”中的“服牛”就是指用牛驾车。因运输车主要用来运输重物，讲求载重，不像兵车那样讲求速度，牛虽行走慢，但能负重耐劳，所以牛多用来驾货车。之所以称为大车，是因为载物多，车舆较大。大车究竟可载多重呢？安徽寿县出土的“鄂君启节”就较清楚地记录了大车所载物品的大致重量。

“鄂君启节”分车节和舟节两种，青铜制成，是楚国封于鄂（今湖北鄂州市）的叫启的封君持有的节。节又称符节，是古代使者经关必须要交验的凭证，相当于通行证，为官府所颁发，多为竹制。据《鄂君启车节》所载，马和牛每十头可当做一车，挑夫每二十担当做一车。鄂君启每车限载的重量以马、牛和挑夫所承的重量确定。据于省吾先生考证，古代的挑夫每担约为一百斤或稍多一点，那么一车的重量就约为两千斤了。显然用于作战的车厢是装不了这么重的，只有大车厢才能容得下这么重。当然运物的车也不排除有用马拉的可能。

大车在楚墓中也有发现，河南淮阳马鞍冢楚国车马坑除有小车舆的兵车外，也有大车舆的车，这种车厢的形制奇特，车厢分两部分，呈凸字形，前面的车厢较小，仅能容一人，显然为驾者的位置，相当于驾驶室。后车厢为长方形，面积较大，达3.5平方米。如果乘人，可容纳8 ~ 12人。而当时的战车上只乘3人，相比之下，这显然只能是一种专门用于运输的车了。

**蜃车** 又称“遣车”“团车”和“端毂”等，是一种专门运送棺材的车。其名见包山楚简和曾侯乙简。其形制已不得而知，但从文献记载来看，蜃车是因为它的车轮奇特而得名。据《说文》：“有辐曰轮，无辐曰辁。”《周礼》：“有蜃车，天子以载柩，蜃、辁声相近，其制同乎。辁崇盖半乘车之轮。”这是说车轮有辐条的称轮，无辐条称辁。蜃车就是天子用来运棺材的，蜃、辁声相近，形制相同。其轮的高度只有乘车车轮的一半。《仪礼·既夕礼》郑玄注进一步说：“其车之舆，状如床，中央有辕，前后出。”可以明显看出，蜃车就是一种独辕长方形的大舆车，舆周边有栏，前后都开有缺口，舆下为实心的矮轮。从这一形制看，正可以运棺。楚墓中的棺材的长度大多在两米左右，如果纵置于车厢中，车厢的前后都必须要不设车栏，这与史载的“前后出”是相吻合的。蜃车大多有彩绘帷幔一类的装饰，据等级的不同而有不同的花纹和饰物，目的在于遮蔽棺材。因为棺为凶具，行于道中，生者所见都有一种“恶”的感觉，所以要遮蔽。这就是文献中所说的“以华道路及圹中，不欲众恶其亲也”。

**3. 出行乘车**

出行乘车是指用于聘问、游乐、田猎等乘坐的车。楚国这一类的车较多，主要有安车、轺车、祥车、女乘等。

**安车** 是贵族所乘的一种舒适的小车，其名见于曾侯乙简，文献中也多有所载。《礼记·曲礼上》：“大夫七十而致事（离职）……乘安车。”郑玄注：“安车，坐乘，若今小车也。”唐代的孔颖达疏：“适四方谓远聘异国时乘安车，安车，小车也，亦老人所宜然，此养老之具，在国及出皆得用之。”安车的实物在楚墓中未见，它多为四马或两马驾车。曾侯乙简记有旧安车驾二马，新安车驾四马。秦始皇陵所出土的2号铜车马的一条辔绳上刻有“安车第一”四字。此车自名为安车，为四马所驾。原江陵凤凰山168号汉墓的遣策上也记有“案（安）车一乘，马四匹”。同墓所出的也恰有一辆四马所驾的木车。说明至汉代，仍有安车，且以四马驾为主。值得注意的是，在曾侯乙简中，将安车归在游车之列，说明它确为出游巡行所乘之车。

**轺车**　也是一种专供出行载人的车，在先秦早已出现。《国语·齐语》：“服牛轺马，以周四方。”“轺”有遥远意，实际上是一种可远望四周的车。《汉书·平帝纪》颜师古引服虔曰：“轺音谣，立乘小车。”楚国轺车的实物还没有被发现。从上述记载看，它是以四面露敞为特点的一种车。与安车不同的是，其乘者皆立乘，即站在车厢中。汉代的画像砖和画像石上以及汉文物中已见有不少的轺车。在江陵凤凰山的5座西汉墓中就出土了5乘轺车，与遣策所记相吻合。从形制看皆为双辕，其中有3辆驾二马，有2辆驾一马。值得注意的是，在楚国的画像中也见有轺车，不过为一辕。包山2号楚墓漆奁上所见的《迎宾出行图》共绘有4辆车，包括御者在内，车厢内共乘三人，且皆立乘。其中有2辆驾二马，有2辆驾三马。由绘画立意可知，这幅画描述出使他国聘行的场面，可看做是一幅写实作品。古代聘行所乘的主要是轺车，因而，这幅画中所表现的车应是楚国的轺车。

**祥车**　也称作羊车，其名见于包山楚简。羊车并不是用羊拉的车，羊与祥属通假字，是一种平时所乘的车，因祥车属吉车，取其吉祥意，又多用于丧葬时所乘。《礼记·曲礼上》孔颖达疏：“祥犹吉也，吉车为平生时所乘也，死葬时因为魂车。鬼神尚吉，故葬魂乘吉车也。”由楚简可知，楚国应有这种车。祥车的形制已不明，但它也为平时所乘，与其他乘车所不同的是，它还多用于丧葬时乘坐。

**女乘**　是一种妇人所乘之车，其名见于望山楚简。从简文描述看，它是一种四周用帷幔遮蔽严密的车。《诗经·卫风·氓》有“渐车帷裳”一语，毛传：“帷裳，妇人之车。”裳是帷下垂的部分，因像人的下裳，故因以为名。《释名》一书还将妇人所乘之车称为“容车”，将四周所饰之帷说成是“隐蔽其形容也”。“女乘”之名不见于记载，应为楚国的车名，经对望山 2 号楚墓墓主的尸骨进行鉴定，墓主正好是一位 50 岁左右的女性，与所乘之车相符，应是专门为墓主陪葬的。从文献记载看，妇人所乘之车一般都为坐乘，这与车的四周设帷不易立乘有关。当然，这种车的御者自然就应在车的帷幔之外了。

另外，在楚简中还见有很多车名，如田车自当为田猎之车，游车自当为游乐之车等。这些车可能是上面所述乘车的不同称谓。当然田猎出行也不乏乘兵车，如《战国策·楚策一》载：“楚王游于云梦，结驷千乘旌旗蔽日。”旌旗多为兵车所设，显然这里面有兵车。需要说明的是，楚国还有传车，即邮车，文献中称为“驲”。《左传·昭公五年》：“楚子以驲至于罗汭。”传车的特点在于轻而快，应与上述小车无多大差别。

## 三、楚车部件和附件

车是由若干部件和附件组成，在文献上有专门的名称，仅《楚辞》

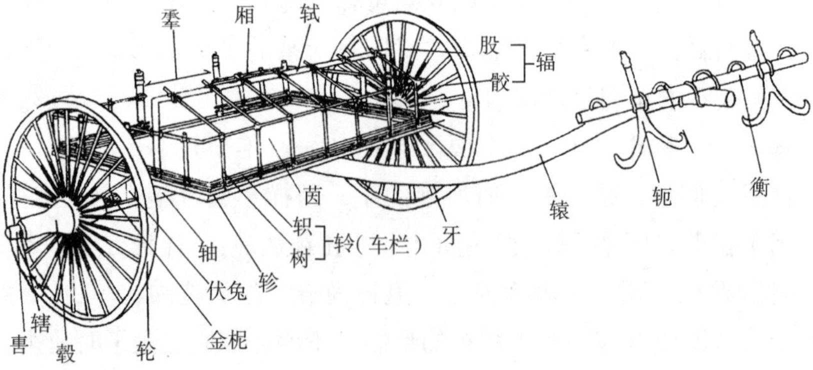


图 4–4　江陵九店第 104 号楚墓车马坑出土的楚车摹绘图

中提到的楚车的部件和附件就有轮、毂、轸、轫、轴、軨、衡、辕、轭等。了解它们对于认识楚车乃至更好的理解《楚辞》都极有帮助，我们依楚车形制附图说明（图4–4），对主要部件和附件略加介绍。

**车厢**　也称舆，是载驭者及乘者的箱。楚车舆由轸、軨、较、轼等构成。轸即车舆底下四周的框木。框上一周立小圆柱，然后立柱上用横向小圆木捆扎，形成车的围栏。框上的立柱称“树”，小横圆木称“轵”，围成的车栏就称“軨”。舆的左右稍粗的立柱可以凭倚的称“輢”。舆的前端有一高于车阑的横木，可以扶手，称作“式”，又写作“轼”。行车时，途中遇人表示敬意就扶轼低头。舆栏两边的弯木称“较”。舆后的正中部留有一缺口，即无车阑，是供上下车的门，称为“搴”，缺口的两边各有一根木柱称为“搴柱”。舆内一般都铺有竹席，车内的竹席称为“茵”。

楚国车舆的形制大体相同，除河南淮阳马鞍冢2号车马坑的13号车的车舆较大且分为前后室外，余皆为一完整的长方形的箱，即乘者和驭者同处于一箱中。但在车舆的围栏装饰上有一些区别。如江陵九店楚墓所见的车舆围栏用小圆木纵横捆扎成围栏。淮阳马鞍冢所出的4号车在车舆的后半部还镶有80块铜甲板，其中舆栏后半部的左右作横6竖4排列法，各24块，舆栏后部即门的两侧作横4竖4排列法，各16块。毫无疑问，这些铜甲甲片装饰都是为了保护车舆内的乘者和驭者而加设的，显然，马鞍冢的4号楚车更具有战车的特点。

车轴和车轮横贯于舆下，轴一般是中间粗，两端稍细。舆底下安装有两块木头，用绳子把轴绑在上面使车舆固定在车轴上，因这两块木头像趴着的兔子，所以称之为“伏兔”，或写作“輹”。轴两端分别插在两个车轮的毂中。毂是车轮中心有孔的圆木，中心孔就是用来贯轴的。毂中心孔称为“薮”，也叫“壶中”。毂较长，中间粗两端细，车轴由毂中穿出后，在轴的两档接以铜饰件套住，这铜饰件就叫“軎”。軎套住车轴后就使车轮不外脱。由于车轮频繁转动，軎上还要加卡将其穿在车轴上，这卡就叫“辖”。毂外最粗处的一周凿有榫眼。榫眼是容辐条的。

辐是连接毂与轮的木条，与我们今天自行车钢丝的功用相同。《老子》一书所说的“三十辐共一毂”中的“辐”即指此木条，楚车的辐条一般为26根，最多的32根。辐条近毂处的一端称“股”，近轮处的一端称“骹”。车轮的圆框是用有韧性的木料加火煣出弧度后拼成，一般为两段木材拼成，轮圈外弧内方，轮接地的一面称“牙”，也称之为“辋”，牙的内侧一周也凿有榫眼，称为“蚤”。辐条就是一端插在毂的榫眼中，一端插在牙内侧的榫眼（蚤）中。两车轮之间的距离称为“轨”。

楚车的轴与车毂不像今天的轴承，车轮主要是通过车轴插入毂中的空隙而转动的。所以车轮转动时，毂的承受力较大。这是因为毂既承受车舆的重量，又要不停地转动，同时还要承受车辐转动时的张力，因而毂就成了车上最重要的部件。所以楚人在制作毂时，工序就特别复杂。从九店楚墓出土的楚车看，在制作毂时就采用了若干种加固方法。其具体程序是，先在毂上涂一层底漆，在漆半干时，用皮条和麻线作螺旋式的满缠绕一层，使缠绕的皮条和麻线与半干的油漆粘贴在一起，待它们干后再在其上涂漆、缠麻线。如此反复三次后，再在表面涂一层漆，使其平整光滑，这样就坚固耐用了。

楚车的特点是长毂，这是因为毂愈长，支撑面也就越大，车行时就更稳。但也有一个缺点，由于毂的一端是伸出轮外，在两车相错时容易互相碰撞，即所谓的车毂相击。桓潭《新论》中的“楚之郢都，车毂击，人肩摩”，就是说的郢都街道上车撞车，人挤人的场面。毂长容易撞车也容易伤人，所以古人在制车时把这一特点用在了战车上，即将车毂的轴外加上一个长矛车軎，通过车的快速前进，可以杀伤靠近车的敌步兵，这种车称之为“冲车”（详前），曾侯乙墓就出土了两件带矛车軎，遣策也正称为冲车。

**辕** 也称“辀”，为一根长圆木制成，头端微弯曲，是牵引车的。尾端稍粗，插入车舆下，与轴垂直相交并伸出舆后。辕头端横绑一衡。楚车对辕的制作较讲究，其头端一般都做成龙形，称为“龙辀”。《九歌·东君》：“驾龙辀兮乘雷。”其中的“龙辀”就是一种龙形辕的车。

天星观1号楚墓出土了12件龙首形车辕，代表了墓主拥有12辆车。淮阳马鞍冢楚墓还出土了一件错金银的龙首辕头。这都可以称为“龙辀”。“龙辀”应是楚车最显著的特点。（图4–5）

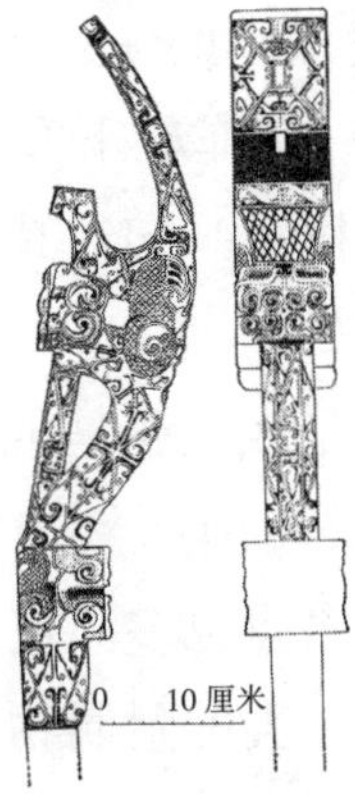


图4–5 龙首车辕摹绘图

**衡与轭** 辕的前端绑有一横木称作“衡”。由于车多由两马驾辕，对于独辕而言，衡绑在辕上时左右距离相等，可平衡马力。衡上端附设有四个铜质方孔，是用来穿辔绳的。衡上再绑轭，左右各一。“轭”呈人字形，用来卡马颈。由于轭的两个末端作反钩状，上端卡住马颈后，下端通过绳子套在两边的钩上，这样就将马固定在车衡上了。驾车时只有服马的轭是固定在衡上。左右的骖马一般无轭，少数骖马的轭也不固定在衡上。显然，车的方向是由轭上的两匹服马控制的。

车上还有一些附件主要有伞、轫、旌等。

**伞** 也称盖，与今天的伞形相同，但要大一些，装在车上是为了避雨和遮阳。楚车上的伞一般由伞盖和伞柄组成，柄的顶端较大，像一个圆盘状，称为“部”，也称“保斗”和“盖斗”。环绕盖斗的侧面凿有一周榫眼，榫眼内插有盖弓，盖弓上蒙覆丝织的帷，弓末端装铜弓帽以张帷和固定帷。据《考工记》和《大戴礼记·保傅篇》记载，盖弓一般为28根，象征二十八宿。从已出土的楚伞看，一般为20根左右，与史载不同。伞柄称为“杠”，楚伞柄一般较长，分为两节，这是为了便于拆卸。车上都配备有伞，但不是固定在车上，而是根据需要可随时安装或取下。如在君王乘车中，因事下车，随从应将伞取下随君王遮挡。战车参战时也要将伞去掉，因为有伞不便于作战。

**轫** 是停车后阻止车轮滑动的一种木垫，古代的车没有制动装置，停车后为了防止车轮的滑动，在车轮下塞木以固定。这木即“轫”。《楚辞·离骚》有“朝发轫于苍梧”一句，其中的“轫”即指这一附件。不过迄今楚墓还没有见到这一实物。

**旌** 即车上的旗，无论是战车还是乘车都设有旗，文献中对其记载较多，其名称也纷繁。《楚辞·国殇》：“旌蔽日兮敌若云。”是说车上的战旗遮蔽了太阳，形容车多旗也多。包山2号楚墓漆奁画中的车尾部有一飘逸物，显然应属于旗一类的附属物。当然，战旗还应有一些特殊的标识物。淮阳马鞍冢2号车马坑发现了6面旗，其中尤以贝旗最为罕见。旗为红色，旗面缀贝壳。有一面旗上用8枚海贝，另一面上用4枚海贝，皆排列成四瓣形的花纹用线缀在旗面上，这可能是楚军阵指挥用旗的标识。楚人的各将帅应各有不同的标记，其作用就在于使全军都能看到将帅所在的位置。据《左传》记载，晋楚鄢陵之战时，晋国的栾鍼一眼就看出了是楚国将帅子重的旗帜。在古代的战争中，一方最善于攻取另一方主帅的指挥旗，一方面是主帅的指挥旗有特殊的标识，易于识别；另一方面是全体作战的军卒，都看主帅的指挥旗进攻和退守，郑国攻伐许国时的一场战争就是这样的。《左传·隐公十一年》：“颍考叔取郑伯之旗蝥弧以先登，子都自下射之，颠。瑕叔盈又以蝥弧登，周麾（挥）而呼曰：‘君登矣。’郑师毕登。”“蝥弧”即是郑伯旗的专名。颍考叔和瑕叔盈都是拿郑伯的旗去指挥士卒的。

## 四、马具和马饰

马是驱车的主动力，先秦极重视马具和马饰，尤其是用于驾驭战车的马。驾车的马具也称为鞍具。从发掘的楚墓材料看，用于战车上的马还佩戴有马甲，像保护人体一样来保护马体。马具和马饰是不可分割的，很多马饰就是在马具上再加金属和玉石的饰件。《左传·僖公二十八年》：“晋车七百乘，韅、靷、鞅、靽。”其中的韅、靷、鞅、靽都是马具，这是说晋军的马具整齐鲜明。由楚简记载看，楚车不仅装饰华丽，而且马具和马饰也众多。我们从楚墓所见的马具和马饰中择其主要而介绍。

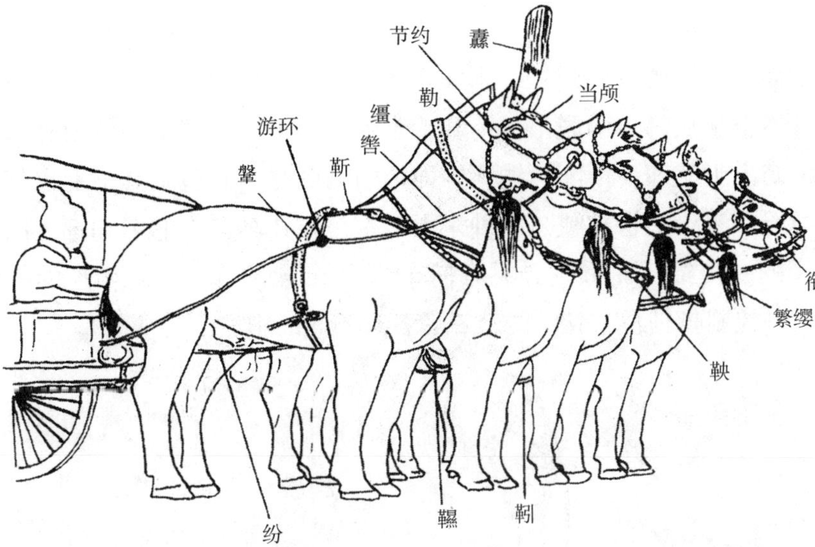


图 4–6 主要马具及马饰的名称和所在部位示意图

**马甲** 楚墓中多见，曾侯乙墓出土的马甲较为清楚。马甲同人甲一样也分胄甲、胸甲和身甲三部分。胄甲是由整块皮料按马面形状模压而成。两旁面颊对称，套住整个马头，双眼处留有孔，以便马能向外视物，两马鼻处还各留一蛋形孔，以便马能呼吸。马面的其他部位则模压成凹凸相间的纹饰，其上再饰以彩绘。胸甲分 5 排，每排 5 片编缀而成护于马的前胸和颈部。甲片上下编连时留有余量，便于马的活动。身甲也由若干小甲片编连而成，分左右两部分，并相对称，护住马的背部和腹部。所有甲片上都加有彩绘。

**勒** 由衔、镳、节约和铸等饰件组成。（图 4–7）它们由项带、额带、鼻带、咽带、颊带系结，带一般为革带，套住整个马头。带上穿有铜管，这管就称铸（图 4–8–1、2）。带子的纵横交叉处都装有十字形的四通的圆泡，这圆泡就称为节约。节约的外面光滑，底部为十字形穿孔，勒的带就是从这些孔中穿过，楚墓中的节约（图 4–8–3、4）在出土时仍可见残留有勒带的交叉穿连痕。节约就是使勒带在相交处既可不需要扣结，也可起到坚固和美观的作用。衔和镳是附在马口部的东西，一般为青铜、木或骨制成。衔（图 4–8–5）为两节青铜棒的两端各附一铜环相衔而成，横置于马口中，镳（图 4–8–6）则是插在衔两端的圆环中以使其不至于从马口中脱出。衔和镳是连在勒上的。楚墓中的衔和镳一般为成套出土，即一衔配两镳。辔即牵引马的绳，有些工具书上也将其称为缰绳，实际上辔和缰是两种东西，辔是系在马口部的衔和镳上以调动马头的一根绳，而缰则是系在骖马颈上并与服马处的衡相连的一根绳，它是控制骖马左右晃动的，二者各有不同的用途。

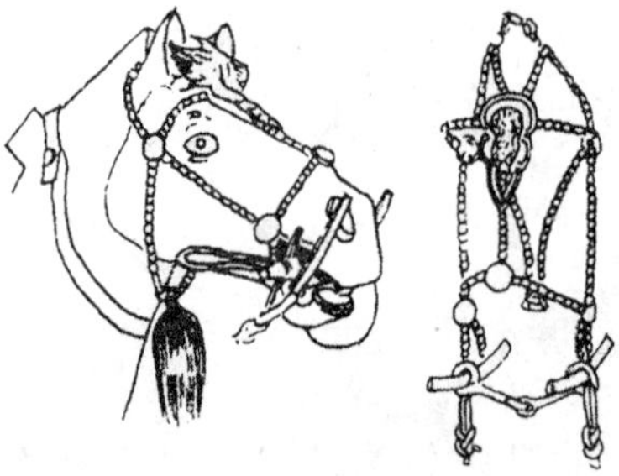

图 4–7　马头部勒的示意图

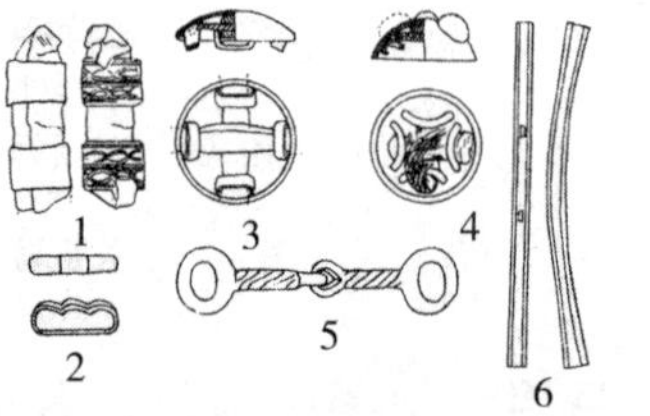


1、2. 铸　3、4. 节约　5. 衔　6. 镳

图 4–8　部分勒饰件图

辔是较为复杂的，其一端系在衔镳上，另一端为驾车者所执。由于衔横贯马口中，衔的两端都应系辔，这样每匹马就应有两根辔，两根辔都有专名，即靠车辕的一边称内辔，另一根就是外辔。两马驾车就是四辔，所有的辔都平均分执在御者的左右手中。一些铜器上的两马驾车图案也正是四辔（图 4–9）。如果四马驾车的话，驭者所握的就应为八辔。

但在文献记四马驾车时，驭者所执的都只有六辔，这与两马驾车所执辔数有别，这在《诗经》及《左传》中多见。其实，这是因为两匹骖马的内辔是系在服马上，一些铜器上的图案也正是如此（图 4–10）。所以驭者所执的辔就只有 6 根了，左右手各执 3 根，具体的分配是，左手执右服马的内辔和左服及左骖的外辔，右手执左服马的内配和右服及右骖的外辔（图 4–11）。如果是三马驾车，就应是 6 根辔。除去骖马的一根内辔外，执于御者手中的辔就只有 5 根了。那么一手握 3 根，另一手就只

图 4–9　淮阴高庄战国墓出土的铜器刻纹中的车辇绘图

图 4–10　战国铜器上所见之骖马辔的系结法示意图

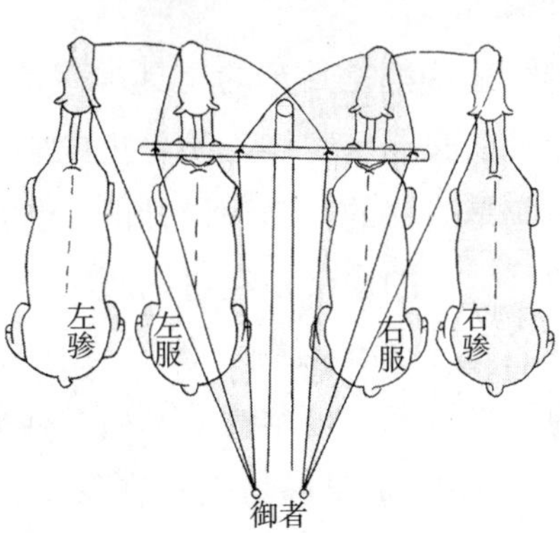


图 4–11　四马六辔的系结示意图

图 4–12　包山 2 号楚墓漆奁画中的轺车摹绘图

有握 2 根了。至于哪一只手握 3 根，这就要看是使用左骖马还是使用右骖马来决定了。包山 2 号楚墓漆画所见的三马车的御者一概都是右手握 3 辔，左手握 2 辔（图 4–12）。根据图 4–12 可进一步确定，包山 2 号楚墓漆奁画中的三马皆为两服马加一右骖马，看来虚其左骖应是楚人驾车的特点。由于衔是含在马口中，辔绳的一端就系在衔上，这就控制了马的野性，任凭驭者以辔绳调动马头了。

勒上还有很多饰件，马头正面的正中处还加有一青铜或锡的饰件，称为当颅，马头上还有冠饰，称为纛。不过这些都没有实用性，只是起装饰马头的作用。从楚墓勒饰看，制作都极为精致，大多有图案。曾侯乙墓勒饰上还贴有金箔。可见勒饰在具有实用性的同时，还具有观赏性。

**韅、靷、鞅、靽**　这些都是驾车的马具。韅是骖马的马腹带，其上也有很多饰件，位于马前腹。从曾侯乙墓出土的马身甲看，正在腹甲的外侧留有一孔，显然应是为韅的打结而设计的。包山楚墓漆奁画上的马也清楚地绘有韅。靷是引车的皮带，经过马腹与车木相连，类似于今天的长套，曾侯乙墓的竹简中就记有靷。鞅即马前胸的宽带，也即颈靼，是与车轭相配使用的，当轭卡住马颈的上部后，还要用绳和皮带自马颈下拴在轭两边的钩上，这样才能将马固定在衡上，这节绳或皮带就称为鞅。包山 2 号楚墓漆奁画中马的颈部也绘有鞅，并且还绘有清楚的结饰。靽是从两马腿间穿过拘系马尾的索带。

**靳与鞶**　靳是驂马当胸拉车的套索。鞶是盘绕于马前腹背间的腰带，其作用是将靳与辔固定在适当的位置。靳和鞶在包山楚墓出土的漆奁画上都有反映，应是最主要的马具之一。

# 第四节　舟楫

## 一、楚国的舟楫与水路运输

楚人不仅具备陆路运行的车，还有用于水上行驶的船。考古发掘证实，船在新石器时代就已出现，位于长江中下游的湖南澧县城头山和浙江余姚河姆渡遗址均出土有船桨，可以肯定长江流域是船的发源地之一。

楚人制作船是以其所处的特定的地理位置决定的。楚人居住在我国南方，南方河流纵横，湖泊密布，如果离开了船，可谓是寸步难行。楚国造船的历史可追溯至西周时期。据《左传》载，周昭王南征江汉楚地时，居住在汉水之滨的老百姓恨他腐败，故意用一条胶粘的船渡他，结果船到江心后散开，周昭王一行葬身于汉水，这成了后来以齐国为首的中原诸国征伐楚国的借口之一。春秋战国时期，楚人向外拓展疆域，已大量使用了船，楚国攻伐南方的濮地，征讨长江下游的吴越，都使用了船。

楚船的实物迄今尚未发现，但屡见于文献，并以《楚辞》为最。《楚辞》记载的船有舟、船、舲船、桂舟、扬舟以及船的附属设施“楫”等。在这些船中，以舲船最为精致和奇特，舲船就是开有窗户的一种船，也就是说，船是构筑成木结构的舱房和室，室旁开有透雕的木格窗棂，犹如地面上的房屋，既防晒又防雨，可以居住。显然这是一种用于远行的船。

楚人不仅制造船，还有专门的造船作坊。据《水经注·江水》所载："遂迁纪郢。今城，楚船官地也。"这"船官"就是专门用于造船的作坊。楚船官的规模虽无法知道，但从秦汉的造船工场的规模就可见一斑。1978 年，考古工作者在广州发现了一处秦汉时代的造船作坊遗址。船场上有 3 个平行排列的造船台，说明当时已采用船台与滑道相结合的结构原理可以制造载重 50 ~ 60 吨的大型木船。这作坊的时代虽属秦汉时代，但在战国中期以后，岭南一直就隶属于楚，这巨大的造船作坊与楚国的造船术有着千丝万缕的联系。

楚船的形制和结构还可从西汉出土的实物中得到启发。西汉的船在江陵纪南城凤凰山、广州皇帝岗和长沙伍家岭的汉墓中皆有发现。这些船虽为模型的明器，但结构清楚，都属平底的内河航船。船面较平，两端微上翘。船首设櫂，船尾设舵。船的中后部都有舱房，房壁上还开有窗。这种结构就相当于《楚辞》中所说的"舲船"。尤其是凤凰山汉墓出土的木船，在遣策上还记有"大舟皆二十三桨"几字。由于桨都是成双成对而排列的，经复原，故知汉人所谓的大舟设有 11 对桨和 1 个舵，这正好与二十三桨相合，只不过是将舵也称为桨了。舵是中国造船史上具有划时代意义的发明，凤凰山位于楚南郢城内，这艘船的形制体现的无疑应是楚制。

船的发明不仅带来了交通的便利，还缓解了陆路运输的紧张。因为船的运输量无疑要大于车的运输量。1957 年安徽寿县共出土了 5 件鄂君启节，其中除前已谈到的两件车节外，还有 3 件舟节。舟节也是由楚王颁发给鄂君启经关通行的免税凭证，舟节的发现使我们对楚国的造船和内陆航运有了比较清楚的认识。

舟节上满铸金文，铭文规定："屯三舟为一舿，五十舿。"这是说鄂君一人就拥有 150 只的免税商船。不仅如此，舟节还规定了商船所载的某些物品已由楚国中央征税，地方关卡不得再征税，更为重要的是，舟节还详细载明了这些商船所行经的路线和终点。所述的运输线路皆为内陆河流，从鄂（今湖北鄂州市）出发，经汉水、夏水、长江和湘、资、沅、澧等水系，最南处直抵今湖南南部，几乎包括了楚国境内的所有大水系。

鄂君启舟节的发现，不仅再次证明了战国时的楚国具有制造大型船舶的能力，还说明了楚辖境内纵横交织的河流并未阻隔楚人的交通。可以这样认为，楚国内陆的航运运输同陆路的货物运输一起构成了一个辐射四域的庞大运输网络体系。

## 二、特殊兵种——舟师

楚国船舶业的发达，除了体现在具备有货物的网络运输体系外，还在于兴建了一支特殊的兵种，即以船在水上作战的“舟师”。

“舟师”一词屡见于有关楚国的文献记载，如《左传·襄公二十四年》载：“楚子为舟师以伐吴。”《左传·昭公十九年》楚平王“为舟师以伐濮”。《左传·昭公二十四年》：“楚子为舟师以略吴疆。”《左传·昭公二十七年》：“（楚）令尹子常以舟师及沙汭而还。”这些都是说楚人用船在水上作战。

从文献记载看，春秋战国时期，各国大多已采用了水上作战。其中以南方的楚、吴、越三国最为常见，这是由南方所处的独特地理位置决定的。水上战争的规模和场面虽不见记载，但一些青铜器的图案却能使我们一领其景观。反映古代水上战斗的图像见于河南汲县山彪镇出土的《水陆攻战纹铜鉴》、故宫博物院收藏的传世品《晏乐铜壶》和四川百花潭出土的《百花潭铜壶》。上述器物上皆饰有金属镶嵌的水陆攻战纹样，尤其是汲县山彪镇出土的花纹最为清晰，船上有士卒摇楫、执戈、射箭和击鼓，所有士卒都佩有短剑。根据图案中人物不同的服饰和发饰可区分为两个部族，可能就是以高髻装饰的楚部族和以圆髻装饰的吴越部族在交战，表现的内容是相同的，都以高髻装饰的部族获胜。这与《春秋大事表》所说的“吴越交兵数百战，从水则楚常胜”是相吻合的，所以作器者可能为楚人。由图案的表现过程看，应是当时水上战争的规模和场面的真实反映。

楚人舟师的具体情况目前还不太清楚，但楚人舟师的建立应得益于长江下游的吴国。换句话说，长江下游的吴国常以舟师进攻楚国的边陲，为了保证楚国东域的安全，迫使楚人迅速建立一支在装备和作战能力上都优于吴国的部队，这就是舟师。因为吴人擅长水上作战，但楚人有陆上作战的优势，水上部队一如陆上车战来部署，使得楚人的舟师作战能力迅速超过了吴人。仅从公元前549年至公元前473年的76年时间来看，楚和吴就发生了20余次战争，仅水上战斗就占了1/3，而且都是楚获胜。其原因就在于楚人不仅制作了各式的战船，而且还总结了一套适宜于水上战斗的水战兵法，同时还使用了专用于舟战的水战之具。

据《文选》李善注引《越绝书》来看，楚人舟师的种类有大翼、中翼、小翼、突冒、楼舡、桥舡六种。这六种战船在水战中各有所用。据《太平御览》引《越绝书·逸文》中伍子胥的一句话说得比较清楚，他说："今船军之教，比陵军之法，乃可用之。大翼者，当陵军之车；小翼者，当陵军之轻车；突冒者，当陵军之冲车；楼船者，当陵军之行楼车。""陵军"即陆地上的车战，伍子胥将战船全比作陆地上的各种战车。这段话是吴王阖闾在接见伍子胥时问吴国的水军该如何配备，伍子胥所说的，反映的无疑是吴国的舟师情况。但伍子胥原是楚人，因其父兄受谗被楚王所杀，于是逃到了吴国。伍子胥深谙楚国的兵法，他教吴人的舟师部署无疑都是楚人的一套。事实上，吴国地僻国远，是一个落后的小国，早在春秋时，楚国的一些叛臣外逃到吴国辅助吴国来对付楚国。《左传·成公七年》记原楚申公巫臣（屈巫）入吴后"教吴乘车，教之战陈（阵），教之叛楚"。这样使得吴国迅速强大起来，成为与楚抗衡的一支劲旅。所以吴人按楚人的舟师部署后，使楚人在水战中处于不利的态势。吴楚柏举之战时，吴国以舟师快速出击，攻入楚都，给楚国以重创，这在很大程度上是因为楚人舟师的水战兵法被吴人掌握后导致的。

楚人的舟师拥有当时最先进的水战之具——"钩拒"。据《墨子·鲁问》记载："公输子（鲁班）自鲁南游楚焉，始为舟战之器，作为钩强之备，退者钩之，进者强（拒）之，量其钩强之长而制为之兵。"

这“钩拒”就是一种长杆的兵器。它的作用有多种，在与敌船相遇时，可刺杀敌船上的士兵，在敌船败溃时，又可钩住敌船，使其不能脱逃，然后攀上敌船以短兵交战。战国水战图中的士兵除执长杆兵器外，还佩有短兵的刀剑。由此可知，水上战斗最后的胜负是由短兵相接的拼杀来决定的，楚人的钩拒控制了短兵相接的主动权。

如果说陆路运输的车和水路运输的船加速了楚人经济的发展，那么，楚人陆路的车兵和水上的舟师又是楚国版图得以稳固和拓展的重要保证。

## 第五节　楚国的交通

楚人与外界和本域内的联系以及往来主要有陆路和水路两种。两种交通既贯通了楚辖全境，又将楚与周边四域联成一体。陆路的交通是伴随着楚国领土的不断拓展而开通的，其北可通上国，西可达巴蜀，东可抵海滨，南可达岭南。水上交通主要是楚国境内的一些水系，尤其是长江和淮河两大水系又贯通了楚国同中原、吴越和巴蜀等区域的联系。

陆路交通主要是道路，道路的名称在古代称谓较多。《尔雅·释宫》：“一达谓之道路，二达谓之歧旁，三达谓之剧旁，四达谓之衢，五达谓之康，六达谓之庄，七达谓之剧驂。八达渭之崇期，九达谓之逵。”“达”即通，一达是没有岔道的路，二达是指有岔道的路，三达是指丁字形的路，四达就是指十字交叉形的路。至于五达、六达乃至九达还很难说清它的形状。从文献记载看，凡车和人可行的道都可称为路。一般而言，比较宽的路称为康、庄、逵等。尤其是逵在文献中多见，还不能以更多的岔道口来解释。不过，楚国境内大路和小路都应有，可以通车并贯通与周边邻国的大道最为重要。

楚郢都与外界贯通的陆路交通主要有四条，一条是与北方中原相通的大道，它大致经今荆州、襄阳、南阳，出南阳后就可与中原各国相通了。这是一条最重要和较古老的大道，春秋时楚与中原诸国的战争都是走的这一条大道，如晋楚城濮之战、晋楚鄢陵之战等。值得注意的是，这些战争都是大规模的车战，可以肯定这条道路应较宽；一条是西北通秦国的大道，它大致经今襄阳至郦城、淅川、丹凤、商县、兰田、咸阳，这也是一条古道。公元前 505 年，当吴国攻破郢都后，楚国的申包胥入秦求救，以及秦派子蒲、子虎率车五百乘救楚走的就是这一条大道；一条是南达黔中的大道，它大致经今公安、临澧、常德、益阳，包括了今湘西和湘北地区；一条是西通巫郡（即今四川）的道路，它大致经今荆州、荆门、保康、房县、竹溪，再由陕西的安康南下入四川。当然，由楚郢都到达周邻国家的道路远不止这些，我们这里所列举的只是四方最主要的通道。

楚国境内的道路那就更多了，几乎所有的州郡和里邑都有道路可通，这可从出土的汉地图中得到证实。长沙马王堆 3 号汉墓出土了三幅地图，一幅为地形图，一幅为驻军图，一幅为城邑图。其中地形图不仅绘出了山川、河流、城邑，而且还绘出了道路。它所标示的范围大致相当于今东经 111 度至 112 度 30 分，北纬 23 度至 26 度之间。地跨今湖南、广东两省和广西壮族自治区的一部分。地图上可判读的道路有二十余条，其中一些重要的乡里居民地之间都有道路相连。这幅地图虽属汉代，但它所反映的基本上是南楚的范围，是由楚入越的要道。这幅地图既说明了楚越故道在西汉时仍存在，又可从侧面帮助我们了解楚国原有道路的分布状况。

楚国一些通向四域的主要道路的宽度现已不得而知，但从当时各国相互间的聘问和战争都使用车来看，最窄的也应可同时行两辆车，如果按每辆四马所驾的车所需 3 米的宽度计，那么至少也应有 6 米宽以上。从江陵郢都纪南城的勘探和发掘看，楚人的道路实际要宽得多。已发掘的郢都西垣北边城门共有三个门道，在门道处还发现有车辙的痕迹。可确知为通行车的门道。三个城门的总宽在 15.6 米以上，如果再加上两个城门垛的宽度，经过城门的街道至少在 22.8 米以上，那么城内主干道就可并行 6 ～ 7 辆车。

楚国宫廷内用于人行的道路虽不宽，但更讲究些。潜江龙湾大型层台宫殿基址的宫内共发现有两条道路，宽度为 1.1 米。道路是用银灰色的贝壳铺成，所有的贝壳口都朝下且呈人字形排列，这是迄今所见楚国宫内人工修筑最为精致的用于步行的路面。

楚人的野外还有一些径、蹊等小路，径又称间道，意思是避开众人的路，走间道也称间行。此路一般不能通车，多是由人们抄近道而形成的便道。文献中多有间行的记载，而且都是步行。

楚国的大道上应还设有馆和亭，馆和亭用来供往来使者途中歇息的场所，《楚辞·天问》中的“女歧缝裳，而馆同爰止”的“馆”即指道路旁所设的馆。《七谏》中的“路室”的含义也是相同的。当然，先秦道路旁沿途设馆几成定制，《周礼·地官·遗人》：“凡国野之道，十里有庐，庐有饮食，三十里有宿，宿有路室。”道路设馆以待来者，文献中对其称谓颇多，汉代以后则统称为亭了。

古代的道路两旁还植有树，包山 2 号楚墓漆奁画在所表现的车行于道的两旁皆绘有树，可见楚国的道旁确栽有树，这与《国语·周语》所载的“列树以表道”是相吻合的。

古代极重视于行，诸侯朝觐天子、诸侯间的相互聘问都成定制。《礼记·王制》所谓的“比年一小聘，三年一大聘，五年一朝”正是这一制度的反映。楚国更重视于行，甚至将他国使者出行于楚的活动作为大事来记年，如“齐客张果问王于栽郢之岁”，“秦客公孙鞅问王于栽郢之岁”等都是将他国来使的出行作为大事记年的。

由于春秋战国时期重视于行，故也将其纳入了礼制的范畴，并设有专门的官吏——“行人”。据史所载，行人有大小之分，大行人掌大宾之礼，小行人掌邦国宾客之礼。出行的使者称为宾，随行的人员称为介，出行人的等级及随行人员的多少都有明确的等级规定。包山 2 号楚墓漆奁画所描绘的车马出行图就是一幅完整的“聘礼行迎图”。画面所表现的就是宾出行时车行于道和迎宾的场面，更为重要的是，画面既表现了宾乘车出行的情景，也表现了三名步行的随从——介，这与《周礼·秋官·大行人》所说的“子男三介”的等级相吻合。显然是一幅表现出行场面的写实连环画。楚简以出行作为大事来记年和漆画所表现的出行场面，都反映出楚人重视“行”这一客观事实。

“行”作为楚人的大事，由此也衍生出浓厚的宗教色彩，这就是出行的吉与凶。在包山2号楚墓出土的一件竹筒中分别放有五个术牌，每个牌上写有一字，是死者生前祭祀的五神之名，其中就有一牌上写有一“行”字。“行”即路神，楚人重鬼信祀，为了保证出行的吉利，路神也成了楚人常祭的神祇之一。由楚简可知，祭祀路神用的是白犬。

# 第五章　建筑篇

## 第一节　导论

宫室建筑同衣和食一样与人们的生存息息相关，在上古时期，人们一般分群而居，聚族而葬，不同时代、不同民族的习惯，也都必然反映到建筑的布局和形式上来。从文献记载来看，东周时期以华夏贵族为主体的建筑是四阿重屋，并辅以观阙台榭和廊庑庭院等形式。但在华夏以外的四夷还有一些其他的建筑，诸如“巢居”“水居”以及“依山垒石为居”的众多建筑形式。因而从这个意义上来说，建筑又是复杂的，不同的建筑形式又是反映不同民族特征和不同生活起居习俗的一个重要方面。

东周时期楚人的建筑基本上属于中原华夏建筑形式的范畴，但就楚建筑的式样而言，又具有浓郁的楚风。其中“层台累榭”可堪称是最具楚人特色的建筑。就楚国宫殿建筑而言，与北方有着相异的地方。《左传·襄公三十一年》载，鲁襄公出访楚国后，艳羡楚宫的式样，当他回到鲁国后，按楚国的宫殿式样修建了一座宫殿，仍称之为“楚宫”，并在这座具有南风的建筑中一直居住到死。可见楚人的建筑别具特色，并深为异国君王敬慕和眷恋。

建筑不可能像陶、铜、铁质的物质文化遗存一样被完整地保存下来，随着岁月的流逝，它们皆消失在历史的尘埃中。先秦的建筑，包括楚人的建筑，我们只能通过历史记载及考古发掘所揭示的遗迹和遗物的画像去领略它的风范。

宫室建筑最能够揭示当时的建筑成就，因为只有最高统治者，才能集中全国的人力、物力和财力以及各种能工巧匠来营建宫室。因而宫殿建筑同一般平民建筑不可同日而语，前者的规模和规格都是后者所无法比拟的。从建筑文化学而论，它们都是我国古代匠师建筑技艺的结晶。楚国的建筑较多，我们只能对都邑、民宅、园林以及一些特殊建筑略作介绍。

## 一、都城与宫室建筑

都邑包括国都及其他一些地方城邑，考古发掘表明，至迟在新石器时代晚期就已有了城，目前在长江中游的屈家岭文化和石家河文化地区就发现了众多的古城址。不过此时的城址规模一般都较小，进入东周后，尤其是战国时代，城市的规模不仅增大，城的数量还不断增多。仅楚国都邑而言，除了国都之外，还兴建了一些别都。地方城邑中除了本土的一些封君、州里的城址外，随着楚疆域的扩展，还占领了一些他国的城邑。从拥有城的数量上看，楚当为列国之冠。

都城作为古代帝王的住所所在地和国家政治、经济、文化的中心是不断发展和变化的，其主要表现在，一方面，伴随着领土的扩展或消减，都城随着国家的重心转移而转移；另一方面，强盛时期的国都规模逐渐增大，防御体系不断加强，同时城中的宫殿、交易的市和手工业作坊形成了整体的规划。楚国就曾迁徙过几次都城，先后有丹阳、南郢、陈郢和寿郢等。楚国的多次迁都，反映了楚由弱到强，再由强到弱的发展过程。值得注意的是，楚国的都城除丹阳外，其后的都城包括别都都称郢，这是楚人在都邑称名上的特点。

根据记载，楚国的都城分丹阳和郢，丹阳是楚国初封的都城，其地可能位于今河南丹淅之会处。自楚始封至楚文王熊赀元年迁郢，即公元前 1099—前 689 年，楚在此建都 410 年。南郢是楚文王熊赀元年自丹阳徙于此的都城城址，在今湖北荆州市，自楚文王元年迁都于此至楚顷襄王二十一年秦将白起拔郢为止，即公元前 689 年至前 278 年，楚在此建都共 411 年。陈郢是楚顷襄王二十一年秦破南郢后（前 278），楚迁都于此的城址，在今河南淮阳，至楚考烈王十年（前 253）楚暂徙都于钜刚，陈郢作为楚郢都仅 25 年。寿郢是楚考烈王二十二年（前 241）再次迁都的城址，在今安徽寿县，至楚灭亡为止，楚在此建都仅 19 年。至于楚别都和邑郡州里的城址那就更多了。

其实，有关楚国的都邑远非人们所认识的那么单一，从文献记载来看，楚国自丹阳迁郢后，这个郢经过了多次变迁，在包山简、新蔡简等上还见有诸如蓝郢、栽郢、鄩郢、郱郢等。过去一般都认为，这些带郢的地名可能都是楚王的别都。清华简《楚居》篇发现后则进一步证明了这一观点。楚郢都确实经过了多次迁徙，而湖北荆州市的南郢一直作为春秋战国时的都城之说似应重新考虑。事实上，有关其年代，早有学者提出了质疑。通过对城内所获遗物分析可知，其年代大致应在战国的中晚期。但无论如何，湖北荆州的南郢作为战国时楚国的都城应无疑问。

在众多的楚城中，最能反映楚国都邑建筑特点的要数位于今荆州的楚南郢了，通过近数十年的考古勘探和发掘，基本探明了该城的规模、布局和建制特点。

南郢，亦称郢，地处今湖北荆州市荆州区北约 4 千米，因在纪山之南而后人常称之为纪南城，又名纪郢。南郢之名始见于《公羊传·宣公十二年》。考古遗存揭示，这里应是战国时楚国政治、经济和文化的中心，虽经两千多年的风雨洗尘，地面迄今仍可见到封闭的古土筑城垣基址，犹见昔日坚不可摧的南国大都市的风韵。

南郢的城址平面呈长方形，方向 10 度。经勘探，城垣东西长 4 450 米，南北宽 3 588 米，城址面积约 16 平方千米。城墙皆为泥土夯筑，墙的横断面呈上窄下宽的梯形，现存高度在 3.9 ~ 7.6 米。墙体内外皆加筑有护坡，其中内护坡较缓，外护坡较陡，这是易守不易攻的构筑方法。不仅如此，城外四周环城墙还有一道宽 20 ~ 40 米的护城河，这就更加强了城址的防御能力。在南墙中段和北墙中段还分别有一条王家河和朱河流入城内，并在城中部汇成一条龙桥河又自西向东穿过东城墙及护城河与城外的长湖相连，形成流动的水系。这 3 条水系将城址自然分割为 3 大块。不同流向的水系，不仅保证了城市的给、排水的需要，而且为城市的水上运输带来了便利。

南郢都城最具特色的应是城墙的平面布局。城墙的东北、西北和西南的拐角皆成切角布局，东南角虽呈直角，但在相距此角不远的南墙上向外凸出一方块，这一凸出的方块将城东南凤凰山南延的最高点包入城内，这样既可将整个南城外的情况一览无余，又可凭眺整个城内，这一制高点又有烽火台之称。城墙的拐角作切角及南墙向外凸出的布局，从视线上讲，它扩大了视野，使守城士卒得以从多方位阻击来犯之敌。这种平面布局在诸国城市中是绝无仅有的，充分展示了楚人别具匠心的军事防御思想。

城墙的四周皆有城门，经探明的有 7 座，其中陆地城门 5 座，水上城门 2 座。除东城墙只探明 1 座外，其他各面城墙各有两座城门。所有城门处的城墙都变窄，这是便于防御和构筑与城门相关的建筑的一种筑墙方法。经发掘的西垣北边门为三门道的城门结构。门道之间用土筑长方形跺隔开，中门道最宽，为 7.8 米，应是主门道。两边的门道要窄些，为 3.8 ~ 4 米。由门道推算，当时经由城门的马路宽度在 30 米左右，至少可并行 12 辆马车。门道城墙处的内侧皆发现有门房一类的建筑，说明当时的城门有专门的士卒把守。

如果说陆上城门符合古城建制特点，那么，水上城门则体现了独具楚风的建城思维。南郢城墙 3 处有河流穿过，经过探明的有两座水上城门，它们分别位于北墙和南墙的入城处。东城墙一河流出口处，也应有水门，因被公路和桥梁等现代建筑破坏而未探明。已发掘的水门是南垣西边水门。水门的主体为 4 排木柱依河流流向排列而直立，柱下皆设柱础，4 排木柱形成 3 个门道，门道长 11.3 ~ 11.7 米，宽 3.5 ~ 3.7 米。从水门构造看，可同时并行宽度在 3 米左右的 3 条船。水门的门道数与已发掘的西垣北边门的门道数是相同的，这种奇特的水门构造应为楚国所独有。值得一提的是，这种营建水门的技术由楚人传到了吴国。据《吴王春秋・阖闾内传》《吴地记》《越绝书》等记载，吴王阖闾在吴都内也修建有水门，显然应是受楚国的影响，这与楚国的伍子胥投奔吴国不无关系。

郢都内的建筑也是极其讲究的，经勘探，在南郢城内共有 84 座夯土建筑基址，其中有 64 座分布在城内的东南部，而且大都呈中轴线对称布局，更为重要的是，在这些台基的东面和北面还勘探出了城墙，从其走势看，应为宫殿的内城墙。与外城墙相对而言，这内城墙就应称之为城，外城墙就称之为郭。城中再建小城，与文献中的“筑城以卫君，造郭以守民”的都城建制格局是相吻合的。大城套小城的建制是先秦列国都城所普遍采用的，山东临淄齐国的都城、山西侯马晋国的都城及河北邯郸赵国的都城无不如此，说明楚国的都城总体格局仍因袭了中国传统的都城建制格局。

经过对城内宫殿区内偏东北隅的一处台基（编号为 30 号）的发掘，说明这是一处建筑基址。建筑为双开间式，四周皆有墙。建筑台基的前后皆发现排列有序的柱洞和桑墩（即柱础）等，还发现有排水管和散水一类的遗迹，显然属大型宫殿区内的建筑之一。尽管建筑的上部无存，但从建筑基址的遗迹和规模看，就足以体现出楚国宫内建筑之庞大。

城内除了在东南部发现有宫殿区外，在城内的西北、西南、东北也进行了一些小规模的发掘。从地面所残留的遗迹看，其建筑基址比东南部要少得多，尤其是在城区的西部发现有较多的窑址。根据古代都城“前朝后市”的建筑格局推断，其北部可能就是贸易的市，西南和西北应是手工业作坊和城市居民区。这样南郢内就是集宫城、市贸、手工业作坊和居民为一体的建制格局，这一都城规划原则为后世历代帝王所遵循。楚国的郢都相当繁华，城内手工业和商业门类繁多，店铺林立。据桓谭《新论》所载，郢都的街道车水马龙，密集到车碰车，人挤人，早上穿着新衣服出去，晚上就成了破衣服。这虽有些夸张，但从郢都现存的建筑规模和布局看，仍不失有南方繁华大都会的遗韵。

宫室是古代帝王的府第，后世的统治阶级都极重视对宫室的营建。考古发掘证实，至迟在夏代就有了宫殿建筑，西周时的宫殿建筑已趋完备。陕西凤雏发掘的西周甲组宫殿基址表明，宫室的建筑已按中轴线对称布局，不过此时的宫殿形式仍是四合院式的结构。进入东周后，随着“左祖右社，前朝后市”的营国制度的产生，宫室建筑除了仍保留中轴线的对称布局外，其规模却更宏大了，这就是朝、寝、庭、厢、宗、社、府、室等一类的建筑分区明确，布局严谨，组成一个庞大的豪华的建筑群体。楚国的宫殿全貌虽未得以保存，但通过考古发掘证实，至迟在春秋战国之际，楚国的宫殿建筑已按其不同的功用分区布局了。从南郢城内勘探结果看，东南部分布的台基不仅密集，还按中轴线对称布局。勘探还表明，每一个建筑台基大小有别，互不连续，既有东西向的，也有南北向的。说明各个台基原应都是单体的建筑，并有着功用上的区别。正是由这些不同功用的单体建筑的有序排列，组成了一个完整的大型建筑群，再用土筑城墙将其围绕，形成一个城中城——宫殿。

宫殿既然是城中一个封闭的群体建筑，那么，它就必然有观、阙、庙、寝、堂、庭、厢、房等一系列的建筑。楚国的宫殿虽未完整保存，但在相关的文献中都可以见到这些名称。可以确知，楚国的宫殿区内应有不同功用的建筑。

**观和阙**　观和阙都是宫廷大门外的建筑，称观，是因为人可以站在上面瞭望守卫，《楚辞》中就有“高唐之观”。阙是观式建筑的一种，因为它一左一右夹住宫殿大门的入口，就像缺（阙）了一样，故因此为名。

**庙**　庙为宫前区的建筑，属祭祀的场所。《左传·昭公元年》就记楚公子围外出有军国大事，曾先到父祖之庙告别。根据《考工记》所记的“左祖右社”的建筑模式，庙当在宫殿的前面，即属于宫前建筑。

**寝和堂**　寝和堂是宫殿的主体建筑，它既是楚王的起居之所，又是施政之处。按吉礼所载，寝和堂较近，即“前堂后寝”。堂也即“朝”，同后来所谓的“殿”是一回事。《楚辞》中多有堂的描述，《招魂》中两次提到“高堂”，可知堂也是高台建筑。据《渊鉴类函》所载：“古者为堂，自半以前虚之谓堂，半以后实之谓室。堂者，当也，谓当正阳之屋。”这是说堂和用于寝的室是相连的，它们都是正南向的建筑。堂的一半的前檐没有墙，是虚敞的，两边及后半部都有墙并设有房间，从平面上看，犹如一个“凹”字形的结构。《楚辞·招魂》有“经堂人奥”一语，“奥”是指西南角的房间，说明楚国的堂和寝也是相连的一个整体。后世及现在的一些农村仍把中间前后开门的房子也即主人活动的地方称“堂屋”，其习惯称谓应渊源于此类建筑。

**庭** 庭即宫中房屋所围成的空旷地，也即院子。《说文》：“庭，宫中也。”《玉海》：“堂下至门谓之庭。”实际指的是宫殿中堂至门的一段空地，由于宫内的建筑较多，所以庭也就多，一般是大门至二门之间的庭称外庭，二门以内的庭称中庭或内庭，文献中所指的庭多指内庭。楚宫中的庭也是在堂与门之间。《左传·昭公十三年》记楚共王有五个宠子，但不知立谁为继嗣，于是他想了一个碰运气的办法：巴姬暗地里将玉璧埋在“大室之庭”，令五个儿子当庭而拜，谁压住玉璧的纽，谁就为继位人。结果是平王压纽而继位。这大室之庭就是堂外的空旷之地。据文献记载，庭一般都较大，庭中不仅植有树，而且还可以陈放车，同时庭中还设有火炬，这火炬因在庭中，故又叫庭燎。庭燎可以照明，也是接待宾客时显示其隆重的一种设施。据《大戴礼记》记载，天子百燎，公五十，侯伯子男三十。庭作为朝见君王的地方一般都较庄重，君王之庭又称朝或朝庭，这个庭也可以写成廷，意义是一样的。所以“朝廷”成词就是从古代宫殿建筑的功用而来的。

**厢** 厢指宫中两边的房子，古籍中也称房。厢在建筑的规模上要比主殿的堂和室逊色得多，同时其建筑面积一般也较小，它多为宫内人员的起居和庖厨之所。凤雏甲组西周宫室建筑的两边不仅有厢房，还发现有火塘，可以确证其用途。楚人对两边的房也称厢，包山 2 号楚墓椁室的中室（即寝），两边各设有一边厢，这两边的厢就是模仿了地面宫室两边的厢房，其中的一个厢竹简称之为“食室”。在两个边厢的后部还有一室，竹简径直称为“相徙”，可见楚人的庖厨也大多在厢房中。

楚人的宫室建筑极其考究，就主殿而言，一般都有挑檐柱，形成环绕的廊，南郢30号建筑基址的发掘已证实了这一点。

由于楚宫室属群体建筑，宫中还设有多重宫门，散见于文献中的楚宫门就有多种，其中最著名的就是《韩非子・外储说右上》所见的“茅门之法”。这茅门就是楚宫中的门名。楚宫中不仅有正门，也有侧门。据西汉刘向的《说苑》所载，身材矮小的晏子出使到达楚国后，楚人为了羞辱他，不让他走正门，结果遭到晏子的反唇相讥。从这则故事中我们可看出，出入宫中的正侧门有着等级之别。

除了宫中的门外，宫中的室也都有门和窗。门古称“户”，窗古称“牖”，从楚墓发掘看，多见有门窗结构，门的形制和结构与我们今天的门的形制和结构大致相同。楚墓中所见的门皆为对开的双扇门，上有门楣，两边有门框，下有门限（也即今天的门槛），靠近门框边的上下端还设有转动的门臼和门枢。在郢都30号宫殿建筑基址上还发现了一件大青铜门环，无疑是宫门上的遗物，说明宫门上还安有大型的铜环。据《楚辞》可知，楚国的门窗上多刻有网状的棱格纹。

楚国的宫室建筑都是高台建筑，入室必须有台阶，通上台基的台阶古也称“阶”。古籍中常有“阼阶”和“宾阶”，都是宫中的台阶。从潜江龙湾楚国大型层台宫殿基址的发掘看，其台阶的骨架是木质的，内填细泥土，可见极其讲究。

楚人的宫室建筑是庞大的，所包含的建筑成分当很多，限于篇幅，不可能尽陈其辞而逐一介绍。总体而言，在布局上，它应是上承商和西周的宫室结构，但在细部上又有创新和发展，并对后世帝王的宫室之制有着深远的影响。

## 二、民宅建筑

民宅是楚国普通庶人的住宅，它与楚宫室相比，无论从建筑的规模，还是从布局上都大相径庭。这既取决于当时的社会等级，也取决于当时的社会经济基础。从建筑文化学的角度而论，民宅的建筑特色与风格仍是不容忽视的一个方面。

楚国的庶民阶层是楚国社会构成的一个重要组成部分，提到庶民不能认为他们是一贫如洗的，事实上，他们仍占有一定的生产和生活资料，具备生产和再生产的能力，也是楚国社会财富的直接生产者和创造者。从考古发掘材料看，凡是楚国墓地，都有相当一批庶民墓葬，同高规格的墓葬相比，其差别既表现在随葬品的多寡上，也反映在棺椁的结构上；从棺椁结构上看，有的无室，有的仅一室，还有一室一厢或一室两厢的。棺椁的规模大致体现了死者生前的社会地位和经济状况以及由社会地位和经济状况决定的住宅建筑规模。可以肯定，楚国的民居建筑结构应极其简单。

楚国的民宅迄今还未有发现，但在江陵九店 56 号楚墓出土了一批“相宅”简，其中专门谈到了居室建筑的吉与凶。56 号楚墓为庶人墓葬，其生前极有可能就是从事相宅之术的，所谈到的宅第大多是反映楚民居的。从相宅简中我们可以见到很多建筑名词，有垣、堂、室、窗、门等，甚至还谈到了廪（粮仓）和井等一类的附属建筑设施的建筑方位。通过这些记述我们可大致看出，楚人的民居也有堂室和门窗，同时还有仓井，并有围墙环绕居址。尤其值得一提的是，相宅简与云梦秦简《日书》极其相似，因此结合云梦秦简，对了解楚国的民居极有帮助。

秦代的民宅建筑形式在秦简《日书》中有较多的记载，在《封畛式》中就谈到一个士伍的住宅为“一宇二内，各有户，内室皆瓦盖，大木具”。这里的“宇”是指“堂”，“内”即“卧室”也即“寝”，“皆瓦盖”是指屋顶施有瓦，“大木具”是指屋顶由木构组成。其形状就是一栋“一明两暗”的面阔三间式的木结构房屋。再结合其他简看，这种宅地中还有围墙、廪、井、家禽圈等一类的附属建筑。秦代士伍的身份不高，应属一般下层居民。由此而知“一宇二内”应属当时民间常见的一种建筑形式。

由楚相宅可知，楚民宅的形制应与秦简所描述的“一宇二内”民宅的建筑形式是相同的。因为秦简《日书》与楚相宅简有因袭关系。尤其是秦简和楚简中都谈到了室外的围墙，可以确知，楚民宅外也有土筑的围墙。不仅如此，楚民宅的院落内还有井、廪等一类相关的生活设施的建筑。毫无疑问，秦代的民宅当是对楚国民宅建筑形制的一种继承。

一宇二内的院落式建筑应是楚民宅常见的一种形式，正是这些众多的民宅建筑构成了一个个村落，这对我们了解楚国的聚落形态极有帮助。事实上，一宇二内的建筑形式是中国传统民宅的流行形式，它极适宜单一个体家庭的生产和生活，直到今天仍能见到它的踪迹。这一建筑形式究竟起源于何时已不得而知，但通过近年来的考古发掘证实，至迟在新石器时代的屈家岭文化就已出现。1998 年，考古工作者在湖北应城门板湾遗址发掘了一处保存完好的屈家岭文化晚期的建筑居址，居址为坐北朝南的四开间建筑形制，中间两间较大，两边两间较小，每间房子内都有门相通，共有房门 6 个，门宽 60 ~ 80 厘米，在房子中间两间各开 1 个朝北的大门。房子的墙上还开有窗户，窗子的木框架痕迹明显。其中，中间的两个房子的南墙上各开两个窗户，东、西间房的南北墙上各开 1 个窗，最东间的房子内还发现有两个灶坑。房子保存较好，除顶部未保存下来外，土坯砖的墙体都得以存留，最高处残存 2.1 米。另在距房子东墙 5 米处还发现一段围墙痕迹。从平面布局看，它应为“二宇二内”的建筑，与一宇二内的建筑有别。但十分清楚的是，它也有寝、庖厨和围墙一类的建筑，显为一宇二内的早期形制，可见流行于楚地的一宇二内的建筑形制由来已久。

一宇二内的院落式建筑应是楚民居的常见形制，它来源于史前的院落建筑，秦汉以后就已基本定型，并一直为后世民间所沿用。事实上，这种建筑在汉代的典籍中已经多见了。《汉书·晁错传》载：“先为（移民）筑室，家有一堂二内，门、户之闭。”张晏注：“二内，二房也。”这也就是我们今天所见的一明两暗的建筑形制。

通过楚简和秦简以及所发现的楚地早期建筑遗迹，使我们可略见楚民居的建筑形制为一宇二内的建筑，而且得知楚人的民居建筑是极其讲究的。由楚相宅简看，楚人建房日期的确定、地基及围墙的高低、房屋的方位等与人们的贫和富、吉和凶息息相关，因此，人们在建房时，往往都要请人看地和卜测，古称“堪舆”，也就是今天所说的看风水。这尽管含有浓郁的阴阳术数成分，但说明盛行于魏晋的堪舆之风至迟在战国时期的楚国就已形成了完备的理论体系，并在楚民间的建筑中被普遍采用。

## 三、其他建筑

楚人的建筑除了上述的类型外，还有苑囿。上古的君王都有苑囿，《说文》：“苑，所以养禽兽也。”因为苑中养有大量的珍禽异兽，苑囿实际上就是供君王观赏和田猎的场所。历代帝王都极为重视苑囿的建设。苑囿中除了有花木草丛外，还有一些供统治者休憩和娱乐的建筑，集园林和建筑为一体。楚人极重视苑囿建筑，楚人的苑囿分宫内苑囿和郊外苑囿两种。宫内苑囿应是在后宫之中，它含有更多的人工成分，并与宫内的其他建筑浑然一体。《楚辞·大招》描写楚国的后宫苑囿就是“孔雀盈园，畜鸾皇只，鹍鸿群晨，杂鹙鸧只，鸿鹄代游，曼鹔鹴只”。宫中的苑囿主要是供王室成员休憩和游玩的场所。郊外的苑囿则远离国都，属于禁苑囿，一般人不得入内，它是专供楚王娱乐和田猎的地方。从建筑规模看，郊外的苑囿要比宫内苑囿大得多，它更多的是利用了天然园林，再加上一些人工建筑点缀而成。《孟子·梁惠王下》中的“文王之囿方七十里”指的是天然园林。楚人的郊外苑囿范围也较大，古籍中的“云梦”或“江南之梦”就是楚人的一处最大的苑囿，《太平御览》引《襄阳耆旧》：“楚王好游猎之事，扬镳驰遂乎华容之下，射鸿乎夏水之滨。”华容在今潜江市境内，20 世纪 80 年代，考古工作者在潜江龙湾发掘了一座大型的楚国层台建筑基址，即楚国的章华宫。章华宫屡见于文献记载，是楚王田猎游乐的离宫别馆。经对龙湾遗址的调查，在附近还分布着 15 处大型台地遗址和墓群，可以确证这里有一处楚国的大型宫殿建筑群，而其地域正在古云梦之内，因而应是楚王的郊外苑囿。如此庞大的园林建筑在列国中是绝无仅有的，楚人的苑囿建筑之大已达到令人瞠目结舌的地步。

## 四、特殊建筑——地室

楚人除建造具有明显楚风的地上高台建筑外，还热衷于修建鲜见的地下建筑，这地下建筑就是地室，地室古也称窟室。

地室是修建在朝宫或寝室之下的一种建筑，其形制和结构我们已无法知晓，但其独特的结构和恢宏的气概能令诸夏生畏或可略知一二。《左传·成公十二年》载，晋国的郤至到楚国聘问，楚共王接待了他，正当郤至将要登堂时，编钟等乐器声突然从地宫中响起，以致郤至“惊而走出”。在地室奏乐接待外国的使臣当是一种大礼，但郤至从未见过这种场面，他只闻其声，而未见其声从何而出，因而出了洋相。我们从这一具有喜剧色彩的故事情节中可知楚国的地下建筑规模较大。因为“金奏”不只是编钟，还应包括了编磬、鼓、琴、瑟等一类的辅助乐器，同时还应有一支演奏的乐队，如果建筑规模太小，是不能演奏的。从曾侯乙墓编钟等乐器出土时的排列看，就足见楚国地室的规模了。

楚人的地室除了用于演奏外，也可居住。《左传·襄公二十年》记载，楚国的芳子冯在暑天装病时，穿了两件丝绵袄，外面再加套皮服，以示自己的身体极度虚弱。但在盛夏时如此着装定觉不适，于是，他就特意修建了一个地下室，并在地下室里放上冰块和床，躺在床上。这个地下室就是在盛夏时纳凉和休息用的。

当然，地下室并不只是楚国所独有，吴国也有，称之为“堀室”。《左传·昭公二十七年》记载，吴公子光（即后来的吴王夫差）刺杀吴王僚时就是“伏甲于堀室”。这“堀室”就是地下室。北方的郑国也有，称“窟室”或“壑谷”。《左传·襄公三十年》载：“郑伯有耆酒，为窟室，而夜饮酒击钟焉。朝至，未已。朝者曰：‘公焉在？’其人曰：‘吾公在壑谷’。”郑国的地室不仅见于文献，也见于已发掘的考古材料。20世纪60年代，考古工作者在位于河南的郑国都城，即郑韩故城的西城内发掘了一处地下室。地下室是由地面向下挖一个口大底小的阶梯状的长方形土坑，然后在土坑的四壁内侧由下向上分层夯筑四壁。四壁的表面涂抹草拌泥，外表再贴一层凹槽砖。在南壁的东端修筑有一条 13 级可供上下的台阶。地室底内还并列有 5 口用于窖藏的陶井。地室的上部为木结构的瓦顶设施。从地下室的诸遗迹判定，这样的地室应专用于冷藏。

就楚国的地室而言，楚辖境内虽未发现像郑国那样的地室建筑遗迹，但掘地为室的构造方法与郑韩故城的地下室应是相同的。因受地理因素的影响，可以肯定其建筑难度和风格是不同的。这是因为南方楚国湖广雨多，地下水位高，再加上其土质易于崩塌，掘地为窟的地下室建筑难度相当大，这就需要有一些独到的设施和材料来建造具有楚地风格和特色的地室。从考古发掘材料看，楚人有众多的建筑材料和方法来克服这些地理因素的弊端。譬如楚都纪南城内就发现有很多水井，水井分土、陶、木三大类，陶井则是由烧好的一节节井圈，自下而上套接而成。木井圈则是用 2 根半圆的大树将中间凿空后再扣合，这些都是为了防止土井缘的垮塌。再则，楚地还发现有大量的木炭和陶质的排水管，这些还可以解决地室的积水问题。由此可见，楚地的不利因素，并未阻止楚人向地下拓展空间。

吴人的地室是用来宴享宾客的，郑国的地室除宴享外，还用来冷藏，楚人的地室除二者兼而有之外，还用来居住。更具特色的是，它还有成套的乐器并用演奏的方式来接待外国来访的使臣，这是他国所未见的。值得提及的是，楚人的地室更具有隐蔽性，以至于外国的使臣在登堂时，极难发现它的位置。这种集建筑技艺和音乐氛围为一体的特殊建筑，只有楚人才刻意去追求和创造。

## 第二节　建筑材料

建筑包含的文化因素较多，可以说它是人们社会风习、精神风貌、审美情趣、社会意识等诸多方面的载体，然而充分体现建筑水准的则是建筑材料和建筑技术。

楚国的建筑材料运用较多，可分为天然和人工两种。天然材料主要为土、木、砂、石等；人工材料则是根据建筑的需要而特殊制作的。楚国所使用的人工建筑材料较多。可分为液体和固体两类：液体材料包括油漆涂料、颜料等，固体材料则包括了金属构件和烧制的一些陶质材料，限于篇幅，我们只对后者略作介绍。

楚国的金属构件迄今已发现有铜质的金釭和锡扒钉。

铜釭亦称“黄金釭”，其名见于《汉书·外戚传》，因其形类似于容纳车轴的车釭而得名。魏晋后有称为“列线”。其主要功用是套连木柱之间的节点，随着榫卯结构的发展并广泛采用，金釭又成了木柱上的装饰构件。这一构件在陕西春秋凤翔秦宫中多见，楚国至迟在春秋时也大量运用于建筑。目前楚金釭的实物已发现 1 件，出土于湖北当阳季家湖楚城。金釭为直角形，中空，转角处稍弧。尽管残破，但仍可见应为大型宫殿上的建筑构件（图 5-1），当是用在两木柱的转角处。战国曾侯乙墓编钟木架上发现有这种构件，但它不是连接两端的木柱，而成了铜人与木柱之间的节点，同时更具有装饰性。楚郢都纪南城遗址的一个水井内也出土有 1 件类似于曾侯乙墓编钟架上的小型铜构饰件。繁缛的纹饰和结构，表明战国时期楚国用于建筑的金釭应具备实用与装饰两种功能。

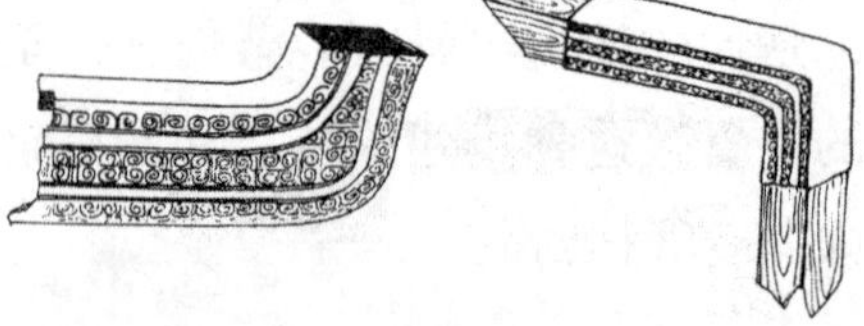

**图 5-1　金釭及使用位置摹绘图**

楚国专门烧制的陶质建筑材料有砖、瓦、排水管等。砖作为建筑材料至迟在新石器时代就已出现，不过此时的砖只是一种坯砖，即是未经焙烧的。湖北应城门板湾遗址的墙体就是用这种砖砌成，并且采用了条侧结合、错缝叠砌的方法。土坯砖砖长 30 ～ 41 厘米，宽 19 ～ 20 厘米，厚 5 ～ 8 厘米。经过焙烧的砖直到西周晚期才开始出现，但迄今所见的这种焙烧砖也只局限于铺地。楚国在东周时已开始使用焙烧的红砖。这种砖见于章华台遗址，砖长 40 厘米，宽 10 ～ 12 厘米，厚 5 ～ 8 厘米（图 5–2）。在南郢纪南城内还发现了花纹繁缛的模制空心砖，这种砖也只是用来装饰（图 5–3）。若干考古资料表明，楚国建筑的墙体用砖仍很少，这可能与当时的窑堂小，而墙体用砖多有关。楚国的建筑，包括宫廷建筑仍以土坯砖为主。

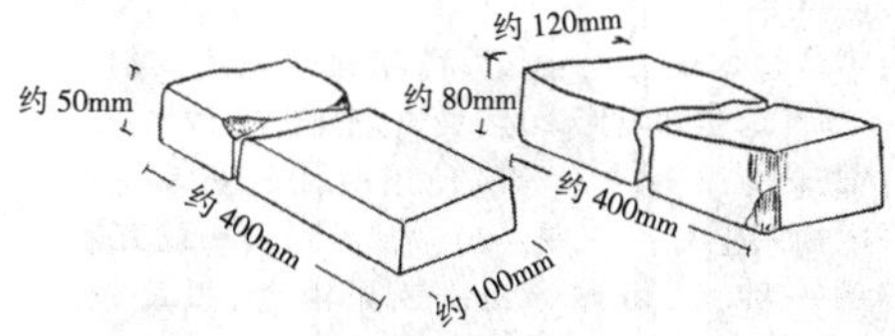


**图 5–2　潜江龙湾放鹰台遗址出土的陶土砖摹绘图**

**图 5–3　楚都纪南城内出土的花纹空心砖摹绘图**

瓦是不可缺少的建筑材料之一。我国的建筑在西周时就已开始用瓦。东周时楚国已普遍使用焙烧的瓦了。楚国的瓦分筒瓦、板瓦和带瓦当的筒瓦三大类。筒瓦为半圆筒形，一般长 40 厘米，宽 17 厘米。瓦表面饰绳纹，一头有瓦舌，使用时瓦舌套入另一筒瓦的尾内（图 5–4）。板瓦则是与筒瓦相配使用的一种瓦，俗称底瓦。板瓦较宽，弧度较大，瓦背面也饰有绳纹，一般长 41 厘米，宽 28 厘米左右（图 5–4）。带瓦当的筒瓦为屋檐部使用的一种瓦，形制与筒瓦相同，只是在瓦的尾部多带一承檐水的当（图 5–4）。当有圆形，也有半圆形，有些瓦当上还模制有纹饰，具有极强的装饰性。

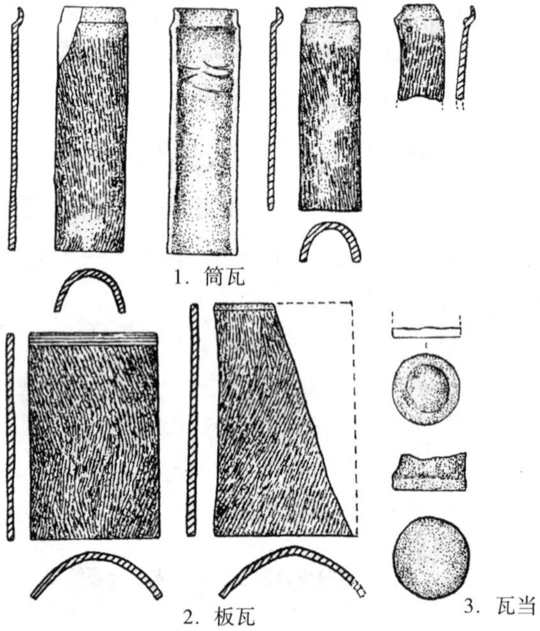


图 5-4　纪南城内出土的筒瓦、板瓦和瓦当摹绘图

排水管作为建筑材料在龙山文化就已出现。楚国在建筑中已广泛采用了排水管，楚郢都城内发现最多，其形制有两种。一种是以两块半圆形的筒瓦相扣合而成，两节相连处用半节筒瓦加固；另一种是直接制成圆筒状，一端粗，一端细，各节相套连（图 5-5）。排水管皆埋于房基的地下，主要用于排庭中和屋檐部的水。从考古发掘材料看，排水管在出土时都有一定的斜度，其出水口都通向屋檐外的散水处。

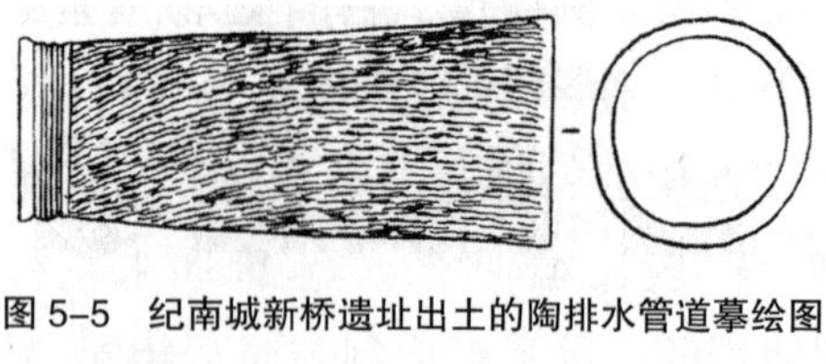

图 5-5　纪南城新桥遗址出土的陶排水管道摹绘图

## 第三节　建筑技术

楚人的建筑被他国所艳羡，其中最主要的就在于它拥有当时最先进的技术。建筑技术的高低，取决于当时社会生产力的发展水平。楚国青铜冶炼、矿山开采、铸造和焊接、铜铁工具的使用等，都为建筑技术的长足发展提供了物质基础。

建筑技术也是多方面的，它既包含了选址、设计与施工，也包括了组合建筑材料的制作和安装等。由众多的出土楚实物看，大多以比例对称、实用大方、装饰华丽而著称，因而反映在建筑上的也一定是熔对称、美观与实用于一炉的建筑风格。

楚人的建筑是以木结构为主的建筑，从楚国的木工工具及木工工艺上就足以体现出楚国的建筑技术与水准。

楚人的木工工具较多，主要种类有用于砍伐的斧、锛、刀和锯等，也有用于钻挖的凿和锤，还有用于雕刻的锉、削、夹刻刀等，可能还使用了《墨子》一书中所说的规、矩、绳、县、平水仪等工具。从楚墓所见的木质器具及木樽构造中看就采用了多种方法。仅从木樽看，木与木之间的连接除用金属扒钉外，更多的则是采用了榫卯结合的办法。仅榫头而言，就有挂榫、子母榫、圆角榫、锁榫、锥榫、栓榫、燕尾榫等。同时还使用了镂孔的技术。更为称奇的是，曾侯乙墓的外棺还采用了铜质的框架，并预铸成不同的凹凸榫，然后再与木板相接合，这就更显牢固。这种青铜铸造工艺与木工艺相结合的方法，几乎不见于楚辖以外的地区，无疑这些技术都用于楚国的建筑了。

层台与累榭是楚人特有的建筑风格，层台的构筑只有通过其特殊的建筑技术才能实现，这就是夯筑与版筑。

夯筑即用杵将土打实，类似于今天用重型机械将土碾压结实。版筑即是在地上立两行立木柱，柱里放上木板，两木板之间填土，并用夯一层层打实，待土干后再撤去木柱和木板，这样就形成了笔直的墙体。墙的宽度可通过立柱来调节，墙的高度则是由一块块木板侧叠而成。如果撤掉木柱和木板，可在壁面上留下一道道板缝痕，考古工作者正是通过这些遗迹现象来判定其建筑工艺的。据《说文》记载，筑墙的版有长有短，长版称为“栽”，短版称为“揄”。栽是指墙两边的版，揄是指墙两挡头的版。楚国建筑中普遍采用了这一技术，考古发掘中所显示出的楚城墙、宫室基址以及墓葬都可以见到夯层和夯窝，在潜江龙湾大型楚层台建筑基址中不仅见到有清晰的版筑痕，还见有木板。楚人之所以广泛采用这一技术，是因为高台建筑只有通过夯筑和版筑才能实现。

夯筑和版筑的出现是人类历史上的一大发明。考古发掘表明，我国至迟在仰韶时代就已发明了这一技术。它是人类告别穴居，走向地面居住所必需的技术。这种技术不但可以提供坚固的房屋基址，而且可以就地取材，施工便捷，以至一直沿用至今。

楚人夯筑与版筑的使用极其广泛，经过发掘证实，楚南郢城墙的墙体就是用版筑筑成的，因墙体长而高，可以推知它是用众多的长版筑成，也即文献中的“栽”，近年来，在楚简中屡见有“栽郢”之称，这“栽郢”极有可能就是因以长版筑成的都城城墙而得名的，从大量遣策可知，楚人有以制作手段命名事物的惯例，这是从建筑技术的角度给我们的启示。

## 第四节 室外装饰

楚人的建筑具有南国风情，有着极高的装饰艺术价值。楚人的建筑虽未得以保存，但华丽的装饰却“保留”在众多的文献里。其中很多都出自楚人自己笔端的描述，集中体现的就是《楚辞》。虽然所见皆为王宫贵族的府第，但反映出的楚居室的装饰风貌仍是弥足珍贵的。楚人的室外装饰主要表现建筑的外部效果，最具特色的就是装饰宫室的台、垣、阶、墙体、门窗、屋面和檐柱等。

楚国建筑的台、阶、垣已使用了砖石镶嵌和木板包裹。《楚辞·离骚》和《天问》分别有“瑶台”和“璜台”。“瑶”和“璜”都是美玉名，这实指用大理石镶嵌的台和护栏，是赋兴手法使它们升华成了美玉。楚人的这种石材虽未被发现，但可以知道盛行于东周的砖雕镶嵌技术已被楚人普遍使用了。在楚郢都纪南城内就发现有花纹繁缛的壁画空心砖，这种砖专用于镶嵌墙面。木柱包裹技术已被考古发掘证实，在潜江龙湾楚国大型层台宫殿基址的上层台基上就有发现，其中东侧门不仅用厚木包装，就连外面的贝壳路的两侧也镶嵌有木板。不仅如此，上层台基的四周还采用了串梁，立柱后采用木板封闭，在基内填土夯实，从外表上看，俨然一座木构的台基。

宫殿的外墙用泥灰细抹，用泥灰细抹的技术在新石器时代的屈家岭文化就已使用，近年发掘的应城门板湾遗址房屋的墙壁就是用黄黏泥涂抹的。楚人已使用一种香椒泥，《九歌・湘夫人》中的“播芳椒兮成堂”一语，就是指房子的墙用掺有香椒的灰泥作粉饰。

门窗的装饰更讲究，因为门是建筑的关键部位，入室必经门。从考古发掘材料看，在战国时，楚国已有了比较完备的门，其形制与今天的门相同。整套结构分为两扇对开的门，门的上下还设有用于转动的斗和臼。其上为门楣，两边为门框，其下为门槛（也即限）。门上一般都透雕有棱格纹，并以红漆粉刷。《楚辞・招魂》：“网户朱缀，刻方连些。”“方连”就是将门透雕成四方连续的图案。这样既可保证房间的采光，又美化了建筑构件的外表。为了便于开门，门上还安装有金属的门环。南郢纪南城内的30号宫殿建筑基址就出土有一件铜环，与今天农村门上流行的门环大体相同，显然为宫门上的遗物。

装饰最为别致的是屋檐，《国语・楚语上》记楚国的伍举在谈到楚章华台的侈丽时说：“不闻其以土木之崇高彤镂为美。”“镂”是指刻桷，即雕刻的方椽，《招魂》：“仰观刻桷，画龙蛇些。”意思是说抬头观看，屋檐边的檐椽雕镂着各种花纹，彩绘着龙蛇。与椽饰相映成趣的是半圆瓦当和圆瓦当，不仅如此，在檐部还设立了檐沟，这檐沟即《楚辞》中的“绝霤”。檐沟的设立，不仅有外装饰效果，还使屋面的流水集中向一个方向排流，不至于四处溅落到屋檐下的平台上，充分显示了楚人在建筑中将外观装饰与实用有机结合的思想。

## 第五节 室内装潢

楚人既注重室外装饰，更注重室内装潢，从视觉上充分造就了一个宽敞高雅的空间氛围，这一思想延至数千年后的今天，人们仍在乐此不疲的创新和实践，足见中国传统文化植根之深，覆荫之广。

有关楚人的室内装潢大多见于《楚辞》，在一些楚人的遗址和墓葬中也依稀可辨。装潢的部位主要是房屋的顶、壁、地等。装潢材料除了竹、木、石、砖外，还用了当时最为华丽典雅的丝绸。不仅如此，还采用了多色颜料和壁画，充分展示了楚人的美学思想。

楚人室内的顶多用木板做成平顶，即相当于现代装潢中的吊顶。《楚辞・招魂》："经堂入奥，朱尘筵些。"这里的"尘"就是"承尘"，指室内的顶棚。"筵"有延续意，"朱"是形容词用如动词。这句话的意思是说，经过厅堂，进入室内，屋内的上面都是用红色涂刷的顶棚。这一装饰的目的在于使屋顶纵横交错的木构架不至于外露，形成空间平面的效果。楚人采用平顶装饰的技术在已发掘的楚墓中已展现得淋漓尽致，在一些大中小型楚墓中，绝大多数墓葬的椁室盖板下都铺有一层较薄的平板，考古称之为顶板或分板，顶板就是来源于地面建筑的室内平顶装饰。

与室内顶棚相比，楚人对内壁的装饰更讲究。

室内的壁面用椒泥粉平，《九歌・湘夫人》中的"播芳椒兮成堂"一语，指的就是用椒泥涂抹而成的"椒壁"。椒不仅可消恶除臭，而且还散发芬芳的气味，给人以清新之感。楚人对椒可谓是情有独钟。楚人既食椒，也佩戴椒，还以熏椒来散发香味，楚墓中大多随葬椒就足以证明了这一点，但以椒泥涂墙应是楚人的一大发明。

楚人室内的壁面还采用了华丽的丝绸来装饰形成帷幔。《楚辞・招魂》："翡帷翠帐，饰高堂些。"这是说室内用丝绸来饰壁。到楚庄王时还用了不同纹饰的丝织品——绨来饰壁。《列女传》中楚襄王的夫人自己也说："宫垣衣绨，人民无褐。"楚人以丝绸作壁饰在楚墓葬中也可得到证实。如一些楚墓椁室的四壁都钉有木楔，这楔就是用来张挂丝织的帷幔的。不仅如此，在一些楚墓的椁壁上还残留有丝织物，如长沙烈士公园3号楚墓外棺内壁的东西两挡板上就发现有装裱的壁绣，从其位置看，完全模仿了生前宫室的装潢。显然，楚墓张挂丝织物的装饰手法来源于地上建筑室内四壁挂丝织帷幔的装饰手法。除此之外，室内还有灵活分间的隔扇。《九歌·湘夫人》："擗蕙櫋兮既张。""櫋"即隔扇，这里说剖开蕙草做成隔扇。分间的目的是为了使人进入室内后有幽深曲折之感。

室内的壁面还采用壁画装饰，脍炙人口的《天问》就是发缘于楚别都宫庙殿堂中的壁画。《新序·杂事》记载楚叶公子高好龙的故事也反映室内绘有壁画。楚人擅长以壁画装饰室内，不仅反映在题材的广泛、画面的壮阔上，还反映在色彩的变化中，前者以《天问》为代表，后者则以品类繁多的彩绘漆器和帛画为旁证。据孙作云先生所作《天问》壁画复原图可知，画中不同人像至少出现有70位，怪物至少有15种之多，不同的景物至少18处，大型群像场景至少15幅。楚国的彩绘漆器已发现千件，据粗略统计，不同色号的彩绘漆器至少也在30种以上。楚国的壁画在楚墓中也有反映，江陵天星观1号楚墓椁室和曾侯乙墓内外棺上都发现有彩绘纹饰和图像，尽管其规模和题材远逊于《天问》所述的壁画，但从有限的平面空间中，我们仍能够窥见楚人对壁画装饰的嗜好来。

居室地面的装饰材料是多种多样的，主要有石、砖、木、席等。《九歌·东皇太一》所述的"瑶席兮玉瑱"中的"瑶"就是一种美玉，接近于大理石，这是以石铺地的例子，不过迄今还尚未发现。西周发明的砖一直用于铺地，在楚地得以延续，南郢内发现的空心砖既有装饰效果，又有防滑的功效，这是以砖铺地的例子。潜江龙湾1号台基南侧的建筑群及东侧耳房的地面不仅安装有地梁，在地梁上还铺木板，这是以木铺地的例子。至于以席铺地既见于诸多的文献，也被出土众多的竹席尤其是彩绘竹席的实物所证实。需要提到的是，楚人还有以贝壳铺地的例子。在潜江龙湾 1 号台基的东侧的南段门与门相对的中轴线上发现了一条用贝壳铺成的廊道，所用贝壳都经过精心挑选，并将贝壳面朝上，按人字形纹镶铺。以贝铺地还不见于他国，这种既精巧又高雅的装饰手段应为楚国所独创。

房屋的顶、四壁及地面构成建筑空间的六个面，是楚人居室装潢的主体，不同质地的装饰材料，色彩斑斓的图案交相辉映，置身于这样的居室，宛如进入金碧辉煌的殿堂。

## 第六节　室内陈设

楚国的室内陈设主要指生活用品的摆设，因为社会阶层不同，所以陈设自然有差异。不过从楚墓发掘看，楚国的室内陈设是有一定规律的，即按用途分置于各个不同的室中。

南北朝以前，室内还没有桌椅板凳，而是席地而坐，所以室内陈设最多的应是竹席。其实除坐外，楚人拜、卧，也离不开席，并用不同的名称加以区别。从包山 2 号楚墓遣策记载看，楚人的席有多种，即根据不同的需要和场合用不同的席。用于睡觉的称寝席，用于俾拜的称俾席，用于跪坐的称坐席等。这些席在制作工艺上有差异，同时也有大小之别，使用数量不同反映了等级的差别。过去我们只知道古人是席地而坐，坐席是专门用来跪坐的，古代的坐极其讲究，即坐时两膝着地，两脚的脚背朝下，臀部落在脚踵上。楚人的坐席就用于这种跪坐。这一坐式在大量的汉画像砖和画像石上可以得到证实。

古代的坐席严格按长幼尊卑排定。如果失礼就会受到尊长的谴责。楚国重礼，知道古代坐席的姿势，也有助于了解楚人的坐席礼。席子在堂中一般都要放正，即席的四边与堂和室的壁边要平行。

楚人的坐席还讲究方向。即坐西向东为最尊，其次为坐北向南，再次为坐南向北，坐东向西的位置最卑。

因室内的活动都在席上进行，且人体与席面直接接触，故而由外入室还必须脱鞋，以防室外的污泥带入室内弄脏衣服。在桌椅未出现以前，这一规矩一直都被严格遵守。

楚人的卧也比较清楚，在包山 2 号楚墓出土的一张折叠床上就放置有很多与卧相关的卧具，比较全面地反映了楚人的起居习俗。卧具的铺设：在床上先铺竹帘，次铺草席，再铺竹席，竹席之上铺所垫的丝绵被，垫被之上才铺盖的丝绵被。床上还另设用于垫头的竹枕，当然这只是冬季的一种卧法。从丝绵被的结构看，既有内絮丝绵的厚被，也有内无丝绵的夹被。显然，这是为了适应不同季节的需要而制成的不同被服，说明楚人已能根据不同季节的变化而变换卧具。至于夏季的卧法自然是直接卧席了。一些文献中见到的"卧席"并不是指一年四季都睡在席上。实际上，卧席指专用于铺在床上的一种席子，与床上的竹帘一样，其大小与床的长和宽相同，一年四季都铺在床上。这是包山楚墓床上的全套铺设给我们的启示。

竹席上一般摆设几和案，几在古文献中又写作"机"，几为木质，但不高，形似今天的长条小板凳。楚墓中所见的几有两种，一种是平板几，类似于高足案，但比高足案窄（图 5-6）；一种是立板几，即两边有高出的两块挡板，类似今天的一层书架（图 5-7）。两种几在使用上有区别，平板几的主要用途是坐时凭倚休息的。《诗经 · 大雅 · 公刘》："俾筵俾几，既登乃依。"意思是说给宾客设好席和几，使客人登上筵席，靠在几上。立板几可能用于置物。需要提到的是，楚墓中的平板几

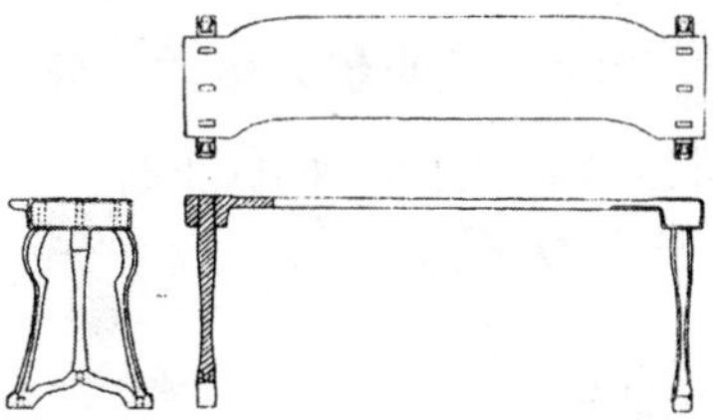

图 5-6　包山 2 号楚墓出土的平板几示意图

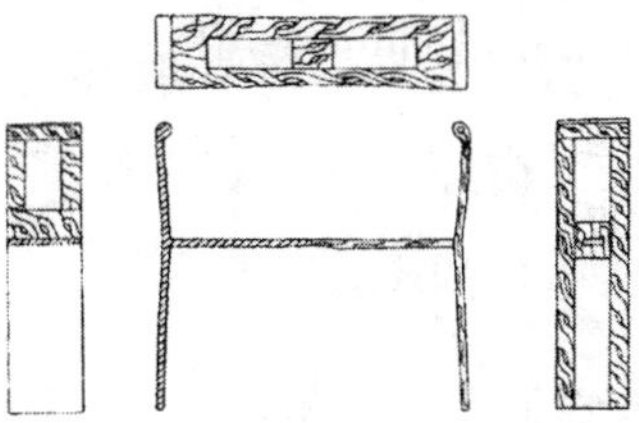

图 5-7　包山 2 号楚墓出土的立板几示意图

多制成微弧形或微弧面，板面的高度位置正当人跪坐时的胸部，这样凭倚时更舒适。这种结构用今天的话来说，就是符合人体工程学。

室内陈设除几外，还有各种案，所以古代几和案常连言。楚墓中常有大量的几和案的实物出土，说明几、案是楚人必备的家具。

堂上还设有俎，俎除用于切肉外，也用于祭祀。楚人重鬼信祀，上下阶层，都行祭祀之礼，甚至还有日享月祭之风，俎也是楚人必备的家具。从考古发掘看，楚墓的祭品一般都放在头厢，当是俎陈设于堂的依据。

楚人的寝内还陈设有床，楚床是用于卧的，而不是用于坐的。这与后来文献中所见的“坐床”有别。《左传·宣公十五年》记宋国的大夫华元夜入楚国的军中，登上了楚帅子反的床，子反“起之”，虽然句中没有直言子反是睡的姿势，但从“起之”中就可知道子反原是睡着的。楚床的实物目前已发现两张，分别见于信阳楚墓和包山楚墓，十分巧合的是，两张床的长宽基本相同，不同的是，包山楚墓出土的一张床是折叠床。折叠床由床身、床栏和床屉三部分组成，床身是由两个完全相同的方形框架拼合而成，每半边床分别由床挡、床枋、横撑等组成。各构件分别由榫卯、活动木轴和钩状栓钉固定。其折叠方法是，先略向上提起安卯孔中的中横撑，使钩状栓钉脱出，将两方框松开并取下中横撑，然后将短连枋铰的一段床枋先内折，再将另一床枋内折靠拢。折叠后的床长 137 厘米，宽仅 15 厘米，实际上折叠后的长度就是原来床的宽度。这种床是为了节省㨰室空间而精心设计的，体现了楚人充分利用居室空间而陈设物品的高超技艺。

庖厨内的陈设主要是灶具和炊食用品，从楚墓的发掘资料看，礼器、食器以及兵器等一般都是分类分组放置的，说明楚人生前对物品的陈设极其讲究，这一点在很多楚墓中都可以找到比较明晰的证据。

# 第六章　墓葬礼俗名物篇

## 第一节　导论

中国自古就是一个重礼的国家，大凡生死嫁娶等人生大事，都要依礼行事。礼不仅是具体的礼节仪式，还包括一系列的规章制度、行为准则和思想观念，故礼的范围极其广泛。由于社会的变迁，朝代的更替，各代统治阶层对礼制进行了符合当时统治阶层利益的修订和完善，各个朝代的礼又不尽相同，所以，礼又与社会和文化的发展演变有着密切的关系。在古代，周代的礼仪较为完备，可以说是中国古代礼制的源头。根据传世文献《周礼》一书，礼可划分为吉礼、凶礼、军礼、宾礼、嘉礼五类，称之为五礼。其实，周代的“五礼”不仅是社会生活中的规定和仪式，还包括国家政治上的制度等。由于古代法律、官制之间没有明确的区别，所以，许多政治、法律方面的规定也都与礼的内容相重合。故章太炎在《检论》一书中说：“礼者，法度之通名，大别则官制、刑法、仪式是也。”

楚国作为周代的一个方国，也是一个重礼的国家，考古发掘证实，如凶礼中的丧葬制度、用鼎制度、棺椁制度以及饰棺制度等大多与周礼相同，但在部分内容中又有着自己的特色。有关楚国的礼制及礼俗的情况我们虽不能完整地勾勒，但从部分考古出土的楚文物及简牍中可略窥其一斑。

丧归是先秦礼制的范畴之一。“归”即馈赠，即生者向死者馈赠物品，它屡见诸文献并有具体的内容和严格的规定。从两周有铭铜器看，有相当一部分铜器属丧归之器，因此，丧归制度至迟在西周已成定制，东周以后仍流传不绝。据《左传·隐公元年》载："天子七月而葬，同轨毕至，诸侯五月，同盟至，大夫三月，同位至，士逾月，外姻至。"又《左传·昭公三年》载："君薨，大夫吊，卿共葬事；夫人，士吊，大夫送葬。"由此可见，死者因身份不同，参加丧归的应各有其序。需要指出的是，由于受礼制的制约，丧归制度在各诸侯国之间并不因战争而失序，即使两国日寻干戈，构怨交恶，也不废丧纪。据《左传》记载，齐国曾一再攻打鲁国，但齐孝公死后，鲁君仍去吊赠。[①]楚国多次攻打郑国，楚康王死后，郑伯仍送葬到楚都西门之外。[②]

据史记载，丧归具有送死与佐生两种功效，据馈赠物品的不同，大体可分为"赗""赙""襚""含""赠"。《说苑·修文》："舆马曰赗，货财曰赙，衣被曰襚，口实曰含，玩好曰赠。知生者赙、赗，知死者赠、襚，赠、襚所以送死者，赙、赗所以佐生也。"《仪礼·既夕礼》《荀子·大略篇》《公羊传》《穀梁传》《白虎通·崩薨篇》《太平御览》卷五百五十引《春秋说题辞》等记载丧归的内容与此大体相同。除《穀梁传》郑注《少仪》及《既夕礼》谓"赗"是"主于死者"或"奠于死生两施"外，其余记载内容大多相同。先秦的丧归物品划分是否全面，已不得而知，但《春秋》及三传皆散见有"赗""赙""襚""含""赠"的记载，说明它们应是有区别的。但丧归物品也皆可称之为"币"。[③]

先秦的丧归制度虽屡见于文献记载，但由于记载极其简略，有的甚至略而不记，以致我们缺乏对其系统的认识和归纳。仅楚国而言，是否也实行这一制度？虽从文献记载可略窥一斑，但仍不能得到让人信服的答案。近年来大量楚墓材料面世，一批批楚国简牍材料出土，这为我们探寻楚国的丧归制度提供了重要的线索。

楚国在东周时期属诸侯国之一，尽管其以蛮夷自居，但仍是一个尊礼重祀的国家。从已发掘的数以千计的楚墓来看，无论从棺椁制度、用

---

① 见《左传·僖公二十七年》。
② 见《左传·襄公二十九年》。
③ 见《左传·文公八年》："穆伯人周吊丧，不至，以币奔吕，从己氏焉。"

鼎制度，还是从饰棺制度，大多与周礼相同。作为礼制之一的丧归制度，楚亦当从周制。事实上，在文献中也有关于楚国丧归情况的记载。

据《左传·襄公二十九年》载，楚康王死后，鲁、陈、郑、许等国的君王皆参与会葬并送柩于楚都的西门之外，同时其他诸侯国的大夫皆送至于墓。这是经传中记载楚王丧最为详尽和隆重的一次。毫无疑问，凡参与送葬的必行丧归之礼。这从“祓殡而襚，则布币也”一语中可以得到证实，其中的“布币”当指陈列的丧祭物品，无疑也包括他国送的丧归物品。需要说明的是，人死必须先“赴”，亦即“发丧”，然后才能吊赠。从经传记载看，对于楚君王之死的记载极其简略，有的虽然书有赴，但极少言会葬情况，如楚武王卒于伐随的征途中，仅记“济汉而后发丧”[①]，但未言丧归情况。楚文王卒于伐黄的归途，仅记“鬻拳葬诸夕室”。楚郏敖被公子围缢死后，仅讣告于郑国，参与会葬楚郏敖的也仅有郑国的游吉。[②]上述诸例皆可说明楚国有丧归之礼。

丧归可以看作是国与国之间的一种礼尚往来，恰如所谓“有来无往非礼也”。他国对楚国的丧事奉之以礼，楚国则对他国的凶事理当报之以节。遗憾的是，一般对各诸侯王的丧事记载都极其简略，因此我们从文献中很难看到楚国对他国行丧归之礼的情况，但考古发掘材料却为我们弥补了这一不足。

1978 年，考古工作者在随州擂鼓墩发掘了一座战国曾侯乙墓，在墓内中室出土了一套令世人叹为观止的青铜编钟，其中的一件镈钟是楚王熊章（楚惠王）五十六年（前 433）专为曾侯乙铸造的，[③]显然当为一件丧归之器。“曾”即文献中的随国，此时的随国虽已成为楚国的附庸，但楚国仍以诸侯之礼送丧归物品，足见曾楚两国关系非同一般。

值得一提的是，编钟形制、乐律及铭纹的研究表明，楚惠王为曾侯乙所作的镈钟与曾侯乙编钟无关，它是在下葬时硬塞进去的，并且挤掉

① 见《左传·庄公四年》。

② 见《左传·昭公元年》。

③ 谭维四 . 曾侯乙墓 [M]. 北京：文物出版社，1989.

了原有的一件曾侯乙钟，即现在挂镈钟的位置原应是现在镈钟左边的一件钟，下葬时为了挂楚王镈钟只得将原钟一件件向左依次移动。因为受钟架空间的限制，当挪动到最后一件大钟就没有位置了，只得摘下原有的一件钟。足见曾国对楚王送的丧归物品极为重视。需要说明的是，在宋代，湖北安陆曾出土过两件铭文与之相同的铜钟。据此，人们推论楚惠王应为曾侯乙铸造了整套编钟。① 这一推论是十分正确的，事实上，楚惠王为曾侯乙吊丧馈赠的编钟应为曾侯乙宗庙祭祀之用，这从镈钟铭文本身“作曾侯乙宗彝，奠之于西阳，其永持用享”一语中得到答案。入殓者在曾侯乙入葬时为了表示对楚王丧归的欣喜，摘了一件楚钟葬于墓内，由此，我们可进一步推断，楚王镈钟及缺少的一件曾钟还有可能会重现于世。

古代群公及夫人死皆立有宗庙，或称宫，或称庙，或称要祧。然宗庙祭祀必当有八音具备的乐具。春秋时鲁惠公夫人仲子死后隐公曾为她建宫。《左传・隐公五年》载：“九月，考仲子之宫，将万焉，公问羽数于众仲。对曰：‘天子用八，诸侯用六，大夫四，士二，夫舞，所以节八音而行八风，故自八以下。’公从之。于是，初献六羽，始用六佾也。”万舞分文舞和武舞，是一种用于宗庙祭祀的乐舞，于史多见。《诗经・商颂・那》中的“万舞有奕”就是用于祭祀成汤的舞，《诗经・商颂・闷宫》中有“边豆大房，万舞洋洋”就是用来祭祀周公。楚国也行万舞，《左传・庄公二十八年》载：“楚令尹子元欲蛊文夫人，为馆于其宫侧，而振万焉。”显而易见，祭祀于庙的万舞当离不开钟。

我们从上述文献和考古发掘材料中约略洞悉楚国丧归的情况，对于楚王室而言，以钟作丧归物品应是当时的最高礼节。事实上，楚王的丧归物品并不局限于钟，还有车马之乘，发掘的曾侯乙墓已证实了这一点。楚国上层贵族也应存在着丧归制度，并且依等级的不同所归物品应存在着差异。如果说上述推论似有臆断之嫌，那么，当我们回顾一些典

① 黄锡全．湖北出土商周文字辑证 [M]. 武汉：武汉大学出版社，1992.

型楚墓的简牍材料即有俯首唯诺之感。

仍以曾侯乙墓为例，在该墓北室出土了240枚竹简，其中详细记录了参与曾侯乙葬仪而赗赠的车马器。竹简不仅载明了丧归物品的赠者，而且还详尽描述了车马器的名称、装饰和装备，这对研究楚国的丧归制度有着重要的价值，因为参与丧归的大多是楚国的王公贵族，其中主要有王、太子、令尹、鲁阳公、阳城君、平夜君、养君等。在赠送的车马器中，仅车名就达四十余种，以数量而论多达69辆（包括自备车43辆），足见一支庞大的丧葬队伍行进于曾侯乙的归泉之途。由竹简可知，这些丧归物品的数量及质量有区别，如有的车马俱赠，有的仅赠马；从物品的分类上看，主要为车马器和兵器。于是可知，在楚国上层贵族的丧归物品中，楚王以钟和车乘为主，而楚国的邑君则只赠车马，亦即文献中的"赗"，所谓的"赙""襚""含""赠"之礼似不在诸侯级的丧归中通行。曾侯乙的口中虽有"含"，但所含之物并非他人所赠。

天星观1号楚墓也是一座楚国高等贵族墓葬，墓主为番乘，官至楚国的封君。[①] 虽然墓葬被盗，但墓葬的规模与规格及随葬品的种类和数量都远逊于曾侯乙墓。与之规格相当的还有信阳长台关楚墓，[②] 从棺椁及用鼎制度推断，这类墓葬的规格应低于诸侯而高于士，当为上卿之列，因此它代表了楚国高级贵族的丧葬制度。由于信阳长台关楚墓被破坏，保存较差，其中2号墓未见遣策。1号墓虽有遣策，但残断过甚，可能还有缺佚，殊难论定。天星观1号楚墓出土了一批同曾侯乙墓一样的赗赠遣策，这对于探讨楚国高级贵族墓葬的丧归制度十分重要。从天星观楚简看，参与会葬的楚国官员有集脰尹、集精尹、集墨尹、宰尹、阳令和小司马世讵等。由于受发材料的限制，我们无法对他们馈赠的车马兵器的数量作准确统计，但其参与人和丧归物品的数量都明显要少于曾侯乙墓。其中未见楚王的丧归品。因此可知，楚王似不送丧归品

① 湖北省荆州地区博物馆．江陵天星观1号楚墓[J]．考古学报，1982（1）．

② 河南省文物研究所．信阳楚墓[M]．北京：文物出版社，1986．

到楚国高层贵族墓葬中，而相应官阶的官员应参与会葬。丧归物品仍然以车马兵器的“赗”为主。需要提及的是，河南淅川下寺楚墓群无疑也应属楚国的高层贵族墓地，其中的2号墓由铜器铭文判定为楚令尹子庚墓①，由于受土质的影响，北方楚墓虽无简牍保存，但墓葬的一些迹象仍能说明问题。仅子庚墓而言，在它的西部发现了一座大型车马坑，坑内葬车7乘、马19匹。另外的8号墓、10号墓、36号墓也分别发现有各自的车马坑，显然，这些遗存自当与“赗”有关，这就更进一步地证明了我们的上述推断。

包山楚墓是近年来发掘的又一重要楚墓，其中2号墓的墓主为邵舵。官至左尹，主管楚国的司法。从爵位上看应低于上卿，为大夫级。②因此该墓可视作是探讨楚大夫级丧归制度的典型墓葬。从该墓遣策看，随葬物品丰富，但没有像曾侯乙墓和天星观楚墓那样有众多的楚国高层贵族参与会葬和赗赠的记载，竹简虽也记有装饰考究的五车入葬，但大多是自备的车，唯有一辆正车是他人所“受”。如果把同墓出土的一件书有“鄗公”的马甲也看做是赗赠的物品，那么，为邵舵行丧赗的仅两人。当然，同墓葬的277号竹简也记有苛郙助赠的一些物品。从物品的质地看，皆为铜器、漆木器和丝织品，显然当属文献中的“赙”“襚”之类。由此可知，在楚国大夫级丧归制度中，以车马兵器为主的“赗”虽然存在，但不是主流，丧归物品应是以货材和衣被为主的“赙”和“襚”，参与会葬对象的职官应不高于左尹。

望山1、2号墓也是迄今为止发掘的一批较重要的楚墓，因为它代表了楚国又一阶层的丧葬制度，其中1号墓墓主为昭固③，2号墓墓主虽未见有确切的记载，但两墓规格相当，明显低于包山2号楚墓，应属大夫至士一级的墓葬。望山1号墓虽没有发现遣策，但望山2号墓出土较多的遣策。为我们推定楚国上大夫至士一级的丧归制度提供了依据。从

① 河南省文物研究所等．淅川下寺春秋楚墓[M]．北京：文物出版社，1991．
② 湖北省荆沙铁路考古队．包山楚墓[M]．北京：文物出版社，1991．
③ 湖北省文物考古研究所．江陵望山沙冢楚墓[M]．北京：文物出版社，1996．

遣策记载看，望山 2 号墓共随葬有三乘车，其中一乘车名无考，另两乘分别为归人之乘和田猎之车。简文皆明确记为自备之车。但简文也记有长王孙和奉阳公参与助丧，遗憾的是因竹简残断过甚，无法与简文的具体物品相连缀，从遣策内容看，所记衣衾和丝织物最多，他们赠送的丧归之物亦当大抵为衣衾之属。长沙仰天湖楚墓亦当为士一级的墓葬[①]，其中的遣策可明显看出赠品大多为衣服。如“邡阳公一纺衣……”“何马之疏衣……”等。由此我们可以看出，楚国士一级丧归物品无车马之乘的“赗”，以衣衾的“襚”为主。

需要提及的是江陵马山 1 号楚墓，该墓葬制显当为士一级的墓葬，墓中亦无车马之乘，但出土衣衾多达 35 件，号为“丝绸宝库”[②]。墓中虽未见遣策，但在 8–3A 的一件竹笥上系一竹签，其上墨书“縶以一緅衣见于君”八字。其中的首字当为人名，“緅衣”即绸衣，“见”有助赠之意，相当于包山楚简中的“受”字，“君”是对女性死者的一种称谓，春秋时鲁隐公之母声子死后也称君[③]。而该墓墓主正是一位女性，竹笥内也正置一件丝织衣物。从墨书行文格式及称谓看，皆与其他遣策记录不同，可能是吊赠者本人书写好后送给死者的。这又可作为楚国士类墓葬的丧归物品以“襚”为主的一个重要旁证材料。

遣策是我们研究古代丧归制度的重要依据。据《仪礼·既夕礼》记载，在行葬之前，迁柩于祖庙后，都要在中堂陈列丧归物品以行荐祀之礼。有些物品不一定会入墓。考古发掘材料也证明，随葬品与实物也有相抵牾的例子，但由于所赠物品都必须“书遣于册”“书赗于方”。然而，过去大都认为遣策记载赗赠的物品，事实上，若干楚国简牍材料都证明无论是馈赠还是自备物品皆收于册上。故此，简牍材料反映的丧归情况应与实际大体相同。

上述撮要列举的一些典型楚墓材料，墓主身份不同，墓葬等差明

① 史树青 . 长沙仰天湖出土楚简研究 [M]. 上海：群联出版社，1955.

② 湖北省荆州地区博物馆 . 江陵马山一号楚墓 [M]. 北京：文物出版社，1985.

③ 见《春秋·隐公三年》。

显，更重要的是大多有确切的文字记载。通过排列，丧归物品也因等级的不同而存在着较大的差异。这些都说明楚国存在着丧归制度。而简牍材料揭示的丧归物品大多是文献中所谓的“赗”“赙”和“襚”等，而“赗”不仅指车马，它还包括兵器和马具。至于楚国在各阶层的墓葬中是否存在着“含”“赠”之礼，受材料的限制，尚待进一步研究。不过，从文献记载看，在各阶层墓葬中似应兼而有之。[①]

先秦的丧葬制度极其庞杂和纷繁，并不是每一个葬礼都依礼而行。仅死者的葬期而言，按礼节所载皆有明确的规定，但考之《春秋》与《左传》，有的因兵事、或国难、或忌日皆不能如期而葬。又以丧归中的“襚”而言，有的人死十年后才致以“襚”[②]，事实上，在楚国丧归制度中也有很多变异之处。按三礼所记，大夫死，君必吊或致襚，然就楚国而言，楚王似不行此礼，迄今为止，在已面世的楚国各类等级的墓葬材料中，还不足以说明楚王对其臣属行丧归之礼。再则，在各阶层的墓葬材料中，相应职官并不全都参与同等爵位的丧归。如楚国封君番乘墓，参与会葬的封君并不多，这可能与不全都讣告有关。不讣在古籍中多见。然高等爵位的人死后参与会葬的人不多的例子也有，如楚郏敖死后，前来会葬的仅郑国。曾侯乙墓属诸侯爵位，楚王及众多的楚王公贵族参与会葬，但未见他国的使臣参与，唯有“宋司城”和“宋客”赠曾侯乙马匹，但这并不能肯定他们就是宋国的代表。这种现象也可能与不讣告他国有关。另外，一些与墓主身份不尽相同的人也行丧归礼，这也不合史载的“同盟”和“同位”，如番乘墓就有“番之里人”和宋峼助赠的物品。在望山2号墓和仰天湖楚墓还分别有“奉阳公”和“邧阳公”，这显然与墓主身份不一致。由此看来，楚国的丧归制度既有与礼制相吻合的地方，在实际运作中也有与礼制不相同的一些特例。

① 见《春秋·文公五年》：“王使荣叔归含且赗。”

② 见《左传·文公九年》。

## 第二节　椁外铜戈与《周礼》中的“戈击方良”

清理包山2号楚墓时，在位于椁室盖板的东南部，紧贴椁室盖板的一侧放置了一件带柲铜戈，戈全长0.94米，戈头朝北，戈樽与椁盖板南端平齐，显系有意识的放置。[①] 在过去发掘的楚墓中少见这一迹象。[②]

戈头为铜质，戈表面布满铸造时遗留下的不规则花纹。该戈为单戈，柲及樽均为木质，通体素面。整戈制作轻捷，短小精悍。从已发掘的楚墓来看，随葬品大多置于椁内和棺内，而该戈却置于椁室盖板之上，当不属于墓葬的随葬品之列。就同墓所出的戈、矛、殳等兵器看，全部随葬于椁室内南室之中，其长度也都在1.50米以上，最长4.172米，并且大部分兵器的柲部都缚有雉鸡羽毛，而该戈无论在长度还是在装饰上与南室随葬的兵器相比都逊色很多，显然与为墓主专备的实用兵器有别。

铜戈既非随葬品，却又放置于椁外，其中必有其意义，笔者认为，它与古代的丧葬礼俗有关。

戈在古代除了是普遍用于征战、重创敌方的实用兵器外，也是丧葬时专门用于祛除疫疠恶鬼的得力武器，而执掌后者戈的只能是方相氏。据《周礼·夏官》所载：“方相氏掌蒙熊皮，黄金四目，玄衣朱裳，执戈扬盾，率百隶而时难，以索室驱疫。大丧、先柩及墓，入圹，以戈击四隅，驱方良。”于此可见，方相氏在驱赶方良时用的是戈。

方相本身就与丧葬有关，起源于传说的黄帝时代，据《事物纪原》引《轩辕本纪》曰：“帝周游时，元妃嫘祖死于道，令次妃嫫母监护，因置方相，亦曰防丧。”周时并专设其职，人死之后，“故葬家以方相先驰”。[③] 方相可能就是防丧的音转或意讳。

方良是传说里的地中之凶煞，又称罔或魍魉，《周礼·夏官·方相

① 湖北省荆沙铁路考古队等，荆门市包山楚墓发掘简报[J]. 文物，1988（5）.
② 此迹象在该墓的发掘简报中未作报道，仅为笔者参加发掘时所见。
③ 高承. 事物纪原[M]. 卷九 . 北京：中华书局，1989：482.

氏》下注："方良，罔两也。"在古代，人死之后，必掘地为圹而安葬，由此，古人认为掘地必惊方良，而方良又专食亡者的肝脑。为保护死者的安宁，须得由专门的职掌方相氏作为先驱，入葬前后在墓圹的四周执戈扬盾，以击死方良，驱恶避邪。因此包山 2 号楚墓椁外的铜戈当为方相氏驱逐方良后的遗物。

楚国崇巫风，尚鬼祀，在楚辖境内，上自中庭，下至乡僻，无不蔚然成风，相关记载在文献中俯拾即是，更能说明问题的是，在迄今发掘的一些大中型墓中，如江陵天星观 1 号楚墓①、江陵望山楚墓②以及属于楚系的随县曾侯乙墓③，都有可观的祷告鬼神的简文，就包山 2 号楚墓本身而言，仅卜巫祭祷简就有二十余组④。从文献和简牍中，我们不难发现楚人在大到戎事修备小到疾病出行都要祷告鬼神。在这种氛围中，楚人相信在丧葬时地下存在着一种看不见的土怪方良就不足为奇了。

包山 2 号楚墓不仅存在着戈击方良的葬俗，从该墓中还可以看到方良的化身，这化身就是墓坑底部中间腰坑中随葬的一只整羊。巧的是，方良在一些典籍如《韩非子》《吕览》中称"商羊"或"常羊"，有些古籍里也称作"坟羊""夷羊"或"冥羊"⑤。《国语・鲁语下》："土之怪曰坟羊。"高诱注："坟羊，土之精也。"《广雅・释天》："土神谓之坟羊。"这种土神常见于郊野之地，《国语・周语》高诱注："夷羊土神，殷之将亡，见于商郊牧野之地。"土神方良确是一种酷似羊的怪兽，其形象我们还可以从长沙马王堆西汉帛画中得到启示。⑥这幅帛画的画面依其内容的不同分天界、人界和地界三部分，值得注意的是，在代表地界底层画面的两条巨鳌的尾端，各立一只羊角怪兽，显然，这怪兽就是

① 湖北荆州地区博物馆．江陵天星观 1 号楚墓 [J]. 考古学报，1982（1）.
② 湖北省文化局文物工作队．湖北江陵三座楚墓出土大批重要文物 [J]. 文物，1966（5）.
③ 随县擂鼓墩一号墓考古发掘队．湖北随县曾侯乙墓发掘简报 [J]. 文物，1979（7）.
④ 包山墓地竹简整理小组．包山 2 号墓竹简概述 [J]. 文物，1988（5）.
⑤ 何新．诸神的起源 [M]. 上海：三联书店，1986.
⑥ 湖南省博物馆．长沙马王堆一号汉墓发掘简报 [M]. 北京：文物出版社，1972.

方良形象的写实。

一个需要辨明的问题是，在殷周的一些墓葬中，腰坑多见，并且坑内也有葬人或猪、狗等别的牲畜。毋庸讳言，所葬牺牲都是为了祭祀。我们认为，腰坑中无论随葬什么动物，大抵都是土怪方良的替身。因为，方良毕竟是无形的，方相氏在墓圹中戈击方良后，必当以有形的动物来作表征，以示祭墓，而以羊来表征方良当更为接近人们想象中的形体。

如果说上述推论还不足以说明问题的话，那么，我们还可以从旁征的文献材料中得到更为明晰的启示。据《国语·鲁语下》所载："季桓子穿井如获土缶，其中有羊焉，使问之仲尼曰：'吾穿井而获狗，何也？'对曰：'以丘之所闻，羊也。丘闻之：木石之怪曰夔、蝄蜽；水之怪曰龙、罔象；土之怪曰坟羊。'"[①] 从这一记载可以看出古人穿土掘井也曾发现土中葬羊，尽管没有载明是否属于墓葬，但藏之于地中的羊喻以土怪方良当无疑问。

1978年，考古工作者在湖北随州市西北郊发掘了曾侯乙墓，在东室主棺内棺的头端及两侧的窗格纹两旁，绘有形态各异的操戈神兽武士[②]。操戈神兽武士，有人释为"土伯"[③]，有人释为"方相氏"[④]，也有人驳其两说，主为"开明兽"[⑤]。三说虽各有依据，但如果从当时的丧葬礼俗及其信仰范畴内去考察和解释墓葬中的遗存与现象，当更具说服力。我们认为，曾侯乙墓主棺内棺上的操戈神兽武士实际上就是《周礼·夏官》中"率百隶而时难""执戈扬盾"的方相氏，这虽与包山2号楚墓的椁外铜戈表现形式不同，但寄寓的含意一样，都是为了驱恶避邪。

---

① 《国语》明道本作"羵羊"。
② 随县擂鼓墩一号墓考古发掘队.湖北随县曾侯乙墓发掘简报[J].文物，1979（7）.
③ 汤炳正.曾侯乙墓的棺画与《招魂》中的"土伯"[J].社会科学战线，1982（3）.
④ 祝建华，汤池.曾侯墓漆画初探[J].美术研究，1980（2）.
⑤ 郭德维.曾侯乙墓主内棺花纹图案略析[J].江汉考古，1989（2）.

先秦丧葬中戈击方良的礼俗不仅存在于楚地，还见于异邦，这从考古发掘的材料中也可证明。

1957 年，考古工作者在位于河南省三门峡市的上村岭发掘了一处两周之际的虢国墓地，在发掘的 234 座墓葬中，绝大多数墓葬的椁盖和棺盖上都放有为数不等的石戈、骨戈和蚌戈。① 这些戈显然非实用武器，报告的编写者认为，这些戈是“具有宗教意义的象征性武器”，其说至为精当。我们认为，这些戈实际上也与方相氏击戈方良相关。值得一提的是，把戈放置于死者的葬具之外，与包山 2 号楚墓有着惊人的相似。在同一时期，同一属国的墓地中，绝大多数墓葬的葬具外都放置戈，成为该墓地的一大特色。以此而论，如果没有戈击方良的葬仪，是不会有此共性的。

1986 年秋，考古工作者在北京琉璃河燕国墓地发掘了一座大墓，该墓虽然被盗，但在该墓墓室的东南角也发现了两件铜戈。② 对于这一现象，该文虽未详细介绍其性质，但与包山 2 号楚墓相比，戈的放置方位极为相似，这并非是巧合，似也与方良有关。

值得一提的是，在兼有楚制的汉文化中也可见到方相的图像。马王堆汉墓出土了众所周知的“T”字形帛画和《导引图》绢画③，在长 45 厘米、宽 43.5 厘米的细绢上分上中下三层彩墨画，有不同的天神和地祇，其中在中层的左端绘有一操戈神人，头呈双重鹿角状，巨眼圆睁。两腮作八字胡，满身饰鳞甲，赤足作侧立状。该图像与曾侯乙墓棺画上方相极为相似，应为方相无疑。除了神祇图像外，在该绢的右端自上而下书有通栏文字一行，其语意大体为祝由禁语，该图显然是祛恶避邪之物。由此看来，汉代的丧葬也是盛行戈击方良的礼俗的。④ 这说明楚国

① 中国科学院考古研究所 . 上村岭虢国墓地 [M]. 北京：科学出版社，1959.

② 中国社会科学院考古研究所，北京市文物研究所琉璃河考古队 . 北京琉璃河 1193 号大墓发掘简报 [J]. 考古，1990（1）.

③ 周世荣 . 马王堆汉墓的“神祇图”帛画 [J]. 考古，1990（10）.

④ 见《续汉书 · 礼仪志 · 大傩篇》《续汉书 · 礼仪志 · 大丧篇》《太平御览》五五二引蔡质《汉官仪》。

戈击方良的礼俗被后来的汉文化传承，不同的是方相已演变为祛恶避邪的神祇。

在发掘的先秦墓葬中，尤其是楚墓中，戈击方良的礼俗迹象还不多见，但我们绝不因此而否定这种礼俗在当时的存在和风行。从上述诸例中可以看出，在地域相遥、国别相异的情况下，在两周之世乃至汉代的绘画中都可以见到这种礼俗的遗痕。因此，我们可以得出以下结论：《周礼》所记载的“戈击方良”的史实是可信的，楚国也存在着戈击方良的礼俗。

## 第三节　凤鸟双联杯与《仪礼》中的三酳合卺

包山 2 号楚墓不仅因保存完好而引人瞩目，还以出土文物之精美而蜚声学坛。在数以千计的出土文物中，彩绘凤鸟双联杯当首屈一指，为迄今已面世的数以万计的楚文物中所仅见。

凤鸟双联杯出于 2 号墓东室，全器做成一站立的凤鸟负双杯状，前端为头颈，后端为尾翼。在凤鸟的腹部左右并列两个筒形杯。双翼雕刻两杯的前部，成展开状，似在振翅欲飞。凤鸟鸟头高昂，目视前方，啄衔一黑漆底绘有红黄相间的圆环纹珠，扁长尾微上翘。鸟头、颈、身和尾部遍刻象征羽毛的鳞头纹。通体除尾翼底部为红色外，余皆为黑漆底，并用红、黄和金三色漆绘圆圈纹、卷云纹、点纹等。鸟头和身部嵌有银色宝石八颗，其排列为顶上一、颈两侧各一、两翼各二、下胸部一。两杯形制相同，直壁平底。腹壁相连处有一贯通的圆孔。杯内髹红漆，杯口绘黄色卷云纹，杯外壁上口及近底处一段用黄、红色相间绘波浪纹，杯外壁中部用黑色绘有相互盘绕的双龙，龙头伸向两杯相连处，龙身加绘双金色龙纹和红黄色的圆圈纹。龙纹外的空白处填红色，绘黄色云纹。杯底髹黑漆，以红色分别绘蟠龙，两杯底外侧各接一雏形鸟足。鸟双翅上展，双足蜷曲，作飞翔状，黑漆底上用红、黄和金三色绘圈纹和线纹等。全器长 17 厘米、宽 14.4 厘米、高 9.2 厘米，杯口径 7 厘米。

凤鸟双联杯制作考究，当属用器无疑，但从华丽的装饰和精湛的纹绘中看，又非同一般的用器。值得注意的是，两杯并列，复合为一，杯体内有圆孔相通，似当为双人相对共饮之器。

双人共饮之器，在古代称之为“卺”，是古代婚礼仪式上夫妇实施三酳仪礼的饮器。据《仪礼·士昏礼》记载，夫妇结婚时需“实四爵合卺”，即“初酳”“三酳用卺”的“合卺”仪式。《礼记·昏义》也有“妇至，婿揖妇以入，共牢而食，合卺而酳，所以合体同尊卑，以亲之也”的记载。

关于合卺而酳的用器——“卺”的形制怎样，由于年湮代远，已不得而知，根据《礼记·昏义》的记载，只知道是一种合体用具。于是，后人曾对此作过种种推测和考释，东汉郑玄在《礼记·昏义》注中曾解释为“破瓢为卺也”。孔颖达疏：“谓半瓢，以一瓠分为两瓢，谓之卺，壻之与妇各执一片以酳，故云合卺而酳。”郑玄、阮谌在《三礼图》中也曾考释为：“合卺，破匏为之，以线连柄端，其制一周匏爵。”《礼记集说》注也说：“共牢则不异牲，合卺则不异爵，合卺有合体之意，共牢有同尊卑之意。体合则尊卑同，同尊卑则相亲而不相离也。”[①] 从上述的记载和注疏中，我们可以看出，婚礼上的合卺用器是两个形制相同的复合饮器，这一点是毋庸置疑的，但汉唐儒学家所谓的这种剖葫芦为合卺的简单形制，未必可信。

到了明代，一些古玩鉴赏家收集了大量的古董，也不乏有传世的复合饮器面世，其形制之考究，令时人赞誉，并在他们的著述中将此器命名为合卺。我们现在虽不能见到实物，但从著述中仍可窥见其形制。胡应麟《甲乙剩言》记：“都下有高邮守杨君家藏合卺玉杯一器。此杯形制奇怪，以两杯对峙。中通一道，使酒过两杯之间承以威凤，凤立于蹲兽之上。高不过三寸许耳。其玉温润而多古色。至碾琢之工，无毫发遗

① 陈澔 . 礼记集说 [M]. 上海：上海古籍出版社，1987.

1. 包山 2 号楚墓出土　2. 淮阴高庄战国墓出土
3. 曾侯乙墓出土　4. 郑州大河村遗址出土
5. 甘肃冯家坪出土（齐家文化）　6. 内蒙古瓮牛特旗出土
7. 内蒙古石羊石虎山出土　8. 宝鸡竹园沟 1 号墓出土
9. 青海民和征集（马家窑文化）　10. 满城汉墓出土
11. 长沙南郊晋代墓出土　12. 福建泉州西南郊唐墓出土
13. 广州新会官冲窑址（唐）　14. 济南无影山西汉出土
15、16. 台湾高山族的双联杯

图 6–1　双联杯或双联壶图

恨，盖汉器之奇绝者也。”陈继儒《妮古录》也记有一件名为“双管汉玉杯”的形制：“下穴一酒眼过酒，有鸳鸯及熊蟠其上，乃合卺杯也，而精巧非常，血浸中半杂青绿。”这两件都传为汉代之物，可见，合卺用器的形制在明代的著述中才比较清晰地体现出来。

战国时的合卺用器形制如何呢？当我们把包山2号楚墓的凤鸟双联杯同明代的古玩鉴赏家提及的汉代合卺相对照的时候，发现有很多相通之处：二者都是由双杯联体构成，都是负于凤鸟之上且杯与杯之间有小孔相通。这说明了楚国的合卺用器与汉代的合卺形制大体相同，这种造型，正体现了“共牢则不异牲，合卺则不异爵”的匠心。而包山2号楚墓的凤鸟双联杯通体饰以彩绘，镶嵌宝石，更渲染了婚礼的庄重。因为“昏礼者，礼于本也。夫礼始于冠，本于昏，重于丧祭，尊于朝聘，和于乡射，此礼之大体也”[①]。

合卺礼仪是一夫一妻制的对偶婚姻家庭确立后的产物，在我国起源甚早，可以上溯至新石器时代。在考古发掘中，合卺用器也多见。在属于仰韶文化晚期的大河村遗址曾出土了一件彩陶双联杯[②]，两杯相连处有一圆孔贯通，左右腹部各有一贯耳；发掘者根据房屋的建筑形式和室内用具的陈设，推测当时已出现了一夫一妻制的婚姻关系，是很有见地的。在甘肃地区也出土了属于齐家文化和马家窑文化的双联杯[③]，值得注意的是甘肃齐家文化的双联杯，也有小孔相通，器身表面刻画有对称的人首蛇身像。在内蒙古昭乌达盟敖汉旗石羊石虎山和瓮牛特旗石棚山也出土了双联壶[④]，壶口并列共一腹部，也属于双联杯在区域文化中流行的差异。在西周墓葬中也可见到合卺用器的材料，宝鸡竹园沟1号墓曾发现一件单鋬的陶制双联杯[⑤]，虽然形体较小，两杯也有小孔相通。随州战国曾侯乙墓虽然没有见到形体较小的双联杯，但在中室出土了一对形体特大且器形完全相同的联座壶，两壶虽不相通，但双壶并立于长

---

① 见《礼记·昏义》。

② 郑州市博物馆.郑州大河村遗址发掘报告[J].考古学报，1979（3）.

③ 李仰松.试谈我国新石器时代出土的“双联杯”和“三联杯”及其有关问题[J].河南文博通讯，1980（4）.

④ 内蒙古自治区昭乌达盟文物工作队.内蒙古昭乌达盟石羊石虎山新石器时代墓葬[J].考古，1963（10）.

⑤ 宝鸡市博物馆等.宝鸡竹园沟等地西周墓[J].考古，1978（5）.

方形器座上，该壶尽管不能对饮，但仍不失有“合体同尊卑”的风骚。[①]在位于江苏淮阴的一座大型战国墓中还出土了一件原始瓷双口并连器加有鸟形纽器盖，造型古朴。该简报定名为原始瓷熏炉[②]，实当为合卺用器，值得人们注意的是，该墓的随葬品兼有楚越徐三国的文化因素，无论该墓属于何国，但合卺礼仪似应流传到了徐越地区。

我们可以看到，上述不同地域和不同时代出土的双联杯或壶，都有相通之处，即双杯或壶的形体及大小相同，两器并列，复合为一，绝大多数都有小孔贯通或共一腹部，都有器鋬或贯耳。只是在时空上呈现出区域文化的多姿多彩。包山 2 号楚墓出土的凤鸟联杯囊括了上述特征，当属合卺用器无疑。

合卺礼俗，滥觞于新石器时代，大抵在殷周之世纳入礼制的范畴，并通行于战国秦汉。秦汉以后仍风行不绝，大量出土的合卺用器足资证明。合卺礼仪成了维护封建社会道德规范和封建婚姻家庭稳定的准则。台湾高山族青年男女在结婚时往往使用一种涂有朱漆的双联杯饮酒。[③]

凤鸟双联杯的发现，不仅填补了上迄新石器时代，下至秦汉通行合卺礼仪的中间缺环，而且还扩大了我国古代合卺礼仪的流行区域，更为重要的是，该杯对探讨楚国的婚姻礼仪及家庭构成提供了重要的实物证据。

楚国的婚姻礼俗虽不尽可稽考，但在有些典籍，如屈赋、《韩非子》和《说苑》等书中多有记述[④]，却缺少关于楚国实施三酳合卺礼俗的记载，凤鸟双联杯的发现正好弥补了这一缺环。

我们现在虽不可能对楚国合卺礼仪的程序作详细的考订，但我们可以通过包山楚国墓地看合卺礼仪对夫妇墓葬排列的影响。

包山楚国墓地是一处以家庭血缘为核心的贵族墓地。墓葬南北成

---

① 随县擂鼓墩一号墓考古发掘队．湖北随县曾侯乙墓发掘简报 [J]. 文物，1979（7）.

② 王立仕．淮阴高庄战国墓 [J]. 考古学报，1988（2）.

③ 张崇根．“麻达”“昵新”情意深——高山族婚姻习俗漫笔 [J]. 化石，1979（4）.

④ 王纪潮．屈中赋的楚婚俗 [J]. 江汉论坛，1985（3）.

行，东西有序，显系遵循定穴安葬的法则而形成的。这是封建的个体家庭和一夫一妻制对偶婚姻更加巩固，“族坟制”最终解体后的必然产物。发掘者根据墓葬规模和随葬品的差异推测1号墓和2号墓、4号墓和5号墓是夫妻在家族墓地中的异穴合葬墓①，其说极有见地。其中2号墓最大，根据简文记载，墓主为楚左尹邵𢧢，1号楚墓为其妻从；4号墓为2号墓之子，其身份相当于上大夫或下大夫，5号墓为4号墓之妻从。诚然，这种对偶异穴合葬墓，反映了楚国上层贵族家庭婚姻的牢固程度，这种牢固程度，势必与组合家庭时的合卺礼仪相关。夫妻异穴合葬墓与族坟制时的“生时近、死相迫”有了本质的不同，而真正体现的是一夫一妻制的“相亲而不相离”②的风俗习惯。出自包山2号楚墓的凤鸟双联杯则是对上述推论的直接证明。

春秋战国时期，婚礼是“合二姓之好，上以事宗庙，而下以继后世”③的头等大事。婚姻既决定个体家庭的经济规模，又维系贵族的宗法制度，故而备受统治阶层的重视。就楚国上层贵族的婚姻而言，男女一经结为伉俪，即“同牢共食”“相亲而不相离”，同时荒淫乱伦也遭到社会明律的禁止。这一点在楚地反映尤为强烈。一部屈赋既对上古圣贤的私通，也对舜、少康的乱伦予以了抨击。④就连春秋时期的楚文王在云梦“得舟姬淫”也受到了鞭笞。⑤号称记载乱伦事例最多的《左传》，有关楚国乱伦之事也只见两例。⑥这与当时对乱伦不以为怪的中原列国相比形成了鲜明的对比。⑦由此而知，楚国的对偶婚姻进程当列诸国之首，并恪守礼制的规范。也正缘于此，在楚国贵族墓葬中才有合卺用器——凤鸟双联杯的出现和流行。

① 王红星．包山楚墓墓地试析 [J]. 文物，1988（5）.
② 见《礼记·集说》。
③ 见《礼记·昏义》。
④ 见《楚辞·天问》。
⑤ 事见《说苑·正谏》。
⑥ 一见《左传·成公二年》，另一见《左传·庄公二十八年》。
⑦ 顾颉刚．由“烝”“报”等婚姻方式看社会制度的变迁 [J]. 文史，1982.

凤鸟双联杯以凤为主体，背负双杯，并在其上饰以龙纹。凤是楚国先民的图腾[①]，楚人钟爱凤和崇敬凤已达到了至偏至极的程度，这在已经面世的楚文物中就能体会到。龙虽深得华夏的青睐，但仍为后来的楚人所推崇，在楚器的装饰上也有一席之地，龙和凤的结合在战国时期似已成定制。在楚人的心目中龙和凤大抵都表示吉祥，将龙凤装饰在合卺用器上，这就更赋予了楚国婚姻礼俗的特殊内涵。

凤鸟双联杯是婚姻礼仪的必然产物，它的发现证明楚国的婚礼是循辙周礼，楚国的婚礼似当也行酳合卺的仪式。根据史书所载，凤鸟双联杯当命名为“漆合卺”。仅造型艺术而言，这是一件不可多得的先秦旷世奇珍，就学术价值而论，又是深入探讨楚国婚姻礼俗绝无仅有的物证。

## 第四节 毁器与折兵

在楚地已发掘的一些东周楚国墓葬随葬品中，常常见到一些经过了人为的毁坏的器物，更多见的是一些兵器，诸如剑、戈、矛和镞等被有意截断或折弯。这一现象在过去并未引起人们的重视，但随着楚墓材料的增多，无论从流行的时间还是从所见地域看，楚国在东周时期都应存在这一葬俗，越来越多的考古材料，使我们总观和探讨这一葬俗的深层内涵成为可能。

本论所谓的毁器，不仅指在入葬前有意毁坏的葬器，还包括一些不完整的器物和铸废的器物。不完整的器物指将本来是一件器物上的附件，如器物的耳、环和链等有意拆下，或者干脆去掉某件器物的附件，形成的器物。本论所指的折兵，是指有意将某一段截断或将整器折弯的兵器。事实上，后者无疑也属于毁器，但两相比较，前者则更为复杂和不易把握，以至于在一些考古发掘报告中很少被予以关注和描述，更有

① 张正明，滕壬生，张胜琳．凤斗龙虎图像考释 [J]. 江汉考古，1984（1）．

甚者，在整理中将缺失的部分进行了修复，这就使得这一特殊葬俗更加扑朔迷离。因此，针对这一现象的深入研究，将有助于我们进一步了解楚国的葬俗。

需要指出的是，有关中国古代毁器的葬俗，早已引起了学术界的注意。从考古发掘看，其发端可上溯至新石器时代[①]，到了商周时期，尤其是在中原地区的一些墓葬中较为多见。一些学者对此展开了讨论[②]，因受材料和地域的局限，人们对这一葬俗的含义做出了诸多解释。但对于楚国是否存在这一葬俗，学术界大多尚未提及。伴随着新考古材料的不断增多，笔者认为对这一问题，尤其是对楚国的毁器与折兵葬俗还应进一步探讨。

有关楚国毁器葬俗的考古资料的报道比较少见，是因为人们过去还没有更充分的材料从葬俗的角度来看待这一问题。以陶器而言，出土的破碎陶器有谁敢言是有意砸碎后随葬的？因为有因墓葬保存不好及后期人为破坏等因素而形成的碎陶。但对于铜器，尤其是保存较好的墓葬中所出土的一些缺损的铜器就应当引起我们的高度重视了。1993 年至 1995 年湖北省文物考古研究所在湖北麻城李家湾发掘了一批春秋楚墓，其中的一些铜器，如盘、壶的环耳，盥缶的双耳和盖，车軎上的辖在出土时都没有发现，尤其是 14 号墓出土的一件铜壶，其腹上双耳和盖顶上的环都有明显被锯断的小口而将其附件提链取下的痕迹。因而，简报推定这一墓地所见的这种现象应是当时入葬前有意拆卸的一种葬俗。[③]

近年来，考古工作大规模开展，在湖北郧县乔家院墓地和丹江口的北泰山墓地出土了大批楚铜器，尤其是在郧县的乔家院墓地，不仅发现了类似于湖北麻城李家湾春秋楚墓中有意识拆卸的器物外，还发现了成组的铸造时有瑕疵的器物，如一些铜器的底部或腹部在铸造时因气孔不

① 黄卫东 . 史前碎物葬 [J]. 中原文物，2003（2）.

② 张英 . 从考古学看我国东北古代民族“毁器”习俗 [J]. 北方文物，1990（3）. 张明东 . 略论商周墓葬的毁兵葬俗 [J]. 中国历史文物，2005（4）.

③ 湖北省文物考古研究所 . 湖北麻城市李家湾春秋楚墓 [J]. 考古，2000（5）.

畅，铜液在模内流动时形成穿孔。显然，随葬的器物在墓主生前不具有实用性，也当属于我们界定的毁器之列。[①]

湖北麻城属湖北省的东部，湖北郧县属湖北省的西北部，两地在春秋时期皆属楚国的辖地，这种在葬俗上所呈现的一致性绝不是一种简单的巧合。囿于时间，我们还没有对以往楚地所发掘的材料进行一一梳理，但可以肯定，依据上述标准，还可以甄别出很多与此相当的且被我们所疏忽了的一些毁器例证来。总之，楚国流行毁器葬俗应不容置疑。

同属毁器现象的折兵，在楚地则更为多见。过去在发掘报告中对这种现象大多是以"残损"而一言以蔽之，使人们根本无法从更深层次进行探讨。值得称道的是，近年来在楚地一些楚墓发掘报告中对折兵的现象已经多有报道。其中，比较集中的区域是丹水和汉水流域的一些楚墓，如河南淅川下寺春秋楚墓[②]，河南淅川和尚岭与徐家岭楚墓等[③]，湖北郧县乔家院春秋楚墓也比较多见，其中 14 号墓出土的一把佩剑将剑锋折断后，还有明显的打磨痕[④]。事实上，在过去的有些楚墓中，也可分辨出一些，故我们制作了一个附表，可作参考。

① 湖北省文物考古研究所，湖北省文物局南水北调办公室 . 湖北郧县乔家院春秋殉人墓 [J]. 考古，2008（4）.

② 河南省文物研究所 . 淅川下寺春秋楚墓 [M]. 北京：文物出版社，1991.

③ 河南省文物考古研究所 . 淅川和尚岭与徐家岭楚墓 [M]. 郑州：大象出版社，2004.

④ 湖北省文物考古研究所，湖北省文物局南水北调办公室 . 湖北郧县乔家院春秋殉人墓 [J]. 考古，2008（4）.

表 6–1 楚墓折兵现象统计表

| 出土地点 | 折兵遗物及部位 | | | | | | 时代 | 参考资料 | 页码 |
|---|---|---|---|---|---|---|---|---|---|
| | 剑 | 戈 | 矛 | 镞 | 戟 | 部位 | | | |
| 河南淅川徐家岭 | | M3:126 | | | | 锋 | 春秋 | 《淅川和尚岭与徐家岭楚墓》① | P165 |
| | | M3:128 | | | | 内 | 春秋 | 《淅川和尚岭与徐家岭楚墓》 | P165 |
| | | M3:42 | | | | 阑 | 春秋 | 《淅川和尚岭与徐家岭楚墓》 | P165 |
| | | M3:130 | | | | 内 | 春秋 | 《淅川和尚岭与徐家岭楚墓》 | P168 |
| | | M3:146 | | | | 胡 | 春秋 | 《淅川和尚岭与徐家岭楚墓》 | P168 |
| | | M3:132 | | | | 胡内 | 春秋 | 《淅川和尚岭与徐家岭楚墓》 | P168 |
| | | M3:43 | | | | 锋胡 | 春秋 | 《淅川和尚岭与徐家岭楚墓》 | P168 |
| | | | | M3:58 | | 铤 | 春秋 | 《淅川和尚岭与徐家岭楚墓》 | P168 |
| | | | | M3:77 | | 锋 | 春秋 | 《淅川和尚岭与徐家岭楚墓》 | P168 |
| | M9:147 | | | | | 锋 | 春秋 | 《淅川和尚岭与徐家岭楚墓》 | P200 |
| | | M9:61 | | | | 锋 | 春秋 | 《淅川和尚岭与徐家岭楚墓》 | P200 |
| | | M9:158 | | | | 锋 | 春秋 | 《淅川和尚岭与徐家岭楚墓》 | P202 |
| | | M9:68 | | | | 锋 | 春秋 | 《淅川和尚岭与徐家岭楚墓》 | P202 |
| | | M9:88 | | | | 内胡 | 春秋 | 《淅川和尚岭与徐家岭楚墓》 | P202 |
| | | M9:146 | | | | 锋内 | 春秋 | 《淅川和尚岭与徐家岭楚墓》 | P202 |
| | | M9:37 | | | | 锋 | 春秋 | 《淅川和尚岭与徐家岭楚墓》 | P208 |
| | | M9:159 | | | | 锋 | 春秋 | 《淅川和尚岭与徐家岭楚墓》 | P208 |

① 河南省文物考古研究所．淅川和尚岭与徐家岭楚墓 [M]. 郑州：大象出版社，2004.

续表

| 出土地点 | 折兵遗物及部位 | | | | | | 时代 | 参考资料 | 页码 |
| --- | --- | --- | --- | --- | --- | --- | --- | --- | --- |
| | 剑 | 戈 | 矛 | 镞 | 戟 | 部位 | | | |
| 河南淅川徐家岭 | | M9:38 | | | | 锋 | 春秋 | 《淅川和尚岭与徐家岭楚墓》 | P208 |
| | | | M9:22 | | | 锋 | 春秋 | 《淅川和尚岭与徐家岭楚墓》 | P210 |
| | | | M9:30 | | | 锋 | 春秋 | 《淅川和尚岭与徐家岭楚墓》 | P210 |
| | | | | M9:36 | | 锋 | 春秋 | 《淅川和尚岭与徐家岭楚墓》 | P210 |
| | | M1:49 | | | | 锋 | 战国 | 《淅川和尚岭与徐家岭楚墓》 | P235 |
| | | M1:52 | | | | 锋 | 战国 | 《淅川和尚岭与徐家岭楚墓》 | P235 |
| | | M1:71 | | | | 锋 | 战国 | 《淅川和尚岭与徐家岭楚墓》 | P235 |
| | | M1:51 | | | | 锋 | 战国 | 《淅川和尚岭与徐家岭楚墓》 | P235 |
| | | M1:48 | | | | 锋 | 战国 | 《淅川和尚岭与徐家岭楚墓》 | P235 |
| | | M1:50 | | | | 锋 | 战国 | 《淅川和尚岭与徐家岭楚墓》 | P238 |
| | | M1:46 | | | | 锋 | 战国 | 《淅川和尚岭与徐家岭楚墓》 | P238 |
| | | M1:47 | | | | 锋 | 战国 | 《淅川和尚岭与徐家岭楚墓》 | P238 |
| | | M1:45 | | | | 锋 | 战国 | 《淅川和尚岭与徐家岭楚墓》 | P238 |
| | | M1:44 | | | | 锋 | 战国 | 《淅川和尚岭与徐家岭楚墓》 | P239 |
| | | | M1:58 | | | 锋 | 战国 | 《淅川和尚岭与徐家岭楚墓》 | P239 |
| | M10:92 | | | | | 锋 | 战国 | 《淅川和尚岭与徐家岭楚墓》 | P309 |
| | | M10:57 | | | | 锋 | 战国 | 《淅川和尚岭与徐家岭楚墓》 | P309 |
| | | M10:58 | | | | 内 | 战国 | 《淅川和尚岭与徐家岭楚墓》 | P310 |

续表

| 出土地点 | 折兵遗物及部位 | | | | | | 时代 | 参考资料 | 页码 |
|---|---|---|---|---|---|---|---|---|---|
| | 剑 | 戈 | 矛 | 鏃 | 戟 | 部位 | | | |
| 河南淅川徐家岭 | | M10:59 | | | | 锋 | 战国 | 《淅川和尚岭与徐家岭楚墓》 | P311 |
| | | M10:132 | | | | 胡 | 战国 | 《淅川和尚岭与徐家岭楚墓》 | P311 |
| | | M10:236 | | | | 胡 | 战国 | 《淅川和尚岭与徐家岭楚墓》 | P311 |
| | | M10:230 | | | | 锋 | 战国 | 《淅川和尚岭与徐家岭楚墓》 | P312 |
| | | M10:231 | | | | 锋 | 战国 | 《淅川和尚岭与徐家岭楚墓》 | P312 |
| | | M10:174 | | | | 内 | 战国 | 《淅川和尚岭与徐家岭楚墓》 | P312 |
| | | M10:234 | | | | 锋 | 战国 | 《淅川和尚岭与徐家岭楚墓》 | P312 |
| | | M10:238 | | | | 锋内 | 战国 | 《淅川和尚岭与徐家岭楚墓》 | P312 |
| | | M10:204 | | | | 锋 | 战国 | 《淅川和尚岭与徐家岭楚墓》 | P312 |
| | | M10:233 | | | | 锋 | 战国 | 《淅川和尚岭与徐家岭楚墓》 | P312 |
| | | M10:205 | | | | 锋胡 | 战国 | 《淅川和尚岭与徐家岭楚墓》 | P312 |
| | | M10:229 | | | | 锋 | 战国 | 《淅川和尚岭与徐家岭楚墓》 | P312 |
| | | M10:133 | | | | 锋内 | 战国 | 《淅川和尚岭与徐家岭楚墓》 | P312 |
| | | M10:235 | | | | 锋内 | 战国 | 《淅川和尚岭与徐家岭楚墓》 | P312 |
| | | M10:239 | | | | 锋内 | 战国 | 《淅川和尚岭与徐家岭楚墓》 | P316 |
| | | M10:237 | | | | 锋内 | 战国 | 《淅川和尚岭与徐家岭楚墓》 | P316 |
| | | M10:255 | | | | 内胡 | 战国 | 《淅川和尚岭与徐家岭楚墓》 | P316 |
| | | M10:232 | | | | 援 | 战国 | 《淅川和尚岭与徐家岭楚墓》 | P316 |

续表

| 出土地点 | 折兵遗物及部位 | | | | | | 时代 | 参考资料 | 页码 |
|---|---|---|---|---|---|---|---|---|---|
| | 剑 | 戈 | 矛 | 镞 | 戟 | 部位 | | | |
| 河南淅川徐家岭 | | | M10:142 | | | 锋骹 | 战国 | 《淅川和尚岭与徐家岭楚墓》 | P317 |
| | | M10:89 | | | | 锋 | 战国 | 《淅川和尚岭与徐家岭楚墓》 | P318 |
| 河南淅川下寺 | | M10:16 | | | | 锋 | 春秋 | 《淅川下寺春秋楚墓》[①] | P289 |
| | | | | M10:29 | | 锋 | 春秋 | 《淅川下寺春秋楚墓》共5件有意折断 | P290 |
| | | | | M10:30 | | 锋铤 | 春秋 | 《淅川下寺春秋楚墓》 | P290 |
| | | | | M10:31 | | 锋 | 春秋 | 《淅川下寺春秋楚墓》 | P290 |
| | | M11:15 | | | | 内 | 春秋 | 《淅川下寺春秋楚墓》 | P305 |
| | | M11:14 | | | | 锋 | 春秋 | 《淅川下寺春秋楚墓》 | P305 |
| | | M11:17 | | | | 内 | 春秋 | 《淅川下寺春秋楚墓》 | P305 |
| 河南新蔡葛陵楚墓 | N:34 | | | | | 锋 | 战国 | 《新蔡葛陵楚墓》[②] | P51 |
| 湖北赤壁祝家岭 | | M24:5 | | | | 锋 | 战国 | 《湖北考古报告集》[③] | P199 |
| | | M4:2 | | | | 锋 | 战国 | 《湖北考古报告集》 | P199 |
| | | M15:2 | | | | 锋 | 战国 | 《湖北考古报告集》 | P199 |
| | | | | | M22:6 | 锋 | 战国 | 《湖北考古报告集》 | P199 |

① 河南省文物研究所. 淅川下寺春秋楚墓 [M]. 北京：文物出版社，1991.
② 河南省文物考古研究所. 新蔡葛陵楚墓 [M]. 郑州：大象出版社，2003.
③ 湖北省文物考古研究所. 湖北考古报告集 [J]. 江汉考古，2008 年增刊。

续表

| 出土地点 | 折兵遗物及部位 | | | | | | 时代 | 参考资料 | 页码 |
|---|---|---|---|---|---|---|---|---|---|
| | 剑 | 戈 | 矛 | 镞 | 戟 | 部位 | | | |
| 湖北江陵九店 | M265:12 | | | | | 锋 | 战国 | 《江陵九店东周墓》① | P214 |
| | | M50:10 | | | | 锋 | 战国 | 《江陵九店东周墓》 | P224 |
| 湖北襄阳王坡 | | M47:1 | | | | 锋 | 春秋 | 《襄阳王坡东周秦汉墓》② | P48 |
| | | M55:32 | | | | 锋内 | 春秋 | 《襄阳王坡东周秦汉墓》 | P48 |
| | | M55:2 | | | | 锋 | 春秋 | 《襄阳王坡东周秦汉墓》 | P48 |
| | M111:11 | | | | | 锋 | 战国 | 《襄阳王坡东周秦汉墓》 | P166 |
| 湖北枣林岗与堆金台 | M152:4 | | | | | 锋 | 战国 | 《枣林岗与堆金台》③ | P119 |
| | M102:1 | | | | | 锋 | 战国 | 《枣林岗与堆金台》 | P119 |
| | M20:1 | | | | | 锋 | 战国 | 《枣林岗与堆金台》 | P119 |
| | M187:3 | | | | | 锋 | 战国 | 《枣林岗与堆金台》 | P119 |
| | | M26:2 | | | | 锋 | 战国 | 《枣林岗与堆金台》 | P121 |
| 湖北秭归庙坪 | M3:3 | | | | | 锋 | 战国 | 《秭归庙坪》④ | P72 |
| | | | | M3:5 | | 锋 | 战国 | 《秭归庙坪》 | P72 |
| | | | M3:2 | | | 锋 | 战国 | 《秭归庙坪》 | P72 |
| | | | M51:1 | | | 锋 | 战国 | 《秭归庙坪》 | P113 |
| | M51:2 | | | | | 锋 | 战国 | 《秭归庙坪》 | P113 |

① 湖北省文物考古研究所．江陵九店东周墓 [M]. 北京：科学出版社，1995.

② 湖北省文物考古研究所等．襄阳王坡东周秦汉墓 [M]. 北京：科学出版社，2005.

③ 湖北省荆州博物馆．枣林岗与堆金台——荆江大堤荆州马山段考古发掘报告 [M]. 北京：科学出版社，1999.

④ 湖北省文物事业管理局，湖北省三峡工程移民局．秭归庙坪 [M]. 北京：科学出版社，2003.

续表

| 出土地点 | 折兵遗物及部位 | | | | | | 时代 | 参考资料 | 页码 |
|---|---|---|---|---|---|---|---|---|---|
| | 剑 | 戈 | 矛 | 镞 | 戟 | 部位 | | | |
| 重庆云阳马沱 | M41:28 | | | | | 锋 | 战国 | 《重庆市库区考古报告集》2001 年上卷[①] | P635 |
| | | | M6:4 | | | 锋 | 战国 | 《重庆市库区考古报告集》2001 年上卷 | P635 |

上表只是选择主要的楚地墓葬罗列，并不代表楚地墓葬的全部。已发掘发表的楚墓资料还有很多，但仅从上表就可以看出，楚地折兵现象是比较普遍的。从时间上看，从春秋一直到战国都有发现；从地域上看，都属楚国的辖地。楚国流行这一习俗于此可见一斑。

一些学者在探讨流行这一葬俗的族属时，根据在周墓中大量的发现，认为是周人固有的习俗[②]，那么东周楚墓中也大量的见到这一习俗是不是受周人的影响呢？尽管楚墓所见这一习俗大多晚于中原周墓，也就是说，西周中期以后，北方周墓流行这一葬俗已逐渐减少，而东周时楚墓中却依旧多见这一葬俗。故而，依据现有材料，现在做出肯定与否的回答都为时尚早。但可以肯定的是，楚墓中的这些发现，不仅扩大了这一葬俗的分布地域，还从时限上将这一葬俗延展至战国晚期，这对我们从更广阔的视野来探讨这一葬俗的成因是大有帮助的。

值得深思的是，无论是周墓还是楚墓，为什么会通行这一习俗呢？似乎与上古“事死如生”的丧葬观念相背离。在传世的文献中也很难找到相应的记载。过去的一些学者对此也进行了种种推测。大体有以下几种：

（1）与方相氏驱鬼有关。主要是以郭宝钧、《灵台白草坡西周墓报

① 郑州市文物考古研究所等．云阳马沱墓地 2001 年度发掘报告 [C]// 重庆市库区考古报告集：2001 年上卷，北京：科学出版社，2007.

② 张明东．略论商周墓葬的毁兵葬俗 [J]. 中国历史文物，2005（4）。

告》的作者和《张家坡西周墓地》的编者为代表。郭宝钧在发掘辛村墓地时认为是“殴墓”。“古人畏忌极多，新墓作成，恐有厉鬼作祟，必先行厌胜之术，葬者始敢入。《周礼》‘方相氏狂夫四人’，所掌即此。”[①]《灵台白草坡西周墓报告》的作者也推测：“出土的铜戈大多以折弯、打断，《周礼·方相氏》载，埋葬时，‘及墓，入圹，以戈击四隅，殴方良’，此墓铜戈是否因‘击四隅，殴方良’而残断，尚待有更多发现始可证明。”[②]《张家坡西周墓地》的编者则认为：“这些戈大部分是实用器，小部分为明器。无论实用的还是非实用的，都有相当一部分被人为地砸弯、砸断。据《周礼》，‘方相氏，……大丧，先匶。及墓，入圹，以戈击四隅，殴方良’。上述现象或与此有关。”[③]

（2）可能与某种仪式有关。中国社会科学院考古所琉璃河考古队认为：“它们可能是下葬时，因某种仪式而将这些兵器砸断，然后分放于各台的。”[④]

（3）是周人“示民疑也”与“尊礼尚施”思想观念的体现。主要以唐嘉弘为代表。唐嘉弘认为：“琉璃河西周燕国墓地中所见‘毁物’‘折兵’现象，正是周人所持随葬器物要‘示民疑也’而‘尊礼尚施’观念的又一种表达形式，以‘人器’作‘祭器’，两者兼顾。不过，到列国并存，诸侯争战时期，‘僭礼’情况严重，不再受周礼约束，往往不用‘明器’而用‘人器’入葬，‘毁兵’‘折兵’现象，逐渐消失。”[⑤]

（4）毁坏兵器显示成功和富有。《洛阳北窑西周墓》的编者认为：“毁兵随葬的葬俗，很可能是周人认为毁坏兵器可以显示战功，也可以

① 郭宝钧 . 浚县辛村古残墓之清理 [J]. 田野考古学报：第 1 册 .1936.

② 甘肃省博物馆文物队 . 甘肃灵台白草坡西周墓 [J]. 考古学报，1977（2）.

③ 中国社会科学院考古研究所 . 张家坡西周墓地 [M]. 北京：中国大百科全书出版社，1999.

④ 中国社会科学院考古研究所，北京文物研究所琉璃河考古队 . 北京琉璃河 1193 号大墓发掘简报 [J]. 考古，1990（1）.

⑤ 陕西省考古研究所 . 高家堡戈国墓 [M]. 西安：三秦出版社，1999.

显示富有。”[①]

（5）与武王克商之后的“偃五兵”有关。王恩田认为：“独特的，砸弯兵器的葬俗，估计很可能是从武王克商以后开始的。也就是《荀子》等著作中所说的‘偃五兵’。”[②]

纵观上述种种推论，似乎都没有充分的依据，但更多的都是从毁兵这一角度出发来解读这一现象的，而忽略了毁器的事实。事实上，在上古，毁兵只是毁器的一种，相对于毁器而言，似乎都不能自圆其说。因为自新石器时代至西周还有若干毁器的考古实例，鹿邑太清宫西周大墓出土的十件原始瓷豆，圈足全部被打掉，只以豆盘部分随葬[③]，显然都不能按上述推论来解释。楚地所见的东周时的一些损毁铜器的现象也与上述推论不合。

从丧葬行为而论，东周楚墓中的毁器与折兵现象当与中原新石器时代至西周的毁物与折兵葬的性质是相同的，反映的丧葬观念无疑也应是一致的。因此，本论认为，用毁器或折兵之器随葬可能就是礼书中所见的一种“鬼器”观念，人为对器形的改变达到“人器”与“祭器”相区别。《礼记·檀弓上》：“仲宪言于曾子曰：‘夏后氏用明器，示民无知也。殷人用祭器，示民有知也。周人兼用之，示民疑也。’曾子曰：‘其不然乎，其不然乎！夫明器，鬼器也。祭器，人器也。夫古之人，胡为而死其亲乎？’”曾子辩讥仲宪之言是强调人器和鬼器的区别，而不在于有知与无知。所谓人器，即实用器；鬼器或称明器，即有形而无实用性，也就是礼书上所谓的“神明之器”[④]。有意损毁器物，其实就是将

① 洛阳市文物工作队．洛阳北窑西周墓[M]．北京：文物出版社，1999.

② 王恩田．沣西发掘与武王克商[M]// 北京大学考古文博学院编．考古学研究（五）：下册．北京：科学出版社，2003.

③ 河南省文物考古研究所等．鹿邑太清宫长子口墓[M]．郑州：中州古籍出版社，2000.

④ 见《礼记·檀弓上》：“孔子曰：‘之死而致死之，不仁而不可为也。之死而致生之，不知而不可为也。是故竹不成用，瓦不成味，木不成斫，琴瑟张而不平，竽笙备而不和，有钟磬而无簨虡。其曰明器，神明之也。’”

实用器明器化，使人鬼的用器区别开来。

如果上述这一解释不误的话，那么，上古不论是毁器还是折兵现象都可以得到一个合理解答。也能够解答楚墓中的毁器或折兵现象，充分反映出楚文化与周文化的一致性。这不仅符合古人的丧葬观念，也能从传世文献中找到证据。

我们还注意到另一个现象，在湖北发掘的东周楚墓中，随葬的仿铜陶礼器的器表整体大都有涂白衣或黑衣的现象①，但大多数发掘报告都没有报道这一现象，笔者曾观察了以往发掘的一些实物，这一涂白衣的现象委实普遍，应是楚地一种普遍流行的习俗，这说明生者在处置死者的用器时，并不是随器而葬，而是在入葬前对所有葬器用色作了整齐划一的改变。这一外观的改变也可看做是“毁器”的一种，其实质也可能是区别人器与鬼器，这可使我们从另一个层面来解读楚国毁器与折兵现象的真实内涵。

总之，楚国的毁器与折兵现象是存在的，笔者之所以选择这一入口，旨在引起考古学界对这一现象的高度重视，更多地报道这一现象，以期从新的角度来破解这一疑窦，还原古代的丧葬观念。

① 湖北省文物考古研究所等 . 赤壁土城——战国西汉城址墓地调查勘探发掘报告 [M]. 北京：科学出版社，2004. 湖北省文物考古研究所 . 湖北黄州楚墓 [J]. 考古学报，2001（2）.

# 第七章　考论篇

## 第一节　导论

随着我国考古事业的发展，楚文化考古研究已取得了丰硕的成果。其中，楚国的遗存不断增加，特别是具有准确纪年楚墓的发掘，使得楚器的年代学序列更加丰富和准确。可以说楚器的年代学框架已基本建立。但楚国历时八百余年，幅员辽阔，无论在时间和空间上，各地楚器的演变并不完全相同，楚器的编年研究仍任重而道远。

楚文化的内涵博大精深，每件楚器都蕴含着各类丰富的信息，诸如文化属性、名实对应、器物用途、绝对年代等。开展对某件具体器物的研究，尤其是对自身具有文字的器物的研究，将能解决许多悬而未决的问题。

在器物形制的研究中，首先要研究其文化属性，通过分析文化因素来判别其是不是楚器及楚系器物。其次，开展器物年代学的比较研究，进而再扩展到涉及其他诸问题的研究。由于楚文化涉及面较广，特别是对早期楚文化的认识问题，目前学术界还存在着较大的分歧。比如，楚式鬲的渊源及年代等问题并没有一个统一的认识。

有关楚器诸方面的研究问题颇多，我们试从如下几个方面进行一些尝试性的探讨。

## 第二节　铜方豆与宥坐之器

在楚地的东周墓葬中常常出土一种方形盘的豆形器，因其盘是方形的，其下部有柄和座，与东周常见的圆盘豆相同，故人们常因其形而将其称之为方豆。方豆在东周的楚墓中多见，或者说绝大多数都出自楚地和楚系的墓葬，应当说这一器物之源可能是楚。楚墓中的方豆除了铜质的外，还有陶质和漆木质的，其流行的年代从春秋晚期一直到战国中晚期。就器形而论，各种质地的方豆，都大体相同，即豆柄上所承的盘及盘上所承的盖都作覆斗状的方形，盖与盘的大小、形制皆相同。由于是方形，盘与盖的底部和顶端都作四角攒尖状的斜收。其盘和盖的底部和顶部都呈近平或近圜状。青铜和漆木质地的方豆都饰有精美的纹饰，不失为楚器中的精品之一。

比照圆盘的豆，将这种带柄的方形豆盘称之为方豆似无可厚非，但当我们在收罗这一类器物的资料时，发现在已出土的两件青铜方豆上都有铭文。一件是河南固始侯古堆 1 号墓出土的一件方豆（图 7–1），在盖内壁铸铭文二行四字，为“㠯（似）之食盒”（图 7–2）[①]。另一件是湖北随州均川出土的方豆，其器盖内壁铸铭文二行四字，为“邵之御鋁”（图 7–3）[②]。显然，两件铭文中的最后一字“盒”和“鋁”都应是该器

图 7–1 固始侯古堆方豆摹绘图（M1P：36） 图 7–2 固始侯古堆方豆盖内铭文拓片（M1P：36）

① 河南省文物考古研究所．固始侯古堆一号墓 [M]. 郑州：大象出版社，2004.
② 随州市博物馆．随州均川出土铭文青铜器 [J]. 江汉考古，1986（2）.

图 7–3　随州均川刘家崖墓方豆上的铭文

的自名，看来这种器物在古代并不叫方豆，而是有它的自名。根据铜器自名的原则，这种长期被我们称之为方豆器物的实名应当值得我们探讨并为之正名。

河南固始侯古堆 1 号墓出土的一件铭文“敀（似）之食盉”的“盉”字，从奇从皿，可看作一个“奇”字，湖北随州均川出土的一件盖内壁铸铭文“邵之御鋻”的“鋻”字，从钬从皿，也可以看作一个“钬”字，或者就是一个“只”字。在古文字中，从皿和从鼎的字符只是随意性很强的一个意符，在同一个字中可有可无，如大家所熟知的金文中所见的鼎之别名“石沱”，有的又作“沰盜”，或又作“礴鼧”。[①] 徐家岭 10 号

① 黄锡全．湖北出土商周文字辑证 [M]. 武汉：武汉大学出版社，1992.

墓出土的薳子昃鼎的鼎字作“鐿”，从金从贞从皿。[1]不过，“钒”字在字书中可见。《玉篇》“钒，金也。”字书解说的是质地，而不是器名，所以我们更倾向于随州均川出土的铭文“钒”字，有可能就是“只”字，与河南淅川徐家岭10号墓所见的鼎字相同。

由同形器铭可知，“盉”和“鋜”都是指同一器物名，字书没有这一词义。我们怀疑这两个字都应该读“攲”，《说文・支部》：“攲，持去也。从支，奇声。”由铜器铭文可知，将“攲”字作为奇支亦声字当更为准确些。因为“攲”与“歒”和“觗”相通，清钮树玉《说文解字校录》：“觗，《一切经音义》卷十一引作‘觗傴’，倾则不安也。卷十六引亦同，而‘觗’作‘歒’。”《玉篇》注：“倾低不正。亦作攲。”《说文》：“觗，觗岖也，从危，支声。”段玉裁注：“俗用崎岖字。”由上引而知，“觗”是与读奇声的“攲”字相通之字，也可以读支声。是奇支亦声的一个例证。事实上，在出土文献中，我们也可以见到这样的例证，如在仰天湖简、望山简和包山简中常见到一个“廈”字，学术界大多认为这个字当读为“文”字，之后，人们发现这个字就是《古文四声韵》和《汗简》中引石经的古文“闵”字，《说文》：“闵，从门，文声。”李学勤就认为“闵”也可以读“门”声。[2]其实，类似于这一类双声读法应有很多，只是在《说文》一书中并没有提到。所以，我们说随州均川的“鋜”读“攲”应是有依据的，因为从“只”声之字与从“支”声之字可互通，如《尔雅・释地》：“轵首蛇”，在《楚辞・天问》中“轵”作“歧”。《诗经・齐风・猗嗟》，《释文》：“猗字或作攲。”《庄子・养生主》：“技经肯綮之未尝。”《释文》：“技或作猗。”《说文》：“胑或作肢。”值得注意的是，从支之字也有作器解释的。《玉篇》：“盉，器也。”所以，我们说铜器铭文中的“盉”和“鋜”皆读为“攲”是有文

① 河南省文物考古研究所等．淅川和尚岭与徐家岭楚墓[M]．郑州：大象出版社，2004.

② 李学勤．试解郭店简读“文”之字[M]// 孔子・儒学研究文丛（一）．济南：齐鲁书社，2001.

字学上的依据的。是故，方豆的实名应为“攲”，根据铜器自名的原则，我们应将方豆正名为“攲”或“欹”。

欹器古代有之，又称宥坐之器，因常置于国君座右而得名，以为不要过或不及之劝诫，也常将其放于宗庙。《荀子·宥坐》：“孔子观于鲁桓公之庙，有欹器焉。孔子问于守庙者曰：‘此为何器？’守庙者曰：‘此盖为宥坐之器。’孔子曰：‘吾闻宥坐之器者，虚则欹，中则正，满则覆。’”杨倞注：“宥与右同，言人君可置于坐右，以为戒也。《说苑》作‘右坐’，或曰‘宥与右同，劝也。’”事又见《孔子家语·三恕》。孔子所说的宥坐之器就是欹器，不过，这类器物已经失传，我们现在已不知道其具体形制了。但从孔子的言语描述中，我们可以推知，欹器可能就是一种底作奇斜状的圜底形的器物，当它空体时就是歪的，当它盛装一半时，器物就是正的，当它装满后就又倒了。要使器物能正置，就只能装一半的水。空腹和满腹都不行，古人以此来比喻做人就要像欹器的容量一样，既要有量，又不能过量，放在君王座位的右侧或宗庙起劝勉作用。

将文献中所谓的欹器与我们所讨论的出土自名为“攲”的器物相比较可知，两者显然不是一回事，因为方豆底部有座，当在器内盛装容积时应不存在正与覆的问题。所以，方豆上自名的“攲”应不是古代的宥坐之器。假如我们换一个角度来考虑，尽管方豆之名“攲”不是古代的宥坐之器，但这两种器物是不是有发展和演进的关系呢，也就是说，方豆可能是在古代宥坐之器的基础之上产生的，可能周代的欹器就是方形，方豆的方形盘就是借用了欹器的形制或有改制，但仍名之为“攲”，这种推论应是有依据的。

首先，从方豆的器形上看，已经出土的这类器物底部的四角都呈尖状的斜收，其底部都呈尖底或圜底状，其底部的四角都作奇斜之状，只是有些方豆的底部在加装器柄时有的变得稍平一点，为了增加其稳固性，多数方豆的盖上都加安了三个环耳，但四角皆作奇斜攒收还是相当明显的。其次，从功用上看，如果将方豆的柄去掉，或者只是看方豆的盖，尖底或圜底方形盘在平面的桌面上也是放不稳的。符合“虚则攲，中则正，满则覆”的原理。再则，古代新一类器种的产生大多有一种原形的器物作依据。目前所见的方豆大都出现在春秋晚期至战国时期，也就是说，当周代宗庙之欹器通行之时，以欹器为祖型的、仍名之为欹的方豆就已经开始出现并流行了。

据有关文献记载，先秦的欹器到汉代还可以见到，汉代晚期以后就基本失传了。《晋书·杜预传》："周庙欹器，至汉东京犹在御坐，汉末丧乱，不复存，形制遂绝。”欹器形制失传后，历代文人政客都曾作过仿制，诸如晋代杜预、南朝的祖冲之、西魏的文帝、唐代的李皋、南唐的徐游等都有制作[①]，但形制各异。其中以西魏的文帝制作的两件最为别致。“一为仙人，共持一钵，同处一盘，钵盖有山，山有香气，又一仙人持金瓶，以临器上，倾水灌山而注乎器，烟气通发山中，谓之仙人欹器。一为二荷，同处一盘，相去盈尺，中有莲下垂，器上以水注荷，则出于莲而盈乎器，为凫、雁、蟾蜍饰之，谓之水芝欹器。二器皆置清徽前，形似觥而方，满而平，溢则倾。”[②]不过，这些后世的仿品，我们也很难见到了，但从文字记载看，西魏文帝制作的两件值得注意，其中就“形似觥而方”而言，与我们讨论的方豆在外形上相吻合，如果加上圜形的底，似乎更接近古代欹器的器形了。

周代的欹器形制尽管不明，但具有“虚则攲，中则正，满则覆”的原理只能是尖底或圜底状的一类器物，现代学者陆锡兴也有相似的观点，认为只是形制有所差别[③]。结合青铜器的自名，或认为方豆是以欹器为祖型的器物，将有助于我们理解周代欹器形制。

前已指出，这种方豆大多出自于楚地的楚墓或楚系的墓葬中，这一器物之源应属楚。不过，这一观点还需作进一步的论证。这两件具有自名的铜器出土于楚地的楚系墓葬中，而对于这两座墓葬的文化属性目前

① 见《南齐书·文学传·祖冲之传》《隋书·天文上》《新唐书·曹王明传附嗣曹王皋传》。

② 见《续世说·巧艺》《周书·薛憕传》。

③ 文史知识编辑部编．古代礼制风俗漫谈 [M]. 北京：中华书局，1983.

还存在认识上的差别。如河南固始侯古堆1号墓究竟是不是楚墓，随州均川出土的方豆或认为是曾器等[①]。但我们从文句的语法和族氏的称谓上考察，属楚的观点应不容置疑。

无论是河南固始侯古堆还是随州均川出土的方豆，其上的铭文句式完全相同，其中的“𨚕（似）之食盏”和“邵之御鋁”中的“𨚕（似）”和“邵”都应是器主的族氏称谓，“之”应分析为结构助词，器名“盏”和“鋁”前的“食”和“御”都是定语，修饰器名，与器名一起可构成一个偏正性的词组，其中心词应是“盏”和“鋁”，其主体铭文格式为族氏＋之＋器名，即在铭文中只有族氏而未标示出物主的人名。在有铭楚器中，还见有一种与之结构相似但族氏名和器名具全的铭文格式，如：族氏＋之＋人名＋之＋器名的句式。如“昭王之諻之馈鼎”[②]，其中的“昭王”当为族称，相当于表明是昭王之族氏，“諻”为名。需要说明的是，过去大多以昭王为楚昭王，将此器的年代定在了楚昭王之世，但通过大量的楚简文字和青铜器铭文证实，楚国有以先王之谥为族称的例子。因此，这个昭王应晚于昭王，且是昭王的后人，这是近年来楚国文字学研究上的一个重要发现。这为准确建立楚器的年代学又提供了一个强有力的证据。循此，我们还可以进一步证实河南固始侯古堆1号墓上所见方豆上的“𨚕（似）”也应是一个族氏称谓，但这个族氏与楚国王室的关系尚不太清楚。但随州均川出土的方豆上的“邵”就应是“昭”，这个“昭”应可以同楚昭王相对应，也应是楚昭王的族氏，也就是说，属于某一王族的人名既可直称某王，也可省称一个谥号字，如昭王又可称“昭”，但所表述的族就是一回事。有学者统计，目前在楚国出土的文字材料中有楚武王、楚文王、楚成王、楚庄王、楚昭王、楚共王、楚平王、楚悼王、楚怀王共九世王族的人有这种族称的惯例。[③] 目前所见

① 黄锡全．湖北出土商周文字辑证[M]．武汉：武汉大学出版社，1992.

② 中国社会科学院考古研究所．殷周金文集成[M]．北京：中华书局，2007.

③ 董珊．出土文献所见“以谥为族”的楚王族——附说《左传》“诸侯以字为谥因以为族”的读法[M]//复旦大学出土文献与古文字研究中心编．出土文献与古文字研究第二辑．上海：复旦大学出版社，2008.

最多的当是楚竞平王的族氏——竞氏，也即“景”氏。所以将随州均川方豆上的“昭”定为楚昭王之族氏是有出土文献依据的，可确认它应是一件楚器。

总之，由铜器方豆自名“䥺”引起的讨论，旨在据铜器自名的原则恢复其本名，以期融入古人的语言环境和认识其器种的演变关系。想从一个新的角度来对古代已经失传了的器物探讨所作的一种新尝试，但本论所涉材料有限，其观点不一定正确，诚祈有识之士指正。

## 第三节　湖北郧县新出唐国铜器铭文考释

2001 年 3 月，湖北郧县五峰乡肖家河村四组农民在建房时挖出一批铜器，经县博物馆调查，是一座已被挖残的土坑墓葬，经清理，墓内共出土 11 件青铜器，计鼎、盏、钍、盘、匜、剑各 1 件，其余 5 件皆为箭镞。其中，铜钍、铜匜、铜盘上有铭文，经辨识似为春秋唐国铜器，作器者为同一人，现将 3 件有铭铜器分释如下。

### 1. 铜盘

铭文位于盘内正中部（图 7–4、图 7–5），共 27 字（含 2 个重文号），分四列，从右至左读为：

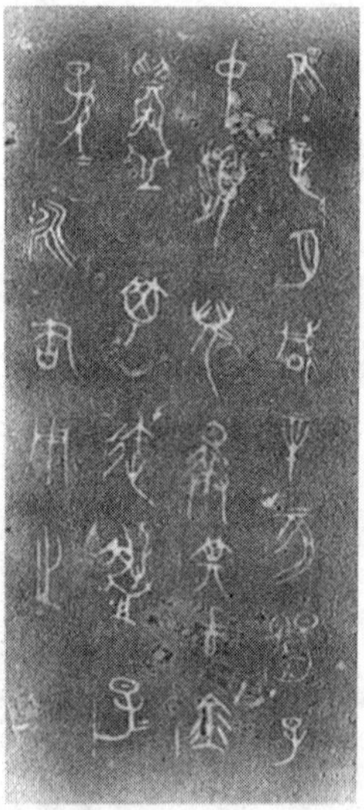

图 7–4　铜盘铭文（M1：4）

隹（唯）正月咸辛亥鴋（唐）子
中濒儿羿（择）其吉金
鑄（铸）其御盤（盘）子＝
孙＝永宝（宝）用之

本篇铭文皆正书，“其”下缺一捺，“宝”作“宝”，缺“王”和“贝”符。

咸，用于月序与干支之间，可能与月相

有关，金文中也有用“咸”的例子。如国差罏：“国差立事岁，咸，丁亥。”王国维在《观堂集林》中认为，这个咸字是指月阴月阳，我们最初认为本铭中的咸似指全月或满月。因为，咸可训为“全”或“满”。《说文·口部》：“咸，皆也，悉也。从口从戌，戌，悉也。”资料公布后，董珊认为是“咸（弍）”字，表示的是无合文标记的双音词“弍日”二字的合书，在铭文里表示月名“弍（一）之日”，指夏正的十一月。[1]其说应是正确的。

辛亥，为干支日名，金文中屡见。

犅子，“犅”字不见于字书，是一个从“牛”、从“昜”声的字，应读为“唐”。在此应作国名理解。唐字从口从庚声，庚的上古音属阳部见纽，昜的上古音属阳部喻纽，二字古音相近。且唐字的古文多从“昜”，试引如下几例古文可证：

《说文·口部》[2]

《汗简》[3]

《碧落文》[4]

《碧落文》[5]

《林罕集》[6]

《古玺汇编》[7]

上引古文所从声符皆相同，但所从形符有从口、从矢和从土之别，但都读为“唐”。本铭的“犅”也应读为唐，应是新见的一个古文“唐”

① 董珊．“弍日”解 [J]. 文物，2007（3）.

② 高亨的《古字通假会曲》第 226 页中引《说文》作从“日”从“昜”的“暘”字，《说文·口部》实为从“口”从“昜”的“暘”字。古字通假会典 [M]. 济南：齐鲁书社，1997.

③（宋）郭忠恕，夏竦．汗简　古文四声韵 [M]. 北京：中华书局，1983：17.

④（宋）郭忠恕，夏竦．汗简　古文四声韵 [M]. 北京：中华书局，1983：27.

⑤⑥（宋）郭忠恕，夏竦．汗简　古文四声韵 [M]. 北京：中华书局，1983：16.

⑦ 罗福颐．古玺汇编 [M]. 北京：文物出版社，1981.

字。由于古文唐从昜声，故与从昜得声的“陽”及含有昜声的“蕩”大都相通。如《左传·昭公十二年》：“纳北燕伯款于唐。”《公羊传》和《穀梁传》中的“唐”俱作“陽”。《战国策·赵策一》：“通于燕之唐曲吾。”汉帛书本中的“唐”写作“陽”。《左传·成公十五年》：“荡泽弱公室，杀公子肥。”《史记·宋微子世家》中的“荡泽”作“唐山（泽子山）”。

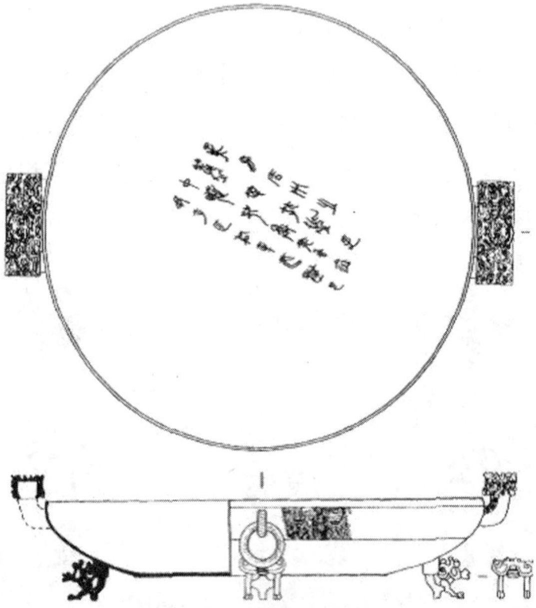

图 7–5 铜盘摹绘图

“唐”字在金文中也有直书为“唐”和“庚”的，《三代吉金文存》所收录的两件唐国铜器有唐子且乙爵和唐子且乙觶，其中的“唐”字是从口庚声。[①]“安州六器”之一的中尊铭文有“王大省公族于庚”一句，其中的“庚”字，李学勤释为唐[②]，是十分正确的。唐的上古音属

① 罗振玉. 三代吉金文存 [M]. 北京：中华书局，1983.

② 江鸿. 盘龙城与商朝的南土 [J]. 文物，1976（2）.

阳部定纽，庚的上古音属阳部见纽。二字古音相近，庚、唐二字相通在文献中屡见，《史记·韩世家》："司马庚三返于郢。"《集解》引徐广曰："庚一作唐。"《淮南子·修务》："司马庚谏曰。"高注："庚，或作唐。"《吕氏春秋·期贤》中的庚亦作唐。上古音庚声字与昜声字的关系极为密切。如康字也可以看作是一个从庚声的字，且本与庚通。《战国策·韩策二》中的"司马庚"在《史记·韩世家》中作"司马康"，但在铜器铭文中确见有"康"通作从昜声的"湯"字，如淅川下寺 2 号墓出土一件小口鼎自名为"鑿鼎"。浙江绍兴 306 号墓出土的一件小口鼎，其自名正是"湯鼎"[①]。信阳楚简、望山楚简的包山楚简都有直书"湯鼎"的例子，显然都是指同一类的小口鼎。"鑿"实即"荡"的繁文"盪"字，汤荡二字本通，《汉书·天文志》："四星若合，是为大汤。"晋灼注："汤，犹荡涤也。""鑿鼎""湯鼎"都应当读为"荡鼎"，是一种洗涤用的鼎。[②]由此而知，庚昜二声互通。本铭的"鍚"读为"唐"是有大量文献佐证的。子，应为爵称，金文中屡见。"鍚子"应读为"唐子"，类似于金文中的"楚子"。

中瀕，为人名，"中"应为其排行，通作"仲"。金文中常见以排行命名，如"仲某""叔某""季某"等。"瀕"字从"舟"，从"步"，从"页"。"舟"应隶定为"水"符，与"步"合为一会意的"涉"字，会人乘舟涉河之意。在古文字中，从舟与从水的字符常通用，如"盜"字，在金文中有作如下两形的：

徐王义楚盘[③]

中子化盘[④]

① 曹锦炎．绍兴坡塘出土徐器铭纹及其相关问题 [J]. 文物，1984（1）.

② 《说文·皿部》："盪，涤器也，从皿汤声。"

③ 秦士芝．盱眙县王庄出土春秋吴国铜匜 [J]. 文物，1988（9）.

④ 罗振玉．三代吉金文存 [M]. 北京：中华书局，1983.

前者从“水”从“关”从“皿”，它们都应隶定为“盜”，读为“浣”，是可证。《古文四声韵》卷一的直韵引《汗简》的“濒”字作“”，也是从“舟”符，因此，本铭中的“濒”字所从的“舟”符无疑当隶定为“水”符。中濒其人不见于记载。

儿，金文中屡见，一般作为人名。如者儿觶、小臣儿卣、儠儿钟、庚儿鼎、沇儿钟等。文献中也有以儿为名的。如春秋时被晋国所灭的潞国有“潞子婴儿”[1]，齐国有善于辨味的“臾儿”[2]。本铭中将“中濒儿”一起视作人名亦通。但在同墓所出的一件铜钺的铭文中却只书“中濒”，其后的“儿”是夺字，还是本可省略的字，已不得而知。如果是后者，就应当将“儿”看作是作器者名的后缀词，与今呼名后缀“儿”相同。金文中“儿”前的字才真正是作器者本名。上述的者儿觶、小臣儿卣、儠儿钟、庚儿鼎、沇儿钟等都可以称之为者觶、小臣卣、儠钟、庚鼎、沇钟。文献及金文中多见以单音词为名的，这是否反映了上古的一种语言习惯，尚值得进一步研究。

御盘，御字本应从“辵”、从“午”、从“邑”，但本铭漏铸一“卩”符。只从“辵”从“午”。古文中从“辵”与从“彳”的字多相通。[3]故此字当隶定为“御”，读为“讶”或“迓”。《诗经·召南·鹊巢》：“百两御之”，《释文》：“御，本亦作讶。”《尚书·商书·盘庚中》：“予迓续乃命于天。”《匡谬正俗》二引迓作御。《公羊传·成公二年》：“使跛者迓跛者，使眇者迓眇者。”《礼记·曲礼上》郑注引迓并作御。《荀子·荣辱》：“或监门御旅”，杨注：“御，读为迓。”“讶”和“迓”意皆为“迎接”。“讶盘”即迎娶之盘，是专为婚礼铸造用于沃盥的盘。

**2. 铜匜**

铭文位于匜内正中部（图7–6、7–7），共20字，分四列，从右至

[1] 见《左传》《公羊传》《穀梁传》宣公十五年。

[2] 《淮南子·氾论》：“臾儿、易牙，淄渑之水合者，尝一哈水而甘苦知矣。”注：“臾儿、易牙，皆齐之知味者也。”

[3] 高明.中国古文字学通论[M].北京：北京大学出版社，1996：139.

左读为

图 7–6　铜匜铭文（M1：5）

> 隹（唯）正月咸己未𣇉（唐）
> 子中濒儿睪（择）
> 其吉金铸其
> 御𣵦（沫）贵（匜）

本篇铭文较为清晰，其中的“正”“己”和“濒”三字为反书，“咸”字的“口”中一横作“日”，结合同墓所出的其他铭文，此字仍当隶定为“咸”，按董珊的说法，也应为“弌日”合文。“己未”的“未”字作“”法比较特殊，上下皆加饰笔，此形几乎不见于已面世的两周金文。金文中的“未”一般作“”，上下皆不加饰笔，其上加“”，本与木字相区别。战国文字的“未”开始出现下加饰笔的写法，作“”和“”等形[①]，并且以楚地为多见，但仍未见上加饰笔的现象。可以认为，加饰笔的“未”应属楚系文字，或者说是受楚文化的影响。这是目前所见有关先秦“未”字的一种新构形。

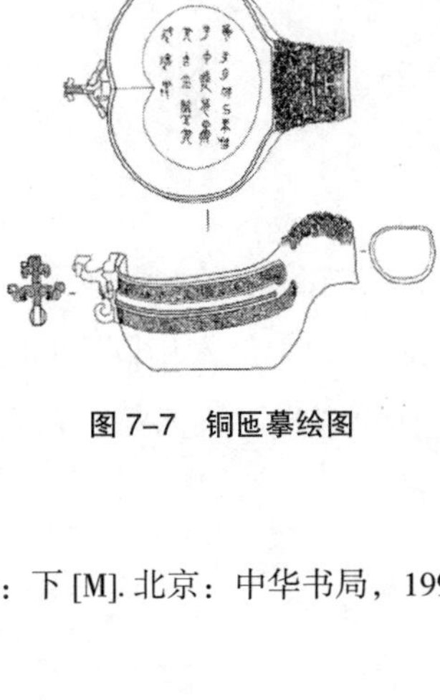

图 7–7　铜匜摹绘图

① 何琳仪 . 战国古文字典：下 [M]. 北京：中华书局，1998：1307.

遀（沬）贵（匜），遀从“辵”从“會”，应隶定为“遀”或“徻”，“”，从“廾”“臾”声，似应隶定为“贵”，读为贵。《说文·贝部》：“贵，物不贱也，从贝臾声。臾，古文蕢。”《说文·草部》：“蕢，草器也，从艸，贵声。臾，古文蕢，象形。”从二引《说文》而知，“臾”是草编器蕢，且是一个象形文字。从字形分析，应是一个与匜相似的器物，因为“臾”正像匜的椭圆形口之形，其中的“人”贯通“臾”外，一端像匜流，一端像匜鋬。与许氏认为的象形十分吻合。是知古代的“蕢”应与匜有关。疑其器可能仿制于贵，抑或其器型与贵相似之故，贵应是匜的别称。犹如鼎可称“石沱”和“緐”一样。沬贵，即用于沃盥手和面的匜。

由于蕢器与“贵”相关，且“蕢”又是从“贵”得声，古代二者字形极相似。据《古文四声韵》所引古文“贵”和“蕢”看，二者似有混通之处。

“蕢”字的古文作①：

《汗简》

臾
《唐韵》

“贵”字的古文作②：

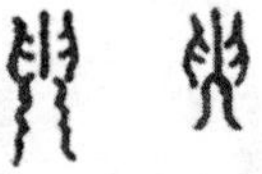
《古孝经》

裴光远《集缀》

《古老子》

通过比较，这些字形都有像匜的“臾”形。尤其是裴光远《集缀》的“贵”字与本铭所释的“贵”大体相同。同时又可看出，《汗简》中的“蕢”与《古孝经》中的“贵”几乎没有区别。由此可知，上古的

①② （宋）郭忠恕，夏竦 . 汗简　古文四声韵 [M]. 第四卷 . 北京：中华书局，1983.

“蕢”和“贵”不仅在字音，而且在字形和字义上都有关联。战国文字中凡从贵之字都保留“臾”形。我们从“遗”字多从贵声，从“辵”或从“贝”符可知，“遗”与“贵”古通用。如《庄子·天下》：“道则无遗者。”《释文》：“遗本又作贵。”《楚辞·九怀》：“道莫贵兮归真。”《考异》：“贵，一作遗。”包山楚简和天星观楚简还分别记有“首遗”一名的器物，天星观简又另见“戠遗”，曾侯乙墓简也有“黄金之遗”。我们认为，这些“遗”字都应当读为“贵”，所指的都应是相同的一种器物。怀疑其外形应具有或部分具有与古器“贵”相似的一种椭圆形车首附件。

铜匜自名为“贵”的还见于王子造匜、蔡公子佒匜[①]、以邓匜、东姬匜、鄬中姬丹匜和吴季生匜[②]等。这些器名中的“贵”字，除蔡公子佒匜外，都大体相似，上部都从“臾”，下部从“皿”。由于上述铭文中的贵所从的“臾”都不太清楚，或由于铸造时产生的缺笔和缺符，有的学者将其释为“沬”或释为匜的异体字[③]，我们认为将其释为“贵”似更近实。蔡公子佒匜最末的器名作“”，比较特殊，我们将其视为“贵”，也是基于其上部的声符可能是古文“臾”的缺笔和讹变。《古文四声韵》第四卷在末韵第八中还有一个引《义云章》的“贵”字作“”，两相比较，其疑释然。由于“贵”具有洗面的功用，进而派生出一个从“面”从“贵”声的“䩻”字，用于表“洗面”的专字。《玉篇·面部》：“䩻，洗面，与頮同。”《礼记·玉藻》：“日五盥，沐稷而䩻粱。”孔颖达疏：“䩻，洗面也。”《汉书·礼乐志》：“沬流赭。”颜注引晋灼曰：“沬，古䩻字也。”铜器铭文中也有“贵匜”之说，这“贵”应通作“䩻”，杨树达在《吴姬匜跋》一文中将吴姬之后的一残字释为“贵”并

① 罗振玉．三代吉金文存[M]. 北京：中华书局，1983.

② 河南省文物研究所等．淅川下寺春秋楚墓[M]. 北京：文物出版社，1991：16、36、229.

③ 李家浩．信阳楚简“浍”字及从“类”之字[J]. 中国语言学报，1982（1）：193. 赵平安．金文考释五篇[M]// 容庚先生百年诞辰纪念文集．广州：广东人民出版社，1998：499.

借为“沫”说，无疑是正确的。[①]

上述考论仅是一种推论，但从文义及金文通例看，此字也可径释为“匜”字。

3. 铜钍

铭文位于器腹外（图 7–8、7–9），共 20 字，分三列，从右至左读为：

佳（唯）正十月初吉丁
亥募（唐）子中濒睪（择）
其吉金铸其御钍

图 7–8 铜钍铭（M1：2）

通篇铭文皆正书，只是少数铭文有缺笔、省笔、缺符和讹变的现象。其中，“募”字的“昜”符下省两撇；两个“其”字下省“八”；“御”字的“辵”符上缺一撇：“择”字下缺一“又（手）”符；“濒”字讹变作“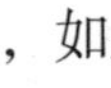”，如果不是与前两篇铭文对读，很难将其隶定为“濒”字。缺笔和缺符的现象可能是铸造时模具上铭文笔画损伤所致：“濒”字的讹变，可能是铸工在铸造前已发现其字有缺笔的现象而进行加补后所致，其本字无疑不应如此。

十月初吉丁亥，金文中的“十”与“七”有形同之例，“十月”抑或为“七月”。“初吉”为月段名，即指每月的初一至初入。金文中屡见初吉，既望、既生霸、既死霸等习语，这是本组铭文唯一使用这一俗语的一件。丁亥为干支日名，应是铸器之日。金文中多使用丁亥日铸器，是知应属吉日之一。据此推断，盛行于战国秦汉的择日判定吉凶的数术可能由来已久。

钍，应是本件铜器的自名，从“金”从“比”声，应隶定为“钍”，

① 杨树达．吴姬匜跋 [M]// 积微居金文说．北京：中华书局，1997：146.

读为“椑”。《集韵》：“椑，或作錍、鉀。”《广雅·释器》：“扁榼谓之椑。”《考工记·庐人》先郑注：“椑，隋（椭）圆也。”此器正作扁形。“钾”应是扁腹器的专名，字或作“椑”。[1] 考古发掘证实，从春秋到汉魏都因袭其名。湖北云梦大坟头1号汉墓出土一件容二斗的铜蒜头扁壶，其同墓木牍也记为“二斗钾一”[2]。据此看来，过去人们将所见扁腹状的这一类器物曾冠以“扁壶”或“蒜头扁壶”等诸多称谓，都应当要正其名为“钾”。

这组有铭铜器的铭文行款相同，署名皆为“中濒”或“中濒儿”，由各器器名前的“御”字可知，其功用当是男方专为婚礼迎娶所铸之器，与金文中女子陪嫁所铸之器称“媵器”相对。前已指出，“御”当读为“讶”或“迓”。媵与御除分别指女子嫁送和男子迎娶的随从外，还应包含有妇夫所备婚嫁之具，金文所见大量“媵”器即其证。媵与御在文献中常连言，《仪礼·士昏礼》：“妇至，主人揖妇以入，及寝门，揖入，升自西阶。媵布席于奥，夫人于室即席。妇尊西南面，媵御沃盥交。”郑注：“御当为讶，讶，迎也，谓壻（婿）从者也。”由《士昏礼》可知，在女子被迎入男家后，似必行“沃盥”之礼。沃盥时，采用御

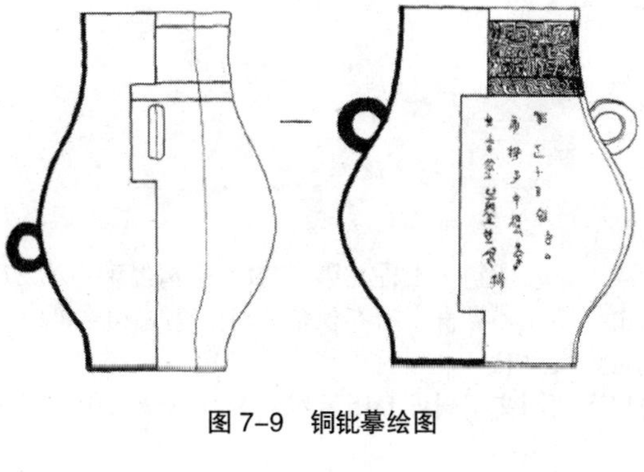

图7–9　铜钾摹绘图

① 湖北省文物考古研究所．江陵凤凰山一六八号汉墓[J]．考古学报，1993（4）．
② 湖北省博物馆．云楚大坟头一号汉墓[M]// 文物资料丛刊：4．北京：文物出版社，1981：17．

沃、媵盥交错的方式，以示阴阳之志。[1]我们认为，行此礼时使用的必定是男女双方各自准备的沃盥之器。故此，这批含“御”字的铜器当为男方所铸之器，似应称之为“御器”，或“讶器”“迓器”。

这批铜器的器形形制古朴，无论从器形还是从花纹乃至铭文，都与已发现的春秋铜器相似。通过比较，简报将其时代定为春秋中期，其说可从。铜器出土地肖家河位于汉江南岸的一个凸出的台地上，地近丹江水库。近年来，在丹江水库的郧县一带屡次发现春秋青铜器，其有铭铜器的国别涉及古申国[2]，此次再现唐国铜器，且与淅川下寺春秋器群遥相呼应，足见这一区域的重要性。唐国铜器过去极少见，《三代吉金文存》曾收录两件[3]，铭文都较少，且唐字皆从“口”从“庚”声。1977年，湖北枣阳曾出土了一批西周晚期的“陽食生”铜器群，其中的“陽”字有学者认为读为“唐”，属唐国器。[4]本次铭文所见的唐字从“牛”从“昜”，丰富了我们对古文“唐”字的认识。值得注意的是，无论“唐”字作何体，则概称“唐”字，一反《左传》“唐侯”之说。[5]

唐国为周之宗支，属姬姓。[6]据《国语·郑语》记载，至迟在西周晚期已地处周之南土。从“安州六器”之一的中尊铭纹看，唐国位居南土的年代还可早到西周早期，属“汉阳诸姬”之一，其地当在随枣走

① （吴）司马廷华. 仪礼章句·士昏礼第二 [M]// 皇清经解：第272卷，第4页.

② 郧阳地区博物馆. 湖北郧县肖家河春秋楚墓 [J]. 考古，1998（4）.

③ 罗振玉. 三代吉金文存 [M]. 北京：中华书局，1983.

④ 黄锡全. 湖北出土商周文字辑证 [M]. 武汉：武汉大学出版社，1992：116.

⑤ 见《左传·宣公十二年》。

⑥ 《国语·郑语》韦昭注：“应、蔡、随、唐，皆姬姓也。”《史记·楚世家》正义引《世本》曰：“唐，姬姓之国也。”有些古籍如司马贞《史记索隐·晋世家》《新唐书·宰相世系表》、梁玉绳《汉书人表考》、顾东高《春秋大事表》第5卷《列国爵姓及存灭》等都认为唐为尧后、祁姓，但此说多遭前贤质驳，应不可信。本文主姬姓说。

廊即今随州市西北的唐县镇一带。[①]春秋时期，它是一个属楚的小国。《左传·宣公十二年》杜预注："唐，属楚之小国。"孔颖达《正义》："《经》不书唐侯者，为楚私属。"终春秋之世，唐楚关系都极为密切。《左传·哀公十七年》记楚太师子谷提到武王任命的军率观丁父时曾说："是以克州、蓼，服随、唐，大启群蛮。"至迟在春秋早期，唐国就已臣服于楚。晋楚邲之战，唐惠侯曾亲率唐国的军队协同楚作战，并负责"左拒"晋师[②]，直到春秋晚期吴师入郢之役爆发，唐侯叛楚，在秦楚联兵大败吴师，收复失地后，唐国即被楚国所灭，至此唐国才祚亡祀绝，不见经传。

春秋唐国铜器面世于郧县，对揭示楚唐、楚麇关系有着重要的学术价值。郧县古属麇国地，春秋时，麇国不太听命于楚，尤其是在"厥貉之会"时，麇子未待盟会结束，就提前回国，由此惹怒了楚王，引来了楚国的多次讨伐。[③]楚国在灭庸之后，也就是在晋楚邲之战的前一年灭麇[④]，清除了申吕南户的障碍。可以说，春秋时楚国在郧县一带进行了一系列的征讨和灭国战争，作为属楚之国的唐国可能随楚也参加了这些战役。郧县出土的这批铜器是印证上述史实的重要物证。

## 第四节 新见楚器铭文中的"竞之定"及相关问题

《文物》2008 年第 1 期发表了张光裕《新见楚式青铜器器铭试释》

---

① 《方舆纪要》，德安府随州"唐城"条；《大清一统志》，德安府"唐城"条。有关唐国地望文献记载和今人考述歧见纷出。参见石泉．从吴师入郢之役看古代荆楚地理 [M]// 古代荆楚地理新探．武汉：武汉大学出版社，1988：355．徐少华．周代南土历史地理与文化 [M]．武汉：武汉大学出版社，1994：59—61．本文主随州西北说，主要是诸多文献都以随唐并提，则两国应相距不远，随（曾）在今随州市，唐必与其近邻。

② 见《左传·宣公十二年》。

③ 见《左传》文公十年、十一年、十六年。

④ 有关楚灭麇的年代约在公元前 598 年。参见何浩．楚灭国研究 [M]．武汉：武汉出版社，1989：232.

一文，文中详细介绍和考证了 21 世纪初由中国内地盗往澳门的一批楚青铜器，这批青铜器共 29 件，其中带盖升鼎 7（实见 6 件）、鬲 7、簋 8、豆 2、方壶 2、缶 1、盘 1、匜 1。（以下简称澳门铜器）在这批青铜器中，有铭文的青铜器多达 24 件。有关这批器物的年代及铜器铭文的内容，张光裕在文中都作了至为精当的考述。

据张光裕的文章介绍，在实见的 28 件铜器中，我们将 24 件有铭文的铜器铭辞可以分为三类。一是物主自持类的铭辞，二是记事类的铭辞，三是体现身份类的铭辞。物主自持类的铭辞铜器只有两件，分别为 1 件盘和 1 件匜。其中盘铭为 3 列共 8 字，铸于盘内，铭文内容如下：

楚王酓（熊）
悆乍寺（持）
盥盘

匜铭为 1 行共 6 字，铭文内容如下：

楚王酓（熊）悆乍寺（持）

记事类的铭辞铜器共有 11 件，分别为 7 件鬲、两件豆和两件方座簋。鬲铭铸之于口沿内侧，豆铭分 6 列铸之于豆盘内，簋铭分 4 列铸之于簋内壁。每件上的铭文皆为 21 字，所记事例皆相同。其中，除两件鬲上的铭文用字有错置的现象外，其余器物上的铭文皆可通读。

鬲上的铭文依沿排列为：

隹王命竞之定
救秦戎大有社于洛之戎
用乍障彝
豆上的铭文排列为：

隹武王命
竞之定救秦戎
大有社于洛之
戎用乍隣（尊）彝

方座簋上的铭文为 4 列，从右向左读为：

隹武王命竞
之定救秦戎
大有社于洛
之戎用乍隣（尊）彝

体现身份类的铭辞共有 11 件，分别为没有记事铭辞的 6 件方座簋和 5 件鼎上，铭文皆简单，各器底内只铸一“君”字。

这批新见的楚铜器极为重要，首先是新见有一个不见经传的楚王名酓（熊）怵，其次是再次发现关于楚国“救秦戎”史事的记录。为此，笔者想就本次新见铭文中的“竞之定”及相关诸字的释解、铜器的年代、楚王熊怵其人及铜器所属主人的身份等问题提出一点不成熟的看法。

**1. 关于铜器铭文中的“竞之定”及相关诸字的释解**

这批新见的记事铭文记录了“救秦戎”的史事，铭文内容为“隹武王命竞之定，救秦戎”。过去也有发现关于“救秦戎”史事的铜器铭文。1956 年考古工作者在河南信阳长台关发掘了两座大墓，其中 1 号墓出土的一件编钟上的铭文为“隹荆历屈（夕）晋人救戎于楚竞”[①]。1973 年在湖北当阳季家湖楚城遗址出土了一枚铜钟，其上铭文为：“秦王卑命竞坪王之定救秦戎。”澳门这批新见的楚铜器再现“救秦戎”的

① 河南省文物研究所 . 信阳楚墓 [M]. 北京：文物出版社，1986.

铭辞，说明在楚国历史上确曾有过这么一次重要的战争。

在信阳楚墓和当阳季家湖楚城发现“救秦戎”铜器铭文后，经过学术界的不懈努力，对钟铭的研究已经取得了重大的成果，其认识已渐趋一致。其中值得首肯的是黄锡全和刘森淼两人将“坪王”释读为“平王”[①]，李零先生则进一步将“竞平王”之“竞平”释为楚平王的多谥称号[②]。这为解开“救秦戎”的史事找到了突破口。由于这一史事史载缺佚，有关“救秦戎”的铭辞仍需进一步探讨，为此，笔者先就其中的“竞之定”及相关诸字再提出一些不成熟的看法。

由于确立了澳门铜器豆和簋上的铭文与季家湖楚城钟铭文所记是同一事例，两相对照就不难发现季家湖楚钟上的“竞平王之定”与澳门铜器豆和簋上的“竞之定”表示的内容相同，可看出应是一个完整的人名，“竞之定”又可称“竞平王之定”。由此可知，“竞”必当是以楚平王的第一个谥号所命的氏，读为“景”。可以肯定的就是楚国“三户”中的“景”氏。由此而来，季家湖楚钟上的“竞平王之定”就应重新考虑。过去一般认为，其中的“之”字用如动词，“定”字用作表地点的名词，全句为一个完整的主谓宾句式，即“竞平王去定这个地方（救秦戎）”。现在看来，“竞”应当作为氏，那么“竞平王之定”就应是“竞之定”。其中的“之”只是一个语助词而没有实际的字义，而“定”不是地名，而只是一个人名。这个人名就是“竞（景）定”。“竞”即表明了楚平王这一族，也标示出由楚平王之谥所衍生出来的氏称。

众所周知，姓是代表有共同血缘关系种族的称号，氏则为由姓衍生的分支。《左传·隐公八年》中有一段话，清楚地揭示了姓和氏的关系，那就是“天子建德，因生以赐姓，胙之土而命之氏。诸侯以字为谥，因以为族；官有世功，则有官族；邑亦如之。”“竞”作为楚平王之续后的氏称，在楚地的考古发掘中也有所见。一般是“竞＋之＋人名”

① 黄锡全，刘森淼．“救秦戎”钟铭文新解 [J]. 江汉考古，1992（1）.

② 李零．楚景平王与古多字谥——重读“秦王卑命”钟铭文 [J]. 传统文化与现代化，1996（6）.

的结构。2003 年，笔者在湖北宜城博物馆看到了一座楚墓出土的两件铜鼎，其上的盖内中部都有相同的铭文，每件上的铭文分两排排列，从右向左读为“竞之兼之少（小）鼎”其中的“竞”字与新见澳门铜器及季家湖钟上的铭文“竞”字相同。[①] 从鼎的形制而论，其时代当为战国中期，其中“竞之兼”显为人名，与“竞之定”的结构相同，应属楚平王后的同一族氏。由此，我们可以推出“竞之兼”也可以称之为“竞坪王之兼”。《古玺汇编》中辑存有两方“竞□”的私印，亦当是楚平王之族氏。[②]

确立了楚国以谥为氏称后，对于传世文献及出土文献中一些氏＋之＋人名的结构都可以认定是以族或邑或官等为氏的人名，因为这在已有材料中屡见不鲜。如文献中的“舟之侨”（《左传·闵公二年》）、“烛之武”（《左传·僖公三十年》）、“潘尫之党”（《左传·成公十六年》）、“宫之奇”（《左传·僖公二年》）等都是与之相同结构的人名。其实，有关这一氏称的结构，汉人已经作了明确的注解。如《左传·哀公十一年》的“孟之侧”，杜注：“之侧，孟氏族也，字反。”（此人实即《论语·雍也》中的孟之反）。出土文献中这样的例子也俯拾皆是，如包山简中的“臧王之墨”“臧之无咎”等。其中的“臧”字当是以楚庄王之谥为氏，可读为“庄”，限于篇幅不一一枚举。不过，其中的“之”字也可以省略，也有以国族为氏的个例，如楚平王之子称“楚建”（昭公二十年），湖北麻城李家湾春秋楚墓出土的鼎铭有“楚”[③]，其中都省略了“之”字，这是以大族为氏的例子，可以引起我们的深入思考。

澳门铜器中的“竞之定”确定为人名后，季家湖铜钟上的通篇铭文的辞意基本可以贯通了，所述的即是秦国有求于楚之事，楚王派竞之定率领援兵救秦军。经与澳门铜器铭文对读，可知季家湖铜钟上的“秦王”的确不能连读，因为这些有铭铜器都是楚器，所记和所指的王，都

① 两件“竞之兼”的铭文铜鼎现存湖北宜城市博物馆，资料尚未发表。

② 故宫博物院．古玺汇编 [M]. 北京：文物出版社，1981.

③ 湖北省文物考古研究所．湖北麻城市李家湾春秋楚墓 [J]. 考古，2000（5）.

应是楚王。进一步证实了季家湖楚钟上的铭文不是一篇完整的铭文。又从“大有社于洛之戎”的句子看，在这场战役中，秦楚联军应大败了洛之戎。

2. 关于澳门所见铜器的年代

澳门所见铜器一经公布后，学者对其年代都进行极为详尽的探讨，以笔者目力之所及，大体有春秋晚期至战国早期、战国早期和战国中期等诸说。由于这批铜器属非科学发掘，这批铜器是否出自同一座墓葬已不得而知。从目前已建立的楚墓年代学的框架看，这批楚铜器的年代应是清楚的。笔者认为这批铜器的年代应可准确地判定在战国早期，其上限不会早于楚惠王时（前 488），其下限不会晚于楚肃王时（前 380）。

为了进一步推定其年代，根据这批铜器的形制和纹饰特点，我们可以把这批器物划分为两组来讨论，第一组是方壶 2、盘 1、匜 1 和缶 1 共 5 件，其余的都可归并为第二组。

首先我们来看第一组。从形制上看，第一组中的两件方壶与曾侯乙墓及随州擂鼓墩 2 号墓出土的同类壶极为相似，无论是纹饰还是铜器上的附件装饰都相同，特别是方壶腹上的扉棱及其凸出的棱尖几乎如出一辙。① 其中的缶应为矮直领，腹上饰圆形凸饼并间饰蟠虺纹是楚地战国早期所常见的一种形制。盘和匜虽都遗留有春秋中晚期以来的形制，诸如匜鋬作龙形，匜流作兽首并作浮雕的蟠螭纹，盘作无沿、厚壁和大平底等，但整体器形和纹饰还是发生了明显的变化。从纹饰上看，如春秋缶和盘上大多流行一种三角形的垂叶纹和涡纹，但在这批器物上都没有。从形制上看，一些附件都明显简化，如匜鋬只作单躯的龙形，而不像春秋多见的复杂的蟠虺纹鋬，匜流面也不明显上凸，尤其是盘的三足已不是春秋晚期所通行的兽形三足，而演变为战国时期壶和敦上所常见的一种“S”环纽状的足。因此将这批器物的年代推定在春秋晚期实有

① 谭维四 . 曾侯乙墓 [M]. 北京：文物出版社，1989. 刘彬徽 . 随州擂鼓墩二号墓青铜器初论 [J]. 文物，1985（1）.

不妥。

第二组器物是鼎 6、簋 8、鬲 7、豆 2，共 23 件（据称另有 1 件鼎在台湾）。从整体形制而论，第二组器物没有第一组器物精制，可明显看出其制作简单。其中的鼎为亚腰形，口底大小大体相同，饰爬兽，簋作规整的器身和方座。不仅与曾侯乙墓所出的同类器相同，而且与楚地战国早中期的同类器也相近，豆作浅盘，细柄具备了战国早期的特点。但器形更多的还是有明显偏晚的遗风，铜升鼎更接近于包山 2 号楚墓的升鼎，只是包山 2 号楚墓的升鼎束腰更明显些，正反映了它们年代相近的一种演变关系[①]，如鼎的爬兽没有曾侯乙墓的繁缛，簋身无扉棱，也明显晚于春秋战国之交的“昭王之逞簋”[②]。从纹饰而论，这组器物比第一组器物更显简单和草率。因此，将这组器物推定在春秋晚期也不妥。

在判定澳门所见铜器的年代时，人们大多数都注意到了同河南淅川徐家岭 10 号楚墓的可比性，这是可取的，对认识这批新见铜器极有参考价值。在《淅川和尚岭和徐家岭》的报告中，徐家岭 10 号楚墓的年代被排定在战国早期[③]，应该说是可信的。实际上，这座墓葬的器物比较复杂，早晚参差其内，其中最晚的应是同墓所出的盘、匜和铺首铜壶，可以认定它已到了战国早期的后段，也有可能已进入了战国中期，应该说徐家岭 10 号墓出土的器物的年代与这批新见铜器年代是最为接近的。

众所周知，曾侯乙墓属战国早期的楚惠王时期，在推定澳门铜器的年代属战国早期后，就自然应当要晚于曾侯乙墓了，因为澳门铜器中已见有熊酓（熊）怵。也就是说不可能是楚惠王时期了，但又要早于淅川徐家岭 10 号楚墓。因此，三者在时间上的先后关系就应当是曾侯乙墓→澳门崇源铜器→徐家岭 10 号楚墓。尽管澳门铜器年代的推定在同一个大的战国早期时间段内，经过分组论定后应存在着细微的年代刻度

① 湖北省荆沙铁路考古队 . 包山楚墓 [M]. 北京：文物出版社，1991.
② 刘彬徽 . 楚系青铜器研究，湖北教育出版社，1995.
③ 河南省文物考古研究所 . 淅川和尚岭和徐家岭 [M]. 郑州：大象出版社，2004.

之差，即第二组应略晚于第一组。无论这批铜器是否出自同一座墓葬，似乎还隐示出这批铜器应存在着物主之别。事实上，铜器铭文本身已经比较清楚地反映出它们之间的差别，第一组中的盘匜为楚王酓（熊）怸铸器，第二组中鬲、豆、簠和鼎等主要为“救秦戎”和“君”字的铭文，这并非是偶然的巧合。

至此，澳门铜器的年代就比较清楚了，战国早期只历经了楚惠王、楚简王、楚声王和楚悼王四世，而楚惠王在位长达57年（前488—前432），在排除了楚惠王之后，就只余下三王了，即楚简王、楚声王和楚悼王。因此，这批铜器的年代可能就在公元前431年—公元前381年之间了。

**3. 关于楚王酓（熊）怸其人**

澳门铜器最重要的发现之一就是在其上出现了一个楚王熊酓（熊）怸之名，酓（熊）怸之名不见于经传，这就说明这批铜器具有极珍贵的史料价值。

熊酓（熊）怸是不是历史缺载的另外的一个新王呢？这种可能性极小，因为自公元前740年楚武王熊通称王起至公元前223年的楚王负刍灭，楚国共经历了23世，而且前后年代相续，其间没有缺环。那么，是不是楚王族弑王后而临时称王的某个楚王呢。因为在楚国历史上，弑君或篡位的现象不乏其例。如楚惠王八年，楚之大夫白公胜，因郑国杀害了其父亲，对郑国怀恨在心，而此时又抱怨楚国出兵救郑，于是出现了白公胜杀子西、劫持惠王并自立为王的一幕（事见《史记·楚世家》）。不过此事历时极短，不可能在短时间内铸器，所以这种可能性也很小。因此，综观史料，酓（熊）怸还应当是已见于史载的一个正位楚王。

我们已经注意到，在楚国历史上，有一个楚王与熊怸可以相连，那就是楚平王。楚平王即楚公子弃疾，在公元前528年夺得王位后，即更名为熊居，其名“居”字与澳门铜器上的“怸”字在字义上相同。

澳门铜器上的“怸”应是一个从心，休声字。《广韵》尤韵下：“怸，戾也。”可看作就是一个“休”字。而“居”字也有“戾”义。

休、居都有停和止息义。《尔雅·释言》："休，戾也。"郭璞注："戾，止也。"《诗经·大雅·瞻卬》："妇无公事，休其蚕织。"毛传："休，息也。"孔颖达疏："汝今妇人之不宜与朝廷公事，而休止养蚕织纴，干预男子之政，亦非宜也。"《尔雅·释诂下》："休，息也。"《易·系辞下》："变动不居，周流六虚。"《吕氏春秋·慎人》："编蒲苇，结罘网，手足胼胝不居。"高诱注："居，止也。"正因这种意义上的相同，再加上"竞坪王"就是楚平王，极易引起我们与之相连。而楚平王熊居公元前540年至公元前516年在位，大约在春秋晚期。但通过器物类型学的年代推定后似不支持这一说法。而以"竞（景）坪王"作为其谥的族氏之称后，几乎完全否定了这一可能。

回到我们依据形制所推断的年代，楚王酓（熊）忶就应可能在依次相续的楚简王、楚声王、楚悼王之中了。楚简王名熊中，在位24年（前431—前408）；楚声王名熊当，在位6年（前407—前402）；楚悼王名熊疑，在位21年（前401—前381）。其中，熊疑末年已进入战国中期。在这三王中，文献中没有一个曾名"忶"的记载，也没有三王之名与"休"相通的例子。从声类上求之，"中""当"与"忶"的声韵相去甚远，而只有"疑"字与"忶"有一定的关系。那么，这个名熊忶的楚王是不是就有可能是悼王熊疑呢？

"疑"字属疑母之部字，"休"字属晓母幽部字[①]，休字同之部的字有相通的例子。如《仪礼·士虞礼》："祝入，尸谡。"郑注："古文谡或为休。"[②]"谡"的古音虽在职部，是之部的入声字。值得注意是"休"字与"喜"字不仅可以通假，而且还是"一声之转"[③]。至于"休""喜"和"疑"在传世的文献中还找不到直接相通的例证，尚还需要更多的文字材料来证明。至此，我们只能怀疑这个熊忶有可能就是楚悼王熊疑，其在位时段大部分正值战国早期的晚段。

① 唐作藩．上古音手册[M]. 南京：江苏人民出版社，1982.
② 高亨．古字通假汇典[M]. 济南：齐鲁书社，1989.
③ （清）朱骏声．说文通训定声[M]. 北京：中华书局，1984.

### 4. 关于墓葬所属主人的身份

这批新见铜器属非科学发掘物，是否出于同一座墓葬已不得而知。但从整体的形制和组合看，判定其出自于同一座墓葬的可能性极大。因此，这就不得不涉及墓葬主人生前的身份问题。

在这批铜器中，能够反映墓主身份的主要礼器基本完整，应属于楚国的高等贵族，但由于少量铜器上涉及楚王之器，是不是就是楚王墓呢？有必要对此进行辨析。在推定墓葬等级时，人们大多按其用鼎数量的多寡来判定墓葬主人的生前身份。因为在周代，用鼎制度是当时丧葬礼制的核心内容之一，其中的升鼎最能反映墓主生前的身份和地位。尽管春秋战国时期礼制发生了一些变化，或者出现了“僭越”，但丧礼中的用鼎制度在各阶层的人士中大都得以延续。在楚国，尤其是在楚国高等级贵族的墓中反映最为明晰，这在已发掘的楚国和楚系的墓葬中也都得到了证实。因而，在高等级的贵族墓葬中，依据墓葬本身所出的鼎数的多少来判定墓主生前的身份和地位应该说是可信的。

澳门铜器共见有 7 件鼎（实见 6 件），在我们怀疑这一数量是否完整的同时，联系与之相伴的 7 件小鬲看，似乎又对其是原数的看法深信不疑。因为在墓葬中，小鬲与升鼎一般是配套使用。这种共存关系数的吻合，应不是偶然的。因此，7 件升鼎应是原墓葬中依礼制而葬所反映身份的全部鼎数。

按照七鼎之制的鼎数，墓主应不是最高等级的楚王了。从《公羊传・桓公二年》何休注：“礼祭：天子九鼎、诸侯七、卿大夫五、元士三也。”最高鼎数应是九，楚国虽不是天子，但自楚武王自立为王后，多与天子位并居，所以楚王使用鼎数就应为九鼎，上卿及其以下则依次递减。尽管目前在已发掘的楚墓中，大多数大夫级及其以下的楚墓与上述记载不能完全相合，但在高等级的贵族墓葬中还是有据可循的。

已发掘的具有明确身份的楚国和楚系高等级墓葬反映的情况与上述记载是相符的。如楚幽王墓、楚系的曾侯乙墓和擂鼓墩 2 号墓都出土了

9 件升鼎[1]，淅川下寺 2 号墓为楚令尹芳子冯墓葬[2]，出土有 7 件升鼎，前者属于王级，后者属于上卿，正与文献所记相应。以此而证，澳门铜器墓主当不是楚王。

上述结论还有三点可作辅证，其一是整体器物不太统一，绝大多数器物的制作都比较粗糙；其二是作为楚王墓葬的话不应该只是在盘匜上见到楚王的名字；其三是在我们所分第二组器物的大多数器物的铭辞都与“救秦戎”相关或只有一个“君”字的铭辞。而第二组器物又恰巧是体现身份的升鼎和簋的组合，二组器物之间似乎隐喻出应分属不同的主人。即第二组器物应是一个整体，能体现这批铜器墓葬的真正主人。

在确立了这批铜器属于 7 鼎墓的等级后，还有一个问题需要说明，那就是这批铜器中伴出的同样体现身份的 8 件铜簋。

一般而言，周代的用鼎制度是 9 鼎配 8 簋，7 鼎配 6 簋，当推定为 7 鼎之制后，但这批铜器中却又伴有 8 件簋，实与礼数不符。通过细审铭文后，我们仍可确认其是 7 鼎 6 簋的组合。从铭文可知，已公布的 6 件铜升鼎上有 5 件都铸有一“君”字，1 件无。另 1 件鼎据称在台湾，未见其照片，有没有“君”字的铭文不得而知。事实上，很耐人寻味的是在 8 件铜簋中，6 件上有“君”字。可能标示出这 6 件簋应是与升鼎相配的。鼎和簋上“君”字的铭文如此对应，也不应当只是一种巧合。如果这一推论无误的话，那么，这正好符合 7 鼎 6 簋的配置。至于另两件有“救秦戎”铭文的铜簋可能属于临时加的其他功能性随葬品。因此，我们似乎完全有理由将其排除在 7 鼎 6 簋的配置之外。

通过上述分析，澳门铜器所属主人的身份应该是比较清楚了。其身份和地位应与河南淅川下寺令尹芳子冯相同，应属楚国的高等贵族，应是一个掌握着楚国兵权的上层官吏，所使用的是仅次于楚王的上卿之葬制。墓主人与楚王应有密切的关系。

---

① 湖北省博物馆，随州市博物馆 . 湖北随州擂鼓墩二号墓发掘简报 [J]. 文物，1985（1）.

② 李零 .“楚叔之孙倗”究竟是谁——河南淅川下寺二号墓之墓主和年代问题讨论 [J]. 中原文物，1981（4）.

澳门铜器尽管是一批被盗遗物，但其包含的学术价值极大，深入研究这批铜器必将解开诸多楚史疑谜。准确地推定其年代，将有助于丰富和完善楚器的年代学序列。

## 第五节　释信阳楚简中的“硥石之砼”

信阳楚简第 2 组遣策简中屡见有“硥石之砼”和“硥石”，“硥”字下多带有合文号，标明此字应连读两个音节，其文例如下[①]：

①一房机，四硥＝（硥石）之砼。　　——信阳简 2-08

②十皇豆，电桼（漆）彫（雕），硥＝（硥石）之砼。

——信阳简 2-205

③一硥＝（硥石）之旂，三彫（雕）旂。　　——信阳简 2-011

上列的“硥”字皆作如下之形：

A 

目前，学术界对它的字形和字意大体有如下几种隶释：

1. 隶定为，音义不明[②]。

2. 疑为“厚奉”二字的合文，意待考。[③]

3. 读“厚奉”或“厚捧”，解为木豆的豆柄。[④]

4. 将①、②中的 A 字隶定为“硥”，疑读为“搼搼”或“蓬蓬”。或隶定为“石硥”的合文，其意皆无说。[⑤]

---

① 河南省文物研究所 . 信阳楚墓 [M]. 北京：文物出版社，1986.

② 商承祚 . 战国楚竹简汇编 [M]. 济南：齐鲁书社，1995：37.

③ 湖北省文物考古研究所，北京大学中文系 . 望山楚简 [M]. 北京：文物出版社，1995：116.

④ 刘信芳 . 楚简器物释名下篇 [M]// 中国文字：新二十三期 . 台北：艺文印书馆，1997：87.

⑤ 何琳仪 . 战国古文字典——战国文字声系 [M]. 北京：中华书局，1998：437、1487.

上述诸说都从不同的角度对此字的字形和字义进行了极有建树的探讨，尤其是第 4 说直接将 A 隶定为“䂿”，对进一步探讨其含义颇有启发性。为了深入探讨此字，我们还是从分析字形入手，再兼及字意和读音。

谛审信阳楚墓出土的原简影像，上揭 A 字，当是一个从石从奉的字，过去一些学者大多将其隶为“厚奉”的合文，为了进行比较，我们选择了一些出土文献和传抄古文中所见的有代表性的“石”“奉”和“厚”字。

“石”字及从石的古文有：

B

《汗简》①

李商隐《字略》②

曾侯乙简 39③

“奉”字的古文有：

C

望山简④

《古老子》⑤

《华岳碑》⑥

《云台碑》⑦

“厚”字的古文有：

D

上海简⑧

青川牍⑨

《林罕集》⑩

《说文》古文⑪

通过上引古文与信阳楚简所见 A 字进行比较，其上部所从之“石”

①② （宋）郭忠恕，夏竦 . 汗简　古文四声韵 [M]. 第五卷 . 北京：中华书局，1983.
③ 滕壬生 . 楚系简帛文字编 [M]. 武汉：湖北教育出版社，1995.
④ 湖北省文物考古研究所，北京大学中文系．望山楚简 [M]. 北京：中华书局，1995：64.
⑤⑥⑦⑩ （宋）郭忠恕，夏竦 . 汗简　古文四声韵 [M]. 北京：中华书局，1983.
⑧ 上海博物馆 . 上海博物馆馆藏战国楚竹书 [M].（一）. 上海：上海古籍出版社，2000：144.
⑨ 何琳仪 . 战国古文字典——战国文字声系 [M]. 上册 . 北京：中华书局，1998：334.
⑪ 说文解字注 [M]. 上海：上海古籍出版社，1981.

与“厚”字古文只是相近，而A的上部和下部所从之“石”和“奉”与上引“石”和“奉”字的古文如出一辙。因此，将信阳简中的A字隶定为“硶”应有据可循。

前已指出的是，信阳楚简中的A字其下有合文符号，应读两个音节，属古文字中常见的借笔现象。众所周知，古文字中所见古文的借笔现象较为复杂，其借笔字既有独体的，也有合本的，还有共用笔画的，等等。吴振武先生对此作了较为全面的归纳。[①]那么，信阳楚简中的A字究竟属于哪一类呢？其实，从信阳楚简中似可解答这一问题。在信阳楚简第2-015号简中还见有一个字，其形如下：

M 

将M与A进行比较，不难发现，其字形极为相似，只是A字下部所从的“収”在M字的下部已省变为一横。这种局部省变的现象在已辨识的古文字中多见，故而，M与A实应为一字，即都应隶定为“硶”字。更为重要的是，M字下未见有合文号，于此又可证A字就是一个独体字，也就是说，楚文字中原本就有“硶”字。

上揭A字中都有合文号，其字由“石”和“奉”所组成，其合文是指另一字的局部或整体已包含在“硶”字之中了。根据古文合文规律，A字在文例中可读为“石硶”，或“硶石”“硶硶”。然而，在此文例中究竟采取何种读法，应从“硶”字的字意中去探寻。

“硶”字见于字书。《集韵》：“硶，石皃。”可见“硶”就是一种石，我们认为，其字应与从玉从奉的“琫”相通，因为，它们不仅都是从“奉”得声的字。而且其形符玉与石也相连。《说文·玉部》：“琫，石之次玉者以为系璧，从玉，奉声。读若《诗》曰，‘瓜瓞菶菶’。一曰若蛤蚌。”从许慎的解说中，我们不仅知道了“琫”与“菶”通，而且古代的“蚌”也可以称“琫”。这可能是蛤蚌之壳犹如石之坚硬之故。

① 吴振武．古文字中的借笔字[M]//古文字研究：第二十辑．北京：中华书局，2000：308.

"蚌"与"蜯"实为一字。《易·说卦》："离为蚌。"《释文》："蚌，本又作蜯。"《文选·南都赋》："巨蚌含珠，蛟瑕委蛇。"李善注："蜯与蚌同。"[①] 其实，"蜯"本与"琫"相通。《玉篇·虫部》："蜯，同琫。"

"琫"作为器饰屡见典籍，《集韵·董韵》："琫，《说文》：'佩刀下饰。天子以玉，诸侯以金。'或作鞛。"《诗经·小雅·瞻彼洛矣》："鞞奉琫有珌。"（唐）陆德明《释文》："琫字又作鞛，佩鞘上饰。"

至此，我们似可明晰，信阳楚简中的"硥"字可以读为"琫"。如果将其合文读为"石琫"于意不明，如果将其读为"琫琫"，并将其通为"菶菶"或"蓬蓬"，尽管成词，但其意不符。由此可见，只能将其读为"琫石"。"琫石"是指类似蛤蚌的一种石头，因蛤蚌之壳呈白色，也可以理解为白色的细石。"琫石"可看作是一个偏正词组，"琫"应是修饰其中心词"石"。这种读法也符合楚人的语言习惯。犹如出土文献中常见的楚人称红铜为"赤金"，称白银为"白金"一样。

在"硥石"之后，还有一字不可回避，因为，它对进一步说明"硥石"的读法及全句的含义至关重要。其字有如下两形：

N 
信阳简 2-08

O 
信阳简 2-025

这两个字所处的语法位置相同，其辞例也完全一样，只是 O 的有些笔画漫涣不清，不过，通过其残存的笔画与 N 相比，上部所从字符相同，可辨别出两字实为相同的一个字。所幸的 N 字极为清楚，因而，只要将 N 隶定读为某字，O 可径直看做与 N 同。

上揭 N 字，目前学术界主要有如下几种隶释：

1. 隶定为"⿱羽呈"，不知所指。[②]

① 高步瀛．文选李注义疏 [M]. 北京：中华书局，1985：806.
② 商承祚．战国楚竹简汇编 [M]. 济南：齐鲁书社，1995：37.

2. 隶定为“臺”，解为圆木豆的“圆座”。[①]

3.“隶定为“硂”，其意不详。[②]

上述诸家对此字的隶释，也是卓越有成效的。即大都将 N 和 O 看作是相同的一个字，有的直接将其隶定为“硂”，为进一步探讨其字意和读音奠定了基础。

为了正确地隶释 N 字，我们仍先从分析字形入手，再兼及字意和读音。

有些学者将 N 隶定为臺，我们将臺字的古文录出，可作比较。需要指出的是，臺字在目前所见的楚文字中较少见，但传书古文中多见，试看如下几例：

P 
郭店简[③]

Q 
《天台经幢》[④]

R 
《云台碑》[⑤]

S 
王维恭《黄庭经》[⑥]

将上文的 P、Q、R、S 古文同 N 比较，除下部所从的“至”相同外，上部所从完全不同，据此看来，将 N 隶定为臺和读为臺问题较大。事实上，只要我们将 N 的上部与前揭的 B 和 C 也即“石”的古文相比就可见其完全相同，可以肯定，N 就是一个从石从至的“硂”字，将其隶定为“硂”应可信。如果将 N 的上部再与 A 的上部相比较，发现它们也是相同的，于此又可反证将 A 隶定为从石从奉的字也是可信的。这样，全句就可完全有理由隶定为“碀石之硂”。

“硂”字不见于字书，当是一个从“至”得声的字。疑其字意和读音与“铚”同。“铚”在楚文字中屡见，试择如下几例可作比勘：

---

① 刘信芳．楚简器物释名下篇 [M]// 中国文字：新二十三期．台北：台北艺文印书馆，1997：87.

② 何琳仪．战国古文字典——战国文字声系 [M]. 北京：中华书局，1998：1087.

③ 荆门市博物馆．郭店楚墓竹简 [M]. 北京：文物出版社，1955：5.

④⑤⑥（宋）郭忠恕，夏竦．汗简　古文四声韵 [M]. 北京：中华书局，1983.

④口金之铚　　　　　　　　——仰天湖简 16[①]

⑤口铚　　　　　　　　　　——天星观简[②]

⑥赤金之钛，白金之铚　　　——包山简 272[③]

⑦白金之钛，赤金之铚　　　——包山简 276[④]

上文几例都是楚简，从行文可知，“铚”在句中所指相同。④和⑤的文句不全，可暂不讨论。⑥中的“赤金”当为红铜，“钛”读为“轪”，指车軎，“白金”指银，其意是说红铜的车軎，用白银镶嵌。包山 2 号楚墓正出土有镶嵌白银花纹的车軎。⑦的文例与⑥相同，只是赤金与白金互文。从简文文意看，“铚”有镶嵌意。

“铚”见之于字书，《说文 · 金部》：“铚，穫禾短镰也，从金，至声。”许慎将“铚”解释为短镰，与简文对照，不合文意。看来，“铚”字在先秦必有另读和另解。

《广雅 · 释器》：“铚谓之刈。”王念孙疏证引《释名》：“铚，穫禾铁也，铚铚，断禾穗声也。”是知古代的“铚”确为一种收禾的农具，其名为“铚”，大概是因其割禾穗时发出的声音而得名。断禾穗声就是“至”音，湖北省荆宜一带现仍以这个音来形容。从“金”只是表明其质地，作为义符，从而派生出一个新字，不过，简文中的“铚”不能够解释为农具。

根据其声符，笔者认为从石从至的“硁”字当读为“室”，因为“硁”与“室”都是从至得声的字，“至”与“室”在上古音中同属质韵，而且与“室”读音相近的“实”相通。《礼记 · 杂记上》：“使某实。”郑玄注：“实，当为至，此读周秦人声之误也。”可见“至”与“实”，二字音近可通。

---

① 史树青 . 长沙仰天湖出土楚简研究 [M]. 上海：群联出版社，1955：29.

② 滕壬生 . 楚系简帛文字编 [M]. 武汉：湖北教育出版社，1995：997.

③ ④ 湖北省荆沙铁路考古队 . 包山楚墓 [M]. 北京：文物出版社，1991:370、371.

"室"字有填塞和实满的含义,《广雅·释诂三》:"室，实也。"《释名》:"室，实也。人物实满其中也。"《墨子·備城门》:"室以樵，可烧之以待適。"我们还可通过"绖"来进一步证实"硂"字，因为"绖"在上古也有"实"意,《广雅·释诂》:"绖，实也。"《礼记·檀弓》:"绖也者，实也。"《仪礼·丧服》注云:"绖之言实也，明孝子有忠实之心。"如果将上文楚简中的"銍"读为"室"，那么，简文⑥、⑦例中"銍"意就更为明朗了。"白金之銍(室)"就是说"用白银镶填(花纹)"。这与出土文物也是相符的，据此看来，我们所谓的错金、错银的镶嵌工艺，楚人就称之为"室"，这与我们最初推断"銍"有镶嵌意正相吻合。

前已指出,"硂"与"銍"可能实为一字，如果将"硦石之硂"与"赤金之銍"作一比较，发现它们的行文和辞例不仅完全一致，而且所表述的意思完全相同，只是有用金属充填当从"金"，用石充填当从"石"的区别。更为重要的是，它们都是从"至"得声的字，以不同的义符标在同一声符上作为同一字使用，这在古文字中多见。因此，把"硂"看做与"銍"同，且将二字并读为"室"，并非无的放矢。

如果上述隶释不误的话，那么，信阳楚简中所屡见的"硦石之硂"一语，当读为"琫石之室"。那么其语义在文例中皆可贯通。

毋庸置疑,"硦石之硂"是对墓中随葬的某一器物外形装饰所记录的补述或修饰性语，在句中用作状语。如前揭文例中的①，是进一步补述"房机"的。"房机"即是"俎"。"机"或释"柄"，或释"榕"，据包山楚简应释"机"。"房机"实当指"带柄的俎"。文例中的②，是进一步补述"皇豆"的,"皇豆"即"大豆"，指一种厚浅盘的大木豆。文例中的③，可看作是介宾短语，用作状语。是对"旂"的修饰,"旂"或释为"晉"。"旂"实当读为"肵"。《仪礼·特牲馈食礼》:"佐食升肵俎。"郑玄注:"肵谓心舌之俎也。"文献中"肵"与"俎"常连言,"旂"实也当为"木俎"。需要指出的，此条文例在"之旂"前只书"硦"及合文号，疑在合文后脱"之硂"二字。"之某(名词)、之某(动词)"

的句子，属楚简文中的常见句式。若此，我们可以将前列信阳楚简中的几条简文文例通释如下。

文例①是说：一件带柄俎，其上有四颗琫石镶填。

文例②是说：十件大木豆，皆用漆彩绘，用琫石镶填。

文例③是说：一件用琫石镶填的俎，三件漆彩绘俎。

按此通释，则文通字顺，其文意符合楚人遣策简记录的格式，即先记器物，再记其装饰，或以描述装饰性的词组修饰器名。不仅如此，凡其他楚简中涉及“铚”的有关文例都可以得到通畅的解释。不过，这些只是古文字和古文献学方面的考证结果。事实是否如此，我们还将通过出土文物作进一步的补证。

根据简文所涉的俎和豆，检索信阳1号楚墓出土文物，俎的出土数量多达50件，然而真正能够称为俎的只有27件，即报告中所谓的25件I式俎和两件II式案（含附表中已残的俎，实际俎数可能不会有如此多）。通过甄别，所谓II式案，实应为带柄俎，但与简文数量不符。因资料过于笼统，25件I式俎中已无法比证何件为“心舌之俎”了，另只有10件I式豆与简文的“皇豆”相符。但报告中概未见有镶石装饰的描述，是原本没有，还是漏述，我们无法核对原物，看来，从信阳楚墓出土的文物中来验证上述观点比较困难。

所幸的是，这一点从包山楚墓出土的俎和豆中可得到证明。在包山2号楚墓中共出7件木俎，其中有6件俎足的正面各镶嵌有2颗石英石子，同墓出土的遣策皆称之为“房”。值得一提的是，其中的一件立板俎，简文称之为“房机”，其“机”字与信阳楚简所见“房机”的“机”字相同，只是不从“木”，显然所指应是一物。更为重要的是，在两块立板的外侧“各镶嵌有不规则石英石子四颗”，与信阳楚简所见“一房机，四䂶石之硂”完全相合。其余5件俎，报告称为窄板俎，遣策称为“一小房”，实际数比遣策多4件。我们怀疑“小房”与信阳楚简中的

“旂”可能就是一物，也就是文献中的“心舌之俎”。包山2号楚墓也有木豆，其中的无盖豆，遣策称之为“皇梪”，“梪”字在信阳简中也不从“木”，直书作“豆”，二者无疑为一物，应特别强调的是，在豆盘的外壁“等距离镶三颗石英石子”，与信阳楚简所见“十皇豆，屯刴彫，硓石之硾”也相吻合。由此可见，包山2号楚墓中俎和豆上所见镶嵌的石英子石子就是信阳楚简中的“硓石之硾”。据此，在信阳1号楚墓中难以寻求的证据，在包山楚墓中得到了强有力的证明。

当然，在器外镶嵌石英石的现象并非只有包山楚墓一个孤例，新近发掘的荆门左冢楚墓和湖北枣阳九连墩楚墓中也有发现。楚简中也记载有“皇豆”和“房”，其镶嵌手法及部位与包山楚墓同。[①]由此可知，“琫石之室”应是楚人只施于“皇豆”和“俎”上的一种镶石装饰工艺。当然，考古发掘所揭示的俎上镶物装饰的现象，还可上溯到西周时期：如陕西长安张家坡西周墓地115号墓出土的一件漆豆和漆俎上用各种蚌壳镶嵌成图案[②]；山西天马曲村6131号墓出土了一件完整的西周漆豆，在盘上和圈足上皆镶嵌有蚌泡和蚌条[③]。无疑，楚人在豆和俎上镶石工艺应是西周之制的流变。

在俎上作饰也见之于文献：《诗经·鲁颂·闷宫》：“笾豆大房。”毛传：“大房，半体之俎也。”郑玄笺：“大房，玉饰俎也。”对照楚出土文物看，郑玄的解释有点问题。其一，大房上并非玉饰，而是石饰。其二，以玉石饰俎，并非只有“大房”，也含有“小房”。其三，玉石不仅装饰在俎上，也装饰在豆上。我们姑且不去纠缠郑笺的不足，但仅其笺注先秦的俎上有玉饰而言，是极为珍贵的，至少为我们释读信阳楚简中的“硓石之硾”一语，提供了弥足珍贵的文献证据。

---

① 湖北省文物考古研究所等．荆门左冢楚墓[M]. 北京：文物出版社，2006.

② 中国科学院考古研究所沣西发掘队．1967年长安张家坡西周墓葬的发掘[J]. 考古学报，1980（4）.

③ 北京大学考古系商周组，山西省考古研究所．天马——曲村（1980–1989）[M]. 北京：科学出版社，2000.

概而论之，开篇所列信阳楚简的三条文例中的 A 字及其合文，包括其后的词语，无论从字形、古音和词义，还是从出土实物以及文献，都足以证明只能隶定为“磗石”或“磗石之硜”，读为“琫石”或“琫石之室”，意思是说明某一器物上有琫石镶嵌。旧释“厚奉之台”应不可从。

最后还需说明的是，在我们考释信阳楚简的“磗石之硜”一语时，因涉及楚器中的厚浅盘豆和俎这两类实物，我们不得不一一检索已公布的楚墓资料，凡涉及有这两类器物的报告，除了包山楚墓作了比较详尽的记录有镶石的现象外，其他几乎未作描述，尤其是在信阳楚墓中没有找到直接的证据，使得本文的举证极为艰辛，更为本文结论的可靠性留下疑窦，幸而部分楚文物和传世文献施以力证。是不是楚器中的豆和俎原本就没有镶石，或原有而在描述时被遗漏了呢？这两种可能性都是存在的。仅后者而言，因器物保存不好，极易疏漏。笔者曾仔细观察了荆门左冢楚墓的俎和豆，其上的镶石大都脱落，留在器壁上的仅是一个不规则的方形孔，孔边长约 0.5 厘米、深约 0.2 厘米。脱落后的镶石孔极似漆木器的自然撞击损坏孔，甚至有的镶石孔已被污泥和碎木渣封闭，如果不仔细观察，极可能遗漏。湖北枣阳九连墩楚墓中所见镶石也有脱落的现象。因此，这就需要我们在发掘和整理报告时，细心观察，获取文物上遗留的一切信息并作描述。观察的具体部位是，豆盘的外壁，俎的立板外和足板外，尤其是要注意那些未髹漆，只作粉绘的豆和俎。我们相信信阳楚简中的“琫石之室”将被更多的考古材料证实。

信阳楚墓的发掘已经四十多年了，四十多年来，在学者们的共同努力下，信阳楚简的研究已取得了众多令人信服的成果，但其中仍还有很多尚未解决的问题。笔者提出此论，并非案立新说，只是尝试物名并证来释读文字，忧患得失在所难免，唯祈方家是正。

## 第六节 秭归庙坪及巫山双堰塘陶鬲的年代与文化属性

为配合长江三峡工程，自20世纪90年代初叶至21世纪初，来自全国各地的文物考古科研单位和大专院校对工程淹没区的湖北和重庆库区的所有已知文物点进行了大规模的抢救性发掘。通过这些发掘活动，不仅获得了数以万计的上自新石器时代下迄明清的各个历史时期的珍贵文物标本，还填补了许多阶段性的空白。使得这一区域过去诸多鲜为人知的文化演进模式得以全面和清晰地展现在世人面前。

在三峡工程大规模的抢救性发掘所获得的各个时期文化面貌的丰硕成果中，楚文化在本区的全面揭示当是其凸显的成果之一。据笔者初步统计，已见诸报道的，在湖北和重庆库区已发掘的文物点中，具有楚文化遗存的遗址和墓地就多达80处，其中湖北库区49处，重庆库区31处。其地域从湖北宜昌到重庆忠县，时代涵盖了西周至战国晚期。这一广袤区域有如此众多的楚文化遗存面世，且时间绵延之长，对认识楚文化在这一区域的传播和流变具有重要的学术价值。

在三峡工程已发掘的具有楚文化遗存因素的遗址中，秭归庙坪遗址和巫山双堰塘遗址最具有代表性。两处遗址不仅面积大，还与西周遗存的年代相近，特别是出土的陶鬲具有同源性。仅陶鬲而言，人们对其年代和文化属性的认知具有较大的差异，笔者认为有必要对这一问题进行重新梳理和探讨。

秭归庙坪遗址位于湖北秭归县郭家坝镇楚王井村11组，遗址在长江南岸的阶地上，与秭归旧县城隔江相望。1995年至1997年，湖北省文物考古研究所先后四次对该遗址进行了发掘，挖掘面积达14150平方米。遗址包含有新石器、周、汉、六朝、唐宋及明代各个时期的遗存。发掘报告将周代遗存分为五期，其中，遗址分三期，墓葬分二期。遗址的三期：第一期相当于西周的早期或稍晚，包括H11、H21、H24三个单位，H14、H23也归入第一期；第二期相当于西周中期或略晚，以第五层为代表，包括H8、H29、H30、H31四个单位，H7、H13和H9

也归入在二期；第三期为西周晚期或两周之际，以第四层为代表，包括 H4、H6、H19、H20、F2、G1。墓葬分为两期五段：分别是第四期 1 段，年代为春秋中期；第四期 2 段，年代为春秋晚期；第五期 3 段，年代为战国早期；第五期 4 段相当于战国中期；第五期 5 段相当于战国晚期。报告在对其年代考察时，对第一期的文化性质尚难做出准确判断，第二、三期径直归为夔文化，四、五期为典型的东周楚文化。这一分期，具有连续发展的关系，做出二、三期为夔文化的推断，且与文献所记的楚国同宗别居于夔及楚灭夔的年代也相符。①

需要指出的是，庙坪遗址和墓葬的分期基本上是可信的，问题是并入第二期的 H7 出土的一组器物，尤其是鬲和施放射形暗纹豆的年代和文化属性问题尚值得进一步比证，H7 位于该遗址发掘区 T4 的东北部，开口在二 a 层下，距地表深 120—130 厘米，平面呈不规则圆形，填土共分三层，坑内共出陶鬲 6、陶釜 3、陶罐 1、陶豆 2、陶圈足 4、石斧 1 和蚌器 1。值得注意的是，6 件陶鬲都比较完整，其形皆为卷沿、方唇、矮颈、瘪裆、柱状足。瘪裆上部饰三个圆形乳钉，腹饰拍印方格纹（图 7-10-3，4）。如果撇开其腹上部所饰的方格纹，其外形与江汉地区所见的楚早期陶鬲应无区别。庙坪这一陶鬲的材料公布后，引起了学术界的广泛关注和探讨。其中，孟华平在编著完《秭归庙坪》一书后，进一步论证其年代为西周中期，其文化属性为夔文化②；黄尚明认为其年代为春秋早期，其文化属性为楚③；尹宏兵认为其年代为西周晚期晚段，其文化属性为楚。④

其实，在三峡库区还有一处遗址点与庙坪遗址所出陶鬲大体相同，这就是巫山的双堰塘遗址，诸家大都没有提及。

---

① 湖北省文物事业管理局，湖北省三峡工程移民局 . 秭归庙坪 [M]. 北京：科学出版社，2003.

② 孟华平 . 夔文化的考古学证据 [C]// 楚文化研究论集：第六辑 . 武汉：湖北教育出版社，2005.

③ 黄尚明 . 蜀文化研究 [M]. 武汉：华中师范大学出版社，2007.

④ 尹弘兵 . 楚国都城与核心区探索 [M]. 武汉：湖北人民出版社，2009.

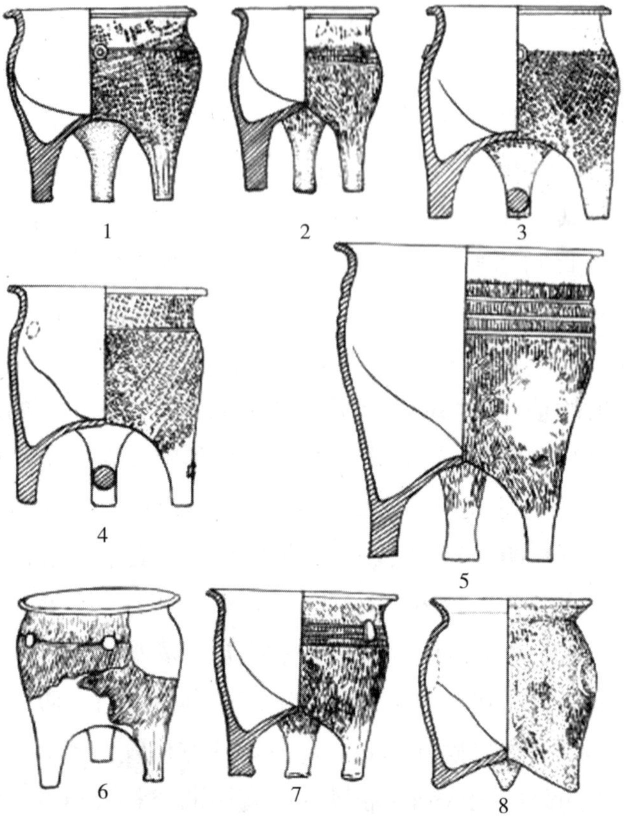

1．巫山双堰塘 H5：1　　2．巫山双堰塘 T429 ⑤：21
3．秭归庙坪 H7 ②：2　　4．秭归庙坪 H7 ①：2
5．荆州荆南寺 T3 ③：31　　6．郧县辽瓦店子 T1 114：6
7．荆州荆南寺 G2：1　　8．长安张家坡 M4 388：1

图 7–10　峡江、江汉及长安地区出土的部分西周陶鬲

双堰塘遗址地处重庆巫山的大宁河流域，位于巫山县大昌镇西北的龙兴村，巫山县的东、南部与湖北的巴东和建始县接壤，是重庆市最东部的一个县。从 1997 年至 2000 年，考古工作者对双堰塘遗址进行了多次发掘，揭露面积达 2 779.5 平方米。通过发掘，确认为一处西周时期的遗址，遗址内除出土有大量的花边罐和尖底钵外，还发现了较多的柱足鬲，尤其是 2000 年发掘复原的 3 件完整瘪裆陶鬲（图 7–10–1，2），以及众多与之相同的尚无法复原的鬲残片，证实这一居址的先民曾流行这

一器类。发掘者将其年代推定为西周，其文化属性为巴文化，同时也注意到了某些因素与鄂西楚文化相似。[①] 也有学者认为这一因素出现的年代在春秋中晚期。[②]

比较庙坪 H7 和巫山双堰塘遗址出土的陶鬲，二者在形态上极其相似，即皆为卷沿、方唇、矮颈、瘪裆、柱状足。足尖部有刮削痕，瘪裆上部饰三个圆形乳钉，腹上部都饰方格纹。不同的是，双堰塘遗址出土的陶鬲纹饰更丰富，除方格纹外，也有绳纹鬲。拓展了我们对这一文化因素分析的视野。同时，我们还注意到了在庙坪出土的施放射形暗纹豆及粗柄的豆座在巫山的双堰塘遗址都可以见到。显然，它们的文化因素和年代应是相同的，完全可以将两地的陶鬲合并起来讨论。

前已指出，两地相似或相同的文化因素，学术界对其年代的认识就有西周中期、西周中期偏晚、春秋早期、春秋中晚期四种。对其文化属性有夔、楚、巴诸说。人们之所以产生这一分歧，主要是因为我们过去对这一区域的文化面貌并不十分清楚，再加上峡江地区是一个特殊的地理单元，文化结构相对复杂。其实，只要我们运用类型学方法，根据已有材料类比，并结合当时的历史背景分析，完全可以消除我们认识上的障碍。

众所周知，峡江地区属古巴蜀文化的分布范围，于巴而言，是巴国的最东部区域；于楚而言，属楚国的西鄙之地，其间还夹杂有蜀、庸、归姓之夔和芈姓之夔，已揭示的诸多古文化遗址表明，夏商时期，在鄂

① 中国社会科学院考古研究所长江三峡工作队，巫山县文物管理所．巫山双堰塘遗址发掘报告 [R]// 重庆库区考古报告集：1997 年卷．北京：科学出版社，2001．中国社会科学院考古研究所长江三峡工作队等．巫山双堰塘遗址发掘报告 [R]// 重庆库区考古报告集：1998 年卷．北京：科学出版社，2003．中国社会科学院考古研究所长江三峡工作队等．巫山双堰塘遗址发掘报告 [R]// 重庆库区考古报告集：1999 年卷．北京：科学出版社，2006．

② 湖北省文物事业管理局，湖北省三峡工程移民局．2003 年三峡文物保护与考古学研究学术研讨会论文集 [C]．北京：科学出版社，2003．

西的峡江地区主要是朝天嘴文化，[①] 到了殷墟晚期，峡江的东部和西部分别是路家河文化和十二桥文化的遗存。[②] 西周早期这一区域的文化整体面貌还不太明朗，但综观已确认的巴蜀及夔庸文化都未见类似于庙坪和双堰塘所出土陶鬲形制的演进过程，所以，可以肯定庙坪和双堰塘出土的陶鬲应是一种外来因素。

从形态上考察，庙坪和双堰塘所出陶鬲，皆作卷沿、矮颈、柱足，口径大多大于腹径，属于我们分类上所常说的一种大口鬲，这一形制普遍发现于江汉地区及随枣走廊两周的遗址和墓葬中，属于楚式鬲应毋庸置疑。目前东周楚式鬲的年代学框架已基本确立，庙坪和双堰塘所出陶鬲的形态全作瘪裆，这一形制在东周时期的楚鬲中基本不见，应属一种早期形态。

对比已有的出土资料，类似于庙坪和双堰塘陶鬲的形制在江汉地区多见，其中比较典型的遗址是荆州荆南寺和荆州梅槐桥遗址。[③] 这两处遗址出土的陶鬲形制都大体相同，即都作瘪裆、柱足、腹饰绳纹，且年代都推定在西周晚期。仔细比较，还可以见到很多共性。其中荆南寺出土陶鬲的肩部也有类似于庙坪和双堰塘陶鬲上的泥饼装饰（图 7–10–7），足部都作刮削制法。值得注意的是，荆州梅槐桥遗址施暗纹的豆与庙坪和双堰塘出土的施暗纹的豆有着异曲同工之妙。显然，庙坪和双堰塘所出土陶鬲应是受到了来自江汉地区梅槐桥和荆南寺西周鬲文化一类遗存的影响，应属同一文化序列。

其实，不仅仅是在江汉地区南部发现了这一瘪裆柱足鬲，在襄宜平原、南阳盆地南部以及随枣走廊这一广阔的区域也有发现。其中以宜城

① 于孟洲 . 鄂西峡江地区朝天嘴文化研究 [J]. 考古，2010（3）.

② 湖北省文物事业管理局，湖北省三峡工程移民局 .2003 年三峡文物保护与考古学研究学术研讨会论文集 [C]. 北京：科学出版社，2003.

③ 荆州博物馆 . 荆州荆南寺 [M]. 北京：文物出版社，2009. 湖北荆州地区博物馆，北京大学考古系 . 湖北江陵梅槐桥遗址发掘简报 [J]. 考古，1990（9）.

郭家岗和襄樊真武山遗址出土的鬲最为丰富，[1]并且其年代序列清楚，学术界大多把它归入楚式鬲的编年研究应是正确的。相对于襄宜平原而言，荆州梅槐桥和荆南寺出土的西周鬲还有一些细微的区别，诸如足部的刮削和器表饰泥饼的装饰在襄宜平原比较罕见。但整体的风格应属楚式鬲，并且能够看出楚式鬲由西周至东周演进的过程。在庙坪和双堰塘所在地的峡江区域内不存在陶鬲的早期祖源，做出其所出土的陶鬲受到来自江汉地区楚文化影响的推断应是符合实际的。

确立了庙坪及双堰塘的陶鬲属楚式鬲后，我们还将继续探讨其年代。事实上，陶鬲的器型及装饰已比较清楚地反映了其年代特征。前已指出，其裆部与东周楚鬲相比迥然有异，应属一种早期形态，即属于西周时期。但属于西周的哪一段，仍需要对比研究。

一些学者根据襄随两周遗址出土的材料，在对这一类瘪裆柱足鬲演进过程的研究时得出，其瘪裆的位置由肩部到肩下部，再由中腹到下腹直至消失这么一个演进过程，且西周早期大多受姬周文化的影响，全部为袋足鬲。[2]这一分析基本反映了襄宜及江汉地区陶鬲的演变过程。对比庙坪和双堰塘所出陶鬲，其瘪裆的位置大多在中腹，且都为柱足鬲，其年代不会早到西周早期，只能是西周中期偏晚或西周晚期早段之物。

器表的纹饰装饰对于年代学有一定参证作用。根据观察楚地出土的陶鬲，西周早期鬲的颈部一般无绳纹，柱足的下部也无纹饰。中晚期颈部开始出现纹饰并有抹去的痕迹。庙坪和双堰塘出土的陶鬲颈部既有无纹饰的，也有饰纹饰并有被抹去纹饰的痕迹。既有较早的特征，也有稍晚出现的因素，说明其正处在西周中晚期的演变阶段。将其推定为西周晚期早段之物应大致不误。需要提及的是，庙坪出土的陶鬲的腹部皆饰方格纹，在双堰塘遗址出土的陶鬲，既有饰方格纹，也有饰绳纹。饰方

---

① 武汉大学历史系考古教研室，湖北宜城市博物馆．湖北宜城郭家岗遗址发掘 [J]. 考古学报，1997（4）．湖北省文物考古研究所，襄樊市博物馆．湖北襄樊真武山周代遗址 [M]// 考古学集刊：第 9 辑．北京：科学出版社，1995.

② 王先福．襄随地区两周遗址出土陶鬲分析 [J]. 江汉考古，2002（4）.

格纹的陶鬲在楚地早期确为罕见，只见于荆州荆南寺一件西周晚期的陶盆上，也极易使人们把它从楚文化圈中区别开来。从双堰塘遗址出土的鬲上绳纹与方格纹并存的现象来看，腹饰方格纹只是文化传播上的一个特例。结合峡江地区在夏商时期有盛行方格纹的传统因素来分析，这无疑又受到本地文化的影响，但并没有改变所具有的楚文化特质。一些学者大多认为庙坪出土的有方格纹饰的鬲受到土著文化的影响[①]，这种看法应是可取的。

其实，真正能够准确反映庙坪和双堰塘陶鬲年代的还是其上的圆形乳钉装饰。在湖北境内，除了荆州荆南寺西周晚期陶鬲上发现有这一特征的陶鬲外，在鄂西北丹江口朱家台遗址的西周遗存中也有发现，[②]新近发现的郧县辽瓦店子西周晚期遗存也多见（图 7–10–6），[③]说明在西周晚期江汉地区已流行这一独特的装饰。检索已有资料，这一独特的装饰应受中原周文化的影响，最早见于陕西张家坡西周早期的居址和墓葬中出土的陶鬲（图 7–10–8）。[④]有的不仅只局限在陶鬲上，在一些陶罐上也有这种装饰，如西周早期的长子口墓出土的圆腹罐上也有这一装饰。[⑤]到了西周中晚期，这一独特的装饰在姬周文化圈内得到了广泛的传播，这在北方的燕国墓地、虢国墓地、晋国墓地乃至山东半岛墓地都可以见到其踪迹。[⑥]这一装饰也盛行在西周的中晚期。有关这一装饰的

---

① 黄尚明．蜀文化研究 [M]. 武汉：华中师范大学出版社，2007．尹弘兵．楚国都城与核心区探索 [M]. 武汉：湖北人民出版社，2009.

② 中国社会科学院考古所长江工作队．湖北均县朱家台遗址 [J]. 考古学报，1989（1）.

③ 武汉大学考古与博物馆学系．郧县辽瓦店子遗迹 [M]// 湖北省南水北调重要考古发现Ⅰ．北京：文物出版社，2007.

④ 中国科学院考古研究所．沣西发掘报告 [M]. 北京：文物出版社，1962.

⑤ 河南省文物考古研究所等．鹿邑太清宫长子口墓 [M]. 郑州：中州古籍出版社，2000.

⑥ 北京市文物研究所．琉璃河西周燕国墓地（1973—1977）[M]. 北京：文物出版社，1995．中国科学院考古研究所．上村岭虢国墓地 [M]. 北京：科学出版社，1959．山西省考古研究所．上马墓地 [M]. 北京：文物出版社，1994．烟台文物管理委员会．山东蓬莱县柳格庄墓群发掘简报 [J]. 考古，1990（9）.

内涵，《沣西发掘报告》推论其“可能是象征蚌泡一类的装饰”，我们或可认为其应是商代陶鬲颈部饰圆圈纹的一种发展，因为在一些商代陶鬲的颈部就多见有饰圆圈纹的案例。① 基于上述比较，秭归庙坪和双堰塘陶鬲上所饰泥饼的特征，无论其装饰内涵如何，但其年代属西周中晚期应无疑问。

需要提到的是，中国社会科学院考古研究所在对巫山双堰塘遗址进行多次发掘后，对其西周文化堆积单位作了一个碳 14 标本的年代检测，所测得的年代数据为前 910—前 806 年。② 这一测年数据与我们推定其为西周的中晚期相吻合，可作为一个参证。

通过若干形态的比较，基本可确立秭归庙坪和双堰塘陶鬲的年代应属西周的中晚期，大体相当于西周的夷王时代，在年代学上可划归为西周中期的晚段或西周晚期的早段。同时，可以认为，发端于江汉地区的楚文化至迟在西周晚期的早段已溯江而上，至少向西已到达今巫山一带，这应是目前通过峡江具有楚文化因素遗存判定楚文化何时西渐三峡比较可信的实物证据。

有关楚文化何时进入三峡，过去我们并不清楚。历史上北魏的郦道元曾首创楚都“丹阳”在秭归的说法，③ 这一说法对后世影响深远。现今学者甚至据此推定秭归的鲢鱼山遗址就是楚“丹阳”城，④ 但通过对其发掘后发现，其主体遗存并不属楚，随即遭到学术界的否定，⑤ 楚文化源起于三峡之说并不能得到考古学上的证实。从已经揭示的三峡诸多遗存看，西周中期以前，这里并未见可资确认的楚遗存，说明在西周中期以前楚文化并没有进入到三峡境内。

① 河南省文化局文物工作队 . 郑州二里岗 [M]. 北京：科学出版社，1959. 中国科学院考古研究所等 . 夏县东下冯 [M]. 北京：文物出版社，1988.

② 郑若葵 . 寻觅巴人的聚落——解读巫山双堰塘遗址 [M]// 永不逝落的文明：三峡文物抢救纪实 . 济南：山东画报出版社，2003.

③ 杨守敬，熊会贞 . 水经注疏 [M]. 南京：江苏古籍出版社，1989.

④ 文必贵 . 秭归鲢鱼山与楚都丹阳 [J]. 江汉论坛，1982（3）.

⑤ 杨权喜，陈振裕 . 秭归鲢鱼山与楚都丹阳 [J]. 江汉考古，1987（3）.

确定了秭归庙坪和双堰塘陶鬲的年代为西周晚期的早段且其文化属性属楚，或可认为，楚文化就是在此时才开始沿江而上，进入到三峡，并一直抵达至川东的巫山一带。这一看法不仅体现在实物上，还体现在传世的文献上。

众所周知，芈姓的熊绎被周成王封于楚蛮之地时，其时约在公元前10世纪的西周早期，此时的楚国只是一个蕞尔小邦，其位卑国弱，文献所载相对简略。但到了西周夷王之时，即熊绎五世孙熊渠时，楚国开始了首次对外拓疆和征伐，并把所伐之地封给三子，三子分别封为三王。据《史记・楚世家》所载："当周夷王之时，王室微，诸侯或不朝，相伐。熊渠甚得江汉间民和，乃兴兵伐庸、杨粤，至于鄂。熊渠曰：'我蛮夷也，不与中国之号谥。'乃立其长子康为句亶王，中子红为鄂王，少子执疵为越章王，皆在江上楚蛮之地。"与之相同的记载还见于《大戴礼记・帝系》和《世本》，这是楚国早期历史上最为辉煌的一页，应是比较可信的史事。

熊渠此次对外征伐和封王发生在西周夷王到西周厉王之时，因厉王暴虐，熊渠畏其伐楚，又去掉了三王的封号。结合相关记载看，三王封号虽去，但三王新占领的封地应未有变化。有关三王的封地，史载并不明确，过去大多依据司马迁《史记》中的"皆在江上楚蛮之地"一语，将其推定在长江沿线。现在看来，"江上"之地，实应是个泛指，应包含了长江和汉水之间的广阔区域。新发现的郧县辽瓦店子就极有可能是句亶王的封地。[①] 据相关记载可以推定，此时的楚国，在经历了周王封国的一百多年励精图治后，在江汉之地已是"蛮夷皆率服"和"甚得江汉间民和"[②]，已经具备了向外拓展的天时、地利与人和的条件。故此，我们认为，在西周夷王之时，楚人就是通过江汉之地以北的汉水和以南的长江首先向西拓展，而秭归庙坪和巫山双堰塘所见的一批楚遗存，理

① 黄凤春．郧县辽瓦店子与楚句亶王——楚熊渠分封三王地理的检讨之一 [J]. 江汉考古，2010（2）.

② 见《史记・楚世家》。

应是楚人南线溯江而上的结果。

需要指出的是，一些学者在探讨峡江地区此段楚遗存时，大都会联系到西周时此地的一个芈姓的夔国，或以为相当于此段的遗存就有可能即为夔文化遗存，[①]这一思路应是可取的。但倘若此批遗存在年代学上稍早于芈姓夔国的年代，则此问题就有进一步探讨的必要。我们认为秭归庙坪和巫山双堰塘陶鬲的年代是在楚熊渠之时，不仅可厘清与芈姓夔国的关系，还可进一步辨明楚文化何时开始浸润三峡的问题。好在有关芈姓夔国存亡的年代史载都比较明确。

据《春秋·僖公二十六年》载："（前 634 年）秋，楚人灭夔，以夔子归。"《左传·僖公二十六年》："夔子不祀祝融与鬻熊，楚人让之。对曰：'我先王熊挚有疾，鬼神弗赦，而自窜于夔，吾是以失楚，又何祀焉？'秋，楚成得臣、斗宜申帅师灭夔，以夔子归。"这个芈姓夔国或称为"归"，其地望历代注家或认为在今巫山[②]，或认为在今秭归[③]，不过，大多认为在今秭归。这则记载比较明确的是，芈姓的夔国的建立当与熊挚有关，只要确立熊挚其人是谁就可大致界定其立国的年代。

熊挚为楚国历史上谁的后人，史书记载比较模糊，历代注家大多把经传中的他与《史记》中的熊渠之子熊挚红视为一人。据《史记·楚世家》所载："熊渠卒，子熊挚红立，挚红卒，其弟弑而代立，曰熊延。"熊挚红即为熊渠时所封之鄂王。其实，仔细研判相关记载，熊挚红与熊挚并非一人是显而易见的。因为《史记》所载的熊挚红并没有"恶疾"，而且继承了楚王位，并不可能"自窜于夔"而"失楚"。另外，日本泷

① 孟华平．夔文化的考古学证据[C]//楚文化研究论集：第六辑．武汉：湖北教育出版社，2005.

② 《水经·江水注》："江水又东，迳巫县故城南，县，故楚之巫郡也，秦省郡立县，以隶南郡，吴孙休分为建平郡，治巫城。城缘山为墉，周十二里一百一十步，东西北三面，皆带傍深入谷，南临大江，故夔国也。"

③ 《春秋·僖公二十六年》杜注："夔，楚同姓国，今建平秭归县。"《史记集解》引服虔曰："夔，楚熊渠之孙，熊挚之后，夔在巫山之阳，秭归乡是也。"《史记索引》曰："谯周作'灭归'，归即夔之地名归乡也。"

川资言认为："挚字当衍，熊红即鄂王也。"[①] 那么，《史记》中的熊挚红当名为熊红，显然不是经传中"自窜于夔"的熊挚。赵逵夫先生认为，在熊渠之子中，有"恶疾"而"自窜于夔"的有可能就是少子"执疵"，因为"挚"由"执"得声，可通假。"疵"有病意，《说文》："疵，病也。"[②] 笔者也赞同这一说法。执疵就是熊渠所封三王中的"越章王"。

"越章王"的封地史载并不明确，有学者认为其地应在今荆州东连接汉水与长江的杨水流域，[③] 而我们认为其地应在临近长江的沮漳河下游的沮漳河西岸，也即今枝江市境内，其地西进三峡极为便利，无独有偶的是，这个越章王与夔确有关联。据史所载熊渠所封的三王，又有"三侯"一说。据《吴越春秋·句践阴谋外传》所记楚善射者陈音对越王说，弓矢之道"琴氏传之楚三侯，所谓句亶、鄂、章，人号麋侯、翼侯、魏侯也"。根据其排列次序，句亶王可称为麋侯，鄂王可称为翼侯，越章王可称为魏侯。其中的"麋"当为"麇"字之误（《元和姓纂》卷六引）。三侯之称可能与《史记》中所记"周厉王时，暴虐，熊渠畏其伐楚，亦去其王"的史事相关，改称"三王"为"三侯"就是为了规避周厉王的讨伐。值得注意的是，这个"魏侯"可能就是已经领有夔地的越章王。黄锡全认为"魏侯"就是"夔侯"，[④] 是极有见地的。

比较若干相关史料，有关反映楚熊渠及其稍后的一些历史记载多相抵牾，但有一点是可以肯定的，即芈姓的夔国当是熊挚的后人建立的，它建立的时间当晚于熊渠和熊渠分封三王的时间。故《史记集解》引服虔曰："夔，熊渠之孙，熊挚之后。"熊渠正当周夷王之时，夏商周断代工程把周夷王在位时间定为前 885 年至前 878 年，以此类推，夔的建立当不早于西周厉王之时，恰又与三王或三侯之后的年代相当。因此，可

① （日）泷川资言．史记会注考证 [M]. 上海：上海古籍出版社，2015.

② 赵逵夫．屈氏先世与句亶王熊伯庸 [C]// 文史：第二十五辑．北京：中华书局，1985.

③ 黄锡全．"栽郢"辨析 [C]// 楚文化研究论集：第二辑．武汉：湖北人民出版社，1991.

④ 黄锡全．楚地"句亶""越章"新探 [J]. 人文杂志，1991（2）.

以推定，在楚熊渠对外征伐而分封三王时，楚文化已随之外播，确定秭归庙坪和巫山双堰塘陶鬲为楚遗存，且年代又早于夔的立国，只能是与熊渠的首次对外征伐有关，应是迄今已知楚文化向峡江浸润的最早实物，这一结论与相关历史背景应是吻合的。

## 第七节　郧县辽瓦店子与楚句亶王

在西周晚期的周夷王之世，被封为群蛮之地的楚国熊渠趁周王室衰微，曾举兵伐庸、杨粤和鄂，继而封其长子康为句亶王，次子红为鄂王，少子执疵为越章王。开创了楚国有史以来的首次对外征伐和分封，成为楚国早期历史上最为辉煌的一页。

有关熊渠这次用兵和封王的史实，在传世文献《大戴礼记·帝系》《世本》和《史记》中都有明确的记载。

《大戴礼记·帝系》："季连产付祖氏，付祖氏产内熊，九世至于渠。娄鲧出自熊渠，有子三人，其孟之名为无康，为句亶王，其中之名为红，为鄂王，其季之名为疪，为戚章王。"

《世本》："（熊渠）有子三人，其孟之名为庸，为句袒王，其中之名为红，为鄂王，其季之名为疵，为就章王。"

《史记·楚世家》："当周夷王之时，王室微，诸侯或不朝，相伐。熊渠甚得江汉间民和，乃兴兵伐庸、杨粤，至于鄂。熊渠曰：'我蛮夷也，不与中国之号谥。'乃立其长子康为句亶王，中子红为鄂王，少子执疵为越章王，皆在江上楚蛮之地。及周厉王之时，暴虐，熊渠畏其伐楚，亦去其王。"

熊渠所封三王当属可信的史事。但由于史料简略，加上早期楚史的诸多疑问尚未廓清，有关熊渠所封三王的地望问题并未有一个统一的看法，传统观点大多依据《史记》"三家注"，将句亶王封地定在湖北的江陵（今荆州），越章王封地定在洞庭湖以东地区，鄂王封地定在今鄂州市境内。当今学者亦是众说纷纭。事实上，有关楚熊渠所封三王的地望仍需学术界来缜密探讨，以期达到一个共同的认知点。

谛审《世本》和《史记·楚世家》有关熊渠封三王的记载，其因果关系是明朗的，即伐庸而封句亶王，伐杨粤而封越章王，伐鄂而封鄂王。尽管史家对其王地语焉不详，但皆属江上楚蛮之地是明确的，结合楚国相关文献的记载，早期楚人当以江汉之间为主，因而，三王的封地也当不出江汉之间的楚蛮之地为宜。

本系列论述将重新对楚熊渠分封三王的地理依据历史和相关考古资料进行探讨，首先我们将要重新探讨的是楚熊渠长子句亶王的封地问题。

在重新探讨楚句亶王的封地之前，有必要对过去的说法作一个大致的梳理。由于史载的缺佚，有关楚句亶王的封地最早提及的当是史记三家注之一的刘宋人裴骃的《史记集解》，《集解》引张莹曰“今江陵也”。《路史·国名纪丙》亦谓句亶在“今江陵”，但在江陵的何处，也没有一个具体的位置，今人主此说者大多将其依附于楚郢都，即今荆州城以北的纪南城。今人的研究更是纷见迭出，其中，比较有影响的是赵逵夫的当在“钖穴以东，句澨以西”之地，[①] 黄锡全和叶植认为就是“今丹江口西北至郧县一带”的“句澨”。[②]

前已指出，楚熊渠的首次封王是在讨伐三地之后实施的，封其长子康为句亶王当与伐庸有关，也就是说，探索句亶王的封地，当不能脱离与庸相关的历史与地望问题。

庸为汉水流域的古方国，其地位于汉水支流堵河上游的南岸，其政治中心当在今湖北的竹山县。庸国曾是商的附属国，武王灭纣，庸国又倒戈伐商，成为“牧誓八国”之一。周人灭商，庸国无疑是功不可没

① 赵逵夫．屈氏先世与句亶王熊伯庸 [M]// 文史：第二十五辑．北京：中华书局，1985．

② 黄锡全．楚地“句亶”、“越章”新探 [J]. 人文杂志，1991（2）；叶植．试论楚熊渠称王事所涉及到的历史地望问题 [C]// 楚文化研究论集：第四辑．郑州：河南人民出版社，1994．

的。周人得天下之后，实行了大量的分封，庸国作为异姓国是否得到了周王室的正式册封已不得而知，但西周初期的庸国为鄂西北声威俱具的泱泱大国是可以确定的。

早期的楚国无论从地域还是从国力上都比不上庸国，西周晚期时熊渠伐庸说明楚国的军事和国力已经具备了同庸国相抗衡的能力。熊渠的此次伐庸，虽然没有灭掉庸国，但对庸国也应是一次重创，这从熊渠伐庸之后封其长子为句亶王的史实中可以得到证明。

既然庸国位于鄂西北的湖北竹山县，熊渠伐庸也没能灭掉庸国，那么，熊渠所封的句亶王的封地就极有可能是与庸相近或接壤之地了。当今大多数学者不认同刘宋人裴骃的江陵说，大多数学者认为其地在丹江口西北至郧县一带，原因是江陵说与若干相关史料大相径庭，这一推论应是可取的。但我们认为，这个句亶王之地应是今天的郧县辽瓦店子，辽瓦或即古地“句亶”。

辽瓦店子位于郧县的西南，东北距郧县县城的直线距离约 10.2 千米，濒临汉江南岸，其东、南为高山，西部为缓丘，汉水以北也为高山，这里形成了一个北临汉江，面积达 20 万平方米的相对平坦的独立的台形盆地，汉江在此形成一个大的向左弯曲后的回流，再折而北上。其上游向西约 1 千米处即为汉江支流堵河的入口及汉江江中之洲韩家洲。因此地历年多出瓦器，故以辽瓦而得名。

辽瓦店子是一处大型的古遗址，1980 年发现，由于此地属南水北调工程的淹没区域，2005 年至 2009 年武汉大学和湖北省文物考古研究所先后连续 5 年对该遗址进了发掘，发掘面积达 1.2 万余平方米。通过发掘，确认这里是一处堆积极为丰富的古文化遗址，包含了自新石器时代的石家河文化一直到唐宋时期的遗存，发掘已知堆积厚度最厚的可达 3.5 米，其中夏商时期的遗存明显与北方中原同期文化相同，到了西周晚期，这里的文化面貌已经有了质的变化，以鬲、盂、罐、豆为组合的典型楚遗存占据了主导地位，春秋时期几乎全部是典型的楚器。发掘表明，辽瓦店子是汉水南岸一处绵延时间长的重要的大型聚落遗址。[①]

辽瓦店子遗址的发现有着重要的学术价值，其中西周时期的遗存最为重要，从考古学上不仅证明了西周晚期楚人的势力已经到达了这里，还说明此地已经成为楚人的一个重要据点。对于目前处于迷茫阶段的早期楚国史认识来说，辽瓦店子遗址的新发现无疑又再现了一缕新的曙光。我们认为，辽瓦店子所拥有的丰富的西周晚期楚遗存与楚国史最为匹配的，当为楚句亶王的封地——句亶，其理由如下：

其一，辽瓦店子发现的楚遗存的年代与楚熊渠伐庸的年代相吻合。考古发掘揭示，辽瓦店子遗址的年代上限可以早到新石器时代的石家河文化，夏商时期与北方中原文化因素完全一致，这既说明了此地自新石器开始就有人居住，又说明此地夏商时期就一直是北方中原的势力范围，还说明了此地是临近汉水的一个重要口岸或商埠。到了西周时期，尽管这一口岸或商埠得以维系，但文化面貌却发生了较大变化，一批与夏商迥异的遗存替代了过去的文化面貌，这种文化相续链上的断层，说明了辽瓦店子这一集居地的族类产生了变更。

需要指出的是，根据层位和类型学推断：辽瓦店子所见的西周遗存，大体可分为早中晚三期。其中，早期是以夹砂深腹扁柱足鬲或圆柱足鬲以及长颈圆肩深腹罐为典型器类，中期的深腹扁柱足鬲和圆柱足鬲得到延续，但器型发生了变化，出现瘪裆鬲，同时新增加了盂和豆，晚期则是襄宜平原所常见的以鬲、盂、罐、豆为组合的典型楚器。从类型学上观察，早中晚三期应有发展和演变关系，但中晚期遗存在形态上也有较大的差异，如中期瘪裆鬲多见，但到晚期才是真正意义上的楚遗存。具有典型楚器特征的西周晚期的遗存是否由单一的早中期发展而来，尚值得进一步探究。同时，我们已经注意到，早中期遗存都兼有中原周文化的因素，特别是中期尤为明显。或可认为，早中期遗存就是周

① 武汉大学考古与博物馆学系.郧县辽瓦店子遗迹[M]// 湖北省南水北调重要考古发现Ⅰ.北京：文物出版社，2007；武汉大学考古与博物馆学系，湖北省文物局南水北调办公室.湖北郧县辽瓦店子遗址东周遗存的发掘[J].考古，2008（4）.

文化的一种地方变体。现在撇开早中期遗存不言，仅从西周晚期的楚遗存而论，结合早期楚国史，西周晚期之世，只有熊渠之世的对外扩张和征伐，甚至封王之举，才能在辽瓦店子见到这一楚文化奇观。

其二，从地缘上看，辽瓦店子濒临汉水南岸，与庸相近。早期庸国的势力范围不太清楚，但随着时间推移，其疆域应有变化。早期疆域最大以湖北竹山县为中心，应有今竹山、竹溪、房县及丹江口和郧县的部分地区，北部的局部地区应抵达汉水，是名副其实的"西土大国"。由于庸国处于大山深处，其濒临的堵河则是与外界联络的重要通道。《水经注・沔水》："堵水又东北迳上庸郡，故庸国也。"堵河，史书称堵水，一名庸水，亦称武陵水。堵河北源竹溪汇湾河，南源官渡河。堵河干流自两河口东流经田家坝、潘口、城关、三台、楼台、文峰，至沧浪乡庵场村尼姑河口出境，在郧县辽瓦乡西流河口注入汉江。值得注意的是，堵河的出口离郧县辽瓦店子仅一千米，其战略地位十分重要，占据了辽瓦店子，基本扼守住了庸国的水路通道。或许熊渠伐庸就在这里，说明句亶之地正与庸相近。在此封王，意欲进一步控制庸国。

其三，地名与地形相当。辽瓦店子所在地的古地名已不得而知，我们之所以推定它为古代的句亶之地，是因为此地的地形特殊。汉江自上而下流经此地被刘家湾山横亘，进而折拐倒流，在此形成了一个巨大的迂回，形成汉水倒流。其南岸为辽瓦店子，北岸为龙嘴，句亶之名可能依此地形而来。众所周知，古人名地，大多以山川之阴阳或山川之曲折而名之。其中的"句"，就有"曲"意。《说文》："句，曲也。"段玉裁注曰："凡地名有句字者，皆谓山川纡曲，如句容、句章、句余、高句骊皆是也。"黄锡全即认为"句亶"之名得之于山川的迂曲，[①]是极有见地的，但他将"句亶"与"句澨"等同是不可取的。结合辽瓦店子地形考察，辽瓦店子正处在汉江大的回迂之处的台地上，"句亶"之名的训诂与此十分相符。尽管这一地名来源的认知具有不确定的因素，但当

① 黄锡全. 楚地"句亶""越章"新探 [J]. 人文杂志，1991（2）.

从辽瓦店子所见西周晚期典型楚遗存的年代和遗址所处的位置来综合考察，这也不失为辽瓦店子就是“句亶”的重要辅证。

需要指出的是，确定“句亶”位于郧县辽瓦店子且是与庸相接壤的汉水之滨，与之相关的若干楚史似乎都能得到解答。据史记载，楚在西鄙之地除了庸国以外，还有古老的绞国、麇国和百濮，而经传记载的楚国早期史事恰巧又与这些方国或部族相联系，在这些方国或部族中，需要特别提到的是古麇国。因为古麇国就在今天的郧县以及郧西和房县西北部及陕西白河的部分地区内，在地缘上与庸国接壤，其政治中心也在汉江之滨，倘若楚人的势力在西周晚期已到达辽瓦店子，势必给人带来一种楚、麇在地理上可能有少数重叠的模糊认识。

麇国同庸国一样也是活跃在汉江上游的一个商代古方国，周灭商后，麇又臣服于周，传世文献中未有关于商代麇国资料的记载，但商代武丁时的卜辞中却多见，说明其立国较早且与商王关系密切。[①]直到春秋中期偏晚文献中才有关于楚麇关系的记载。据《左传·文公十年》载，楚国为了攻打宋国，召集陈、郑、蔡、麇等诸侯国在今河南项城盟会，史称“厥貉之会”，麇子因不满楚国的专横，未等盟会结束就中途逃走，由此惹怒了楚王，引来了楚国的多次讨伐。楚麇因此而结怨。鲁文公十六年（前 611），麇人趁楚国出现灾荒，率百濮并联合庸人率群蛮以伐楚，楚国在秦国和巴国的帮助下，击溃了庸麇，并一举灭掉了庸国[②]，至于麇国是否也被灭，史书未载，但此役之后，麇国再未见于经传，估计麇国也是在此次战役被楚所灭。[③]

有关麇国的都城锡穴，大都认为即在郧县，《春秋大事表·春秋列国都邑》：“麇都锡穴，今为湖广郧阳府治郧县，文十一年潘崇伐麇至

① 齐文心．探寻商代古麇国 [C]// 殷商文明暨纪念三星堆遗址发现七十周年国际学术研讨会论文集．北京：社会科学文献出版社，2003.

② 事见《左传·文公十年》《左传·文公十一年》《左传·文公十六年》。

③ 何浩先生推定麇被楚灭约当在公元前 598 年左右，可备一说。何浩．楚灭国研究 [M]. 武汉：武汉出版社，1989.

钖穴。杜注：‘麇地。盖即麇之国都，钖音阳’。”《水经注·沔水》：“汉水又东迳魏兴郡之钖县故城北，为白石滩。县，故《春秋》之钖穴地也。”（清）《郧县志》：“钖穴在县西一百二十里，东临汉水，北瞻天河，在长利废丘东。”汉长利县旧址约在今郧西县的观音镇。根据这些记载，钖穴应在今郧县五峰乡肖家河村，其地正濒临汉水南岸，北对天河。为配合南水北调工程，2006年至2008年湖北省文物考古研究所在此进行了发掘，尽管没有发现麇国的遗存，但发现了一批春秋晚期早段的楚国殉人墓葬，简报推定应为楚灭麇后楚人入主麇地后的墓葬，其年代与史载正相吻合。①说明至迟在春秋晚期早段此地已被楚国占有。

如果说郧县五峰乡的肖家河村为麇都钖穴，那么，郧县辽瓦店子正位于其下游，两地直线距离约25千米，如果算其水道的弯曲，两地相距约在60千米以上。我们推定辽瓦店子为古句亶之地，并不是说楚文化就渊源于这里，而是表明在西周晚期，楚人正是依托便利的汉水交通，在这里占据了一个延续时间相当长的口岸或商埠作为军事据点，在地缘版图上楚国与庸国和麇国不存在疆域纠缠或重叠问题，而恰巧相反的是，正因为在西周晚期，楚人势力的到达，才使得楚同庸国和麇国产生了频繁的接触和摩擦，演绎出了经传所见的楚同庸、麇相关的若干历史事件。

有一则史料应当引起我们的重视，在记叙楚熊渠分封三王时，《吴越春秋》中又有“三侯”一说。据《句践阴谋外传》所记楚善射者陈音对越王说，弓矢之道“琴氏传之楚三侯，所谓句亶、鄂、章，人号麇侯、翼侯、魏侯也”。徐天祐注：“三侯者，未僭王号时所称也。”“三王”之所以又可别称为麇、翼、魏三侯，可能与《史记·楚世家》所记的“周厉王时，暴虐，熊渠畏其伐楚，亦去其王”的史事相关。其中的“麋”当为“麇”字之误（《元和姓纂》卷六引）。也就是说，楚熊渠分

① 湖北省文物考古研究所，湖北省文物局南水北调办公室．湖北郧县乔家院春秋殉人墓[J]. 考古，2008（4）. 黄凤春．湖北郧县乔家院春秋墓地[M]//2006中国重要考古发现．北京：文物出版社，2007.

封三王不久，又改称“三王”为“三侯”来规避周厉王的讨伐，而并非未僭王号时所称。这则史料的可贵之处还在于所谓的句亶、鄂、章三王与麇、翼、魏三侯相对应。显然，句亶王之称可以替代为麇侯，而辽瓦店子所在地又恰巧与古麇国相毗邻，其称麇侯可能与这个古麇国或麇地名有关联，这与我们推定辽瓦店子就是句亶之地并非巧合。

从新发现的考古材料和历史地理学的角度推定郧县辽瓦店子为西周晚期楚句亶王的封地，将会联动与早期楚国史相关的一些文本资料，诸如楚国初期的受封之地、其领地“土不过同”以及“江上楚蛮之地”等诸问题。对此，我们不得不进行一些简单地梳理和探讨。

有关楚国的始封之地史载比较明确。《史记·楚世家》：“熊绎当周成王之时，举文、武勤劳之后嗣，而封熊绎于楚蛮，封以子男之田，姓芈氏，居丹阳。”《左传·昭公十二年》记楚右尹子革回答楚灵王则更进一步说明：“昔我先王熊绎，辟在荆山，筚路蓝缕，以处草莽。跋涉山林，以事天子。唯是桃弧、棘矢，以共御王事。”其中楚居地“丹阳”的地望，成为千百年来人们探索楚国始封之地的一个焦点，由此衍生出了“安徽当涂”“湖北枝江”“湖北秭归”“河南淅川”等诸说。受清人宋翔凤的影响[①]，联系到“荆山”和“丹阳”一名，自20世纪80年代后，人们更多主张初期楚国的受封之地就在陕东南或丹淅之会处。[②]但也有学者主张为“湖北南漳”说[③]，形成“南条荆山”和“北条荆山”两大阵营。其他诸说多为学术界所否定。尤其是淅川下寺春秋楚墓以及和尚岭与徐家岭楚墓出土后，似乎更坚定了“丹淅说”。[④]值得提及的是，近年来又在陕东南的商洛地区，发现了一些与北方中原不同而与南方楚文化相似的西周中晚期文化遗存，其中以商洛地区的过风楼遗址为

① （清）宋翔凤．过庭录[M]. 北京：中华书局，1986.
② 石泉．古代荆楚地理新探[M]. 武汉：武汉大学出版社，1988.
③ 王光镐．楚文化源流新证[M]. 武汉：武汉大学出版社，1988.
④ 河南省文物研究所等．淅川下寺春秋楚墓[M]. 北京：文物出版社，1991；河南省文物考古研究所等．淅川和尚岭与徐家岭楚墓[M]. 郑州：大象出版社，2004.

代表[①]，似乎更论证了这一说法。我们将辽瓦店子推定为楚句亶王的封地，从地理上看也与丹淅之会的“丹阳”更近一些，但我们仍倾向于楚国熊绎之封的丹阳还是应在汉水以南的南漳荆山附近一带，楚人早期的势力以汉南荆山为中心，沿汉水向上下拓展，沿沮、漳而向南拓展。由此，才能符合史载与楚相关的一些历史事件和古代对一些方国顺序的描述。

其实，与早期楚国史相关的一些水系，诸如江、汉、沮、漳在汉南早已存在，而且楚人多次提及，这些大的水系并不会因时间的流逝和朝代的更迭而轻易更改。近年来在新蔡简上见到沮漳二水的记载，《新蔡葛陵楚墓》甲三 11、24 简就有：“昔我先出自郇遹（颛项），宅兹沶（沮）、章（漳），台（以）选迁凥（处）。”新蔡简甲三：268 也有“及江、灘（汉）、沶（雎、沮）、漳”一语。[②]这出自楚人的笔端，说明楚人初期就在江汉沮漳之地。至于目前在陕东南发现的一些与楚文化相似的遗存，还需要进一步分类甄别。以过风楼遗址为例，除了具有南方楚遗存的因素外，还有北方中原系统的三足深腹瓮与之伴出，这在南方楚地是没有的，说明其文化面貌比较复杂。再以淅川区域内的一些西周时期鬲而言，在腹足等一些部位上仍有差别，这些看似在考古学材料上支持“淅川说”的证据并不是很充分。可以说至迟在西周楚熊渠时楚的势力已到达今郧县的辽瓦店子，使得楚文化迅速溯汉水而上并经丹水而浸润陕东南。同时又可得出，陕东南这些疑似楚文化因素就是受到了来自江汉沮漳楚文化强烈影响的结果。也正因为这一地理位置十分重要，才有了春秋之世楚国显赫王族——郶（芳）氏的封地。

相对于陕东南而言，以汉南荆山为中心，包括以南的沮漳河流域的考古发掘工作开展得要少得多，只作过一些调查和局部的发掘工作。当

① 陕西省文物考古研究所发掘资料，文物现存商洛市博物馆。

② 河南省文物考古研究所．新蔡葛陵楚墓 [M]. 郑州：大象出版社，2003．董珊．新蔡楚简所见的“颛顼”和“雎漳”[OL]. 简帛研究网，2003-12-7.

阳季家湖发掘的楚城时代为东周，只是比纪南城的年代稍早。[①] 但也有人认定其为楚之丹阳。[②] 此区出土文物匮乏，早期楚文化面貌不成序列，客观上形成了劣于淅川说的局面。要得到考古学上的支持，看来这一区域的考古工作仍任重而道远。

本论倾向于楚国的始封之地就在汉南的荆山一带，又以郧县的辽瓦店子作为西周晚期楚熊绎所封的句亶王的处所，这似与楚国早期封地范围相抵牾。据《左传·昭公二十三年》所载："无亦监乎若敖、蚡冒至于武、文，土不过同，慎其四境，犹不城郢。"杜注："方百里为一同，言未满一圻。"孔疏引《正义》曰："言田虽至九百里，犹止名同，故云'不过同'，非谓百里以下也。知者以楚是子爵，土方二百里，明非百里也。"无论古今里制的差异，楚国初期的封疆应不大，以至于古今学者大都认为西周昭王时楚疆未达汉水。影响最大的当是西晋杜预的《左传》注。《左传·僖公四年》记楚屈完对齐管仲"昭王南征而不复，寡人是问"的责难时回答"昭王之不复，君其问诸水滨！"杜预注："昭王时，汉（水）非楚境，故不受罪。"如果将辽瓦店子遗址和西周早中期的遗存都视为楚遗存，似与杜注不相合。从考古发掘材料看，周夷王时，楚人势力已覆盖汉水之阴阳应不容怀疑。"土不过同"只是周天子承认的封地。事实上，楚人立足江汉后就初露越过其藩篱的锋芒了，这从司马迁在《史记》中"以子男田令居楚，蛮夷皆率服"到"甚得江汉间民和"的一些记述中就可得到证据。因此，我们说至迟在西周晚期，楚人势力已达郧县辽瓦店子。

将郧县辽瓦店子视为楚句亶王的封地，还将牵涉及"江上楚蛮之地"的域指问题，司马迁在《史记》中记述熊渠三王位置时以"皆在江上楚蛮之地"一语概括。大凡研究楚史的学者都将这个"江"视为长江，在确定三王封地时，似力图以长江为基线，将其分列于长江沿岸。

---

① 湖北省博物馆．当阳季家湖楚城遗址 [J]. 文物，1980（10）.

② 沈融．从"郢侯戈"管窥楚国早期政治中心的变迁 [J]. 中原文物，2005（2）.

事实上古文献中的江并不只是长江的专称，这一点石泉先生已有精论。①我们认为，这个“江上”也应当是个泛指，其地并不只是指长江及其沿岸，应包含江汉之间的广阔区域，这从群蛮的分布中也可以得到证实。《左传·文公十六年》记庸麇伐楚之役时就有“庸人帅群蛮以叛楚。麇人率百濮聚于选，将伐楚”。庸人帅群蛮说明蛮也与庸相近。显然，郧县的辽瓦店子仍不出“江上楚蛮之地”的范围，这也与我们推定其为楚熊渠时句亶王的封地并无扞格。

## 第八节　包山2号楚墓饰棺连璧制度补证

1987年，考古工作者在湖北荆门包山发掘了一处重要的楚国墓地，其中2号墓最为引人瞩目。该墓保存完好，出土了大批楚国简牍文字材料。更为重要的是，墓主确定为楚国的左尹邵𬶍，主管楚国的司法。②对于这样一座墓主身份明确、职官清楚的墓葬，再结合出土器物对其进行深入研究，无疑对深刻揭示楚国的社会制度、丧葬礼俗、文化内涵都有着不可低估的作用。材料公布后，一些学者从各个方面展开了深入研究，并取得了一系列的研究成果。③这里仅就该墓的饰棺制度再作研究。

包山2号楚墓椁内共出土三层木棺，各层木棺之上都有一些丝织覆盖物，经研究，这些覆盖物绝大多数与《周礼》《礼记》记载的高级贵族饰棺制度吻合。④值得注意的是，在内棺东挡板上用组带悬挂有一件玉璧，发掘时组带已残断，玉璧脱落于中棺的底板上（图7–11–6）。中棺挡板上还有一白色符号与玉璧相对，也应与内棺玉璧有联系（图

① 石泉．古文献中的“江”不是长江的专称[M]//古代荆楚地理新探．武汉：武汉大学出版社，1988.

② 湖北省荆沙铁路考古队．包山楚墓[M].北京：文物出版社，1991.

③ 王建苏．包山楚墓研究述评[J].华夏考古，1994（2）.

④ 胡雅丽．包山2号楚墓所见葬制葬俗考[M]//包山楚墓：附录一四．北京：文物出版社，1991.

7–11–5），但发掘报告对这些现象，尤其是玉璧置于棺挡的含义未作说明。

玉璧作为随葬品在楚墓中多见，也有很多单独放在棺挡处。但由于棺椁大都腐朽或经盗扰，这一现象往往被忽略，但我们从一些等级稍高、棺椁虽腐朽而未经盗扰的墓葬随葬品的分布中仍能找到它的痕迹。如湖南长沙战国楚墓中一些玉璧大多置于棺椁之间。① 当阳赵家湖楚墓棺头向一端的椁内也有放置玉璧的现象（图 7–11–5）②，江陵九店楚墓也可见到，其中的乙组 D 型 295 号墓就有一件石璧落在棺挡外（图 7–11–1）。③ 与包山 2 号楚墓极其相似的还有沙冢 3 号楚墓，该墓使用了两层棺，因内棺与外棺之间的空隙较小，在内棺与外棺头挡的正中部位卡有一玉璧（图 7–11–3）。④ 江陵天星观 1 号楚墓内棺头挡处也散落有 5 件玉璧。⑤ 湖北钟祥市冢十包 5 号楚墓的头部也残留有一石璧。⑥ 这些现象与包山 2 号楚墓棺挡外玉璧的性质和含义是相同的。

需要指出的是，在一些楚墓和楚系墓葬的棺挡处还镶嵌有或残留有璜和环。如曾侯乙墓内棺棺挡内的正中部位就镶嵌有一玉璜（图 7–11–2）。⑦ 江陵九店楚墓乙组 D 型 774 号墓最明显，一件石环正在棺挡之处（图 7–11–11）。⑧ 河南淮阳平粮台 16 号楚墓的棺挡处也残留一玉环。⑨ 湖北钟祥市冢十包 1 号楚墓的头端也有一石环。⑩ 从这些璜和环所处的

---

① 李正光，彭青野. 长沙沙湖桥一带古墓发掘报告 [J]. 考古学报，1957（4）.
② 湖北省宜昌地区博物馆，北京大学考古系. 当阳赵家湖楚墓 [M]. 北京：文物出版社，1992.
③ 湖北省文物考古研究所. 江陵九店东周墓 [M]. 北京：科学出版社，1995.
④ 湖北省文物考古研究所. 江陵望山沙冢楚墓 [M]. 北京：文物出版社，1996.
⑤ 湖北省荆州地区博物馆. 江陵天星观 1 号楚墓 [J]. 考古学报，1982（1）.
⑥ 湖北省文物考古研究所等. 湖北钟祥市冢十包楚墓的发掘 [J]. 考古，1999（2）.
⑦ 谭维四. 曾侯乙墓 [M]. 北京：文物出版社，1989.
⑧ 湖北省文物考古研究所. 江陵九店东周墓 [M]. 北京：科学出版社，1995.
⑨ 河南省文物研究所，淮阳县文物保管所. 河南淮阳平粮台十六号楚墓发掘简报 [J]. 文物，1984（10）.
⑩ 湖北省文物考古研究所等. 湖北钟祥市冢十包楚墓的发掘 [J]. 考古，1999（2）.

1. 九店楚墓乙组 D 型 M295　　2. 曾侯乙墓内棺
3. 沙冢 3 号楚墓　　4. 扬州平山养殖场汉墓
5. 当阳赵家湖楚墓　　6. 包山 2 号楚墓内棺棺挡
7. 曾侯乙墓内棺棺挡　　8. 四川合江 M2 棺侧板
9. 曾侯乙墓西室 2 号陪棺　　10. 曾侯乙墓西室 10 号陪棺棺挡
11. 九店乙组 D 型 M774　　12. 山东枣庄小山 2 号画像石墓棺挡
13. 包山 2 号楚墓中棺棺挡　　14. 山东枣庄小山 1 号画像石墓北椁东挡板

**图 7–11　楚墓葬中所见饰棺连璧葬俗示意图**

位置看，应与上述棺外所存璧的性质是相同的。上古时璜和环都应属于同一类。《说文》记载："璜，半璧也。"《尔雅》记载："肉倍好谓之璧，好倍肉谓之瑗，肉好若一谓之环。”按《尔雅》所说的比例，孔径是边径的一半应称为璧，边径是孔径的一半应称为瑗，边径与孔径相等的则称为环。事实上，从先秦众多璧和环的实物看，皆与《尔雅》所载的尺寸不同。这就造成了命名上的混乱。夏鼐曾建议，把这三类器物统称为璧环类，或简称为璧，其中将器身作细条圆圈而孔径大于全器 1/2 的称为环，“瑗”的名称可放弃不用。① 按照夏鼐的观点，就应把上述棺外的璜和环也看做是棺外的玉璧一起探讨其性质和含义。

上述遗物在楚国或楚系的墓葬中均可见到，说明棺外附璧在楚国极为流行。我们甚至还可以进一步推知，楚国的同一墓地或其他墓地还应有这种现象，遗憾的是有些发掘报告对玉璧的出土位置大多未全面公布，也没有把它从随葬品中区别出来，以至于我们无法作详尽的观察和统计。

从包山 2 号楚墓棺外玉璧可知，璧原是用绶带系在内棺外的头挡处，应为饰棺的物品，根据这一现象，我们还判断出相当一批楚墓存在着与之相似的现象，并见于不同类别的墓葬中，说明当时应是各阶层遵循的一个准则，体现丧葬中特有的礼制。

饰棺制度是先秦丧葬礼制的范畴之一，具有严格的等级规定，其内容都见于“三礼”。饰棺的目的是为了“以华道路及圹中，不欲众恶其亲也”②。从一些记载看，饰棺的物品大都是一些丝织的荒帷和纹绘。因玉璧大多位于棺挡外，我们仅从内棺装饰略作考察。

先秦的内棺称椑棺或里棺，因等级不同而有不同的装饰。《礼记·丧大记》载：“君里棺用朱绿，用杂金鐕。大夫里棺用玄绿，用牛骨鐕。士不用绿。”“绿”字定本经皆作“琢”。此“琢”当是贴于棺上的纹绘，显然与棺外的玉璧无关。另在《礼记·丧大记》及《明堂位》中也见有在翣上加璧饰棺，称为“璧翣”。但璧翣较大，位置并不固定且

① 夏鼐. 商代玉器的分类、定名和用途 [J]. 考古，1983（5）.
② 《礼记·丧大记》郑玄注，见十三经注疏 [M]. 上海：上海古籍出版社，1996.

还因等级的不同存在着使用数量的差别。据《丧大记》孔颖达疏，璧翣是“在路则障车，入椁则障柩”。如果将棺外的璧作为“璧翣”对待，与楚墓所见玉璧具有的固定位置、数量，尤其是对镶嵌于棺内的璜来说多不相类，看来棺外系璧作饰必另有含义。从包山 2 号楚墓棺挡的璧饰看，它极有可能就是文献中的连璧。

连璧之制不见于礼书的直接记载，但见于子书。《庄子·列御寇》：“庄子将死，弟子欲厚葬之。庄子曰：‘吾以天地为棺椁、以日月为连璧、星辰为珠玑、万物为赍送，吾葬具岂不备邪？何以加此？’”庄子所谓的“连璧”就是指棺外的一种特殊饰物，日月皆为圆形喻以玉璧，这正与包山 2 号楚墓棺外以组带串联的玉璧相吻合。有人将这里的“连璧”简单地视为陪葬的珠宝是不符合先秦的饰棺用璧的本意的。①

饰棺用玉璧当是先秦的一种古制。因此，抬着棺材、口衔玉璧以请求对方处死自己，大概就是表示用自备的棺材殓尸，然后用连璧饰棺。总之，璧与棺在一起常喻以自己不生，这在文献中屡见不鲜。武王克殷后，作为纣之畿内封国的微国国君微子启自感定诛无疑，就反捆双手、口衔玉璧，亲赴武王处，以示自己不生。楚成王时，楚国攻伐许国，许僖公也是反捆双手、口衔玉璧，同时还命同行的大夫穿着孝服去见楚成王。②楚灵王时，楚国联合诸侯灭赖国，赖子见楚灵王时还是“面缚衔璧”“舆榇从之”。③

对上述的“衔璧”，杨宽在《贽见礼新探》一文中认为此处的璧是用以为贽。杨伯峻则以“不确”驳之，并进而推之为丧葬中所使用的饭

① 张耿光 . 庄子全译 [M]. 贵阳：贵州人民出版社，1993.

② 见《左传·僖公六年》：“蔡穆侯将许僖公以见楚子于武城。许男面缚、衔璧，大夫衰绖，士舆榇，楚子问诸逢伯，对曰：‘昔武王克殷，微子启如是。武王亲释其缚，受其璧而祓之，焚其榇，礼而命之，使复其所。’楚子从之。”

③ 见《左传·昭公四年》：（楚）“遂以诸侯灭赖，赖子面缚衔璧，士袒舆榇从之，造于中军。王问诸椒举，对曰：‘成王克许，许僖公如是，王亲释其缚，受其璧，焚其榇’。王从之，迁赖于鄢。”

含之礼。[①] 饭含虽然在古代为一种常见的丧葬礼俗并被大量的考古材料证实，但综观已发表的墓葬材料，饭含皆不用璧。显然，此处的衔璧与饭含无关。

丧葬用璧可追溯至新石器时代中期的红山文化，至新石器时代晚期则更为多见。尤其在良渚文化的大墓中，一墓用璧就达数十件之多。这些玉璧是否与饰棺有关，由于史前葬具大多无存，故而未敢妄断，但属礼仪性用璧似无疑问。至春秋战国时期饰棺用璧以楚地为多见。

确立了棺外玉璧应为“连璧”的礼制后，尽管还无法明确其产生的缘由，但倘若我们从当时的建筑装饰来考查，似可得到一些眉目。

众所周知，墓葬是地上建筑的缩影，古人“事死如事生”，棺椁实际上就是死者的一处居室。《荀子·礼论》记有“故圹垅，其貌象室屋也；棺椁，其貌象版、盖、斯、象、拂也”。三礼中对棺椁的装饰称为“涂屋”。将璧加饰于棺上，无疑是仿生前居室的一种装饰。从其位置和功能看，极有可能就是供死者灵魂出入的门或窗。楚墓中多见饰门窗结构的现象[②]，曾侯乙墓发掘后，我们确信，先秦时在棺外有饰门窗习俗。就连曾侯乙墓的一些陪葬棺的棺挡也画有窗（图 7–11–9，10）。包山 2 号楚墓内棺棺挡不仅有璧饰，中棺棺挡还有一白色的十字形符号，这无疑与灵魂出入有关。其棺外虽未见绘有门窗，但璧以绶带相系，且相连于棺，而绶带正代表了窗棂格的纹饰。其实，楚地建筑确有在门窗上饰棂格的，古称“方连”。《楚辞·招魂》有“网户朱缀，刻方连些”。姜亮夫认为“方连”就是在门窗上刻以网状的方格。[③] 由此可知，既然古代将死者的棺视为居室，那么就必然要按其生时建筑结构来装饰，这对于密闭的内棺而言，就要考虑死者灵魂出入了。曾侯乙墓的内棺棺挡内不仅镶嵌有玉璜，棺侧和棺足挡还绘窗（图 7–11–7），就连外棺棺挡再

① 杨伯峻．春秋左传注·僖公六年 [M]. 北京：中华书局，1981.

② 王立华．论楚墓中的门窗结构及反映的问题 [C]// 楚文化论集：第三集．武汉：湖北人民出版社，1994.

③ 姜亮夫．楚辞通故：第二辑 [M]. 济南：齐鲁书社，1985.

加开一小窗也正是为了让死者灵魂出入。因此，将棺外连璧视为死者灵魂出入的门窗当大致不误。

玉璧在古代的使用极其广泛，从考古发掘看，史前至两汉最为多见。从社会功用看，大致用于祭祀、丧葬和装饰。其中，用于建筑装饰的往往被人们忽视，其原因之一就是古代的建筑，尤其是先秦的建筑大都未能保存。尽管如此，我们从文献中仍能见到当时的一些建筑以璧作装饰的记载。《史记·封禅书》载建章宫“其南有玉堂、璧门、大鸟之属”。《正义》引《汉武故事》：“玉璧内殿十二门……以璧为之，因名璧门。”《文选·西都赋》：“雕玉瑱以居楹，裁金璧以饰珰。”金璧实当为玉璧。[1]《汉书·西域传赞》记汉武帝兴建甲乙帐时“落以随珠和璧”。《汉书·外戚传》记赵昭仪所居的昭阳殿“函蓝田璧、明珠、翠羽饰之”。直至十六国时，后赵的皇帝石虎在邺城太武殿的大梁上仍以绶带悬挂玉璧。[2]

先秦存在的饰棺连璧制度，在两汉时还有迹可寻。两汉的连璧制度不仅见于记载，还有大量的实物和图像可资证明。

1968 年，考古工作者在河北满城发掘了中山王王后窦绾墓，窦绾漆棺的外壁镶嵌有 26 件玉璧，其中，在棺的前后端各镶嵌一块大型玉璧。[3]与包山 2 号楚墓一样，都是以玉璧加饰于棺外，这一装饰的含义应是相同的。不同的是，窦绾墓不仅用璧数量多，还采用镶嵌的方法。过去，人们对这一独特的饰棺含义一直不得其解，通过探索包山 2 号楚墓棺外连璧的来源及含义后，可以肯定窦绾墓的棺外用璧应是先秦饰棺连璧制度的一种延续。徐州韩山 1 号西汉墓也曾出土了两件玉璧，璧肉的两面均残留有清晰的十字形编织物的栓系痕，尽管简报没有公布随葬品的分布图，但从系连残痕上可确切地推知它也应是饰棺连璧的遗

① 高步瀛 . 文选李注义疏 [M]. 北京：中华书局，1985.
② 陆翙 . 邺中记 [M]// 丛书集成初编本 . 上海：商务印书馆，1937.
③ 中国社会科学院考古研究所 . 满城汉墓发掘报告 [M]. 北京：文物出版社，1980.

物。[①]

西汉的饰棺连璧既保留了先秦的古制，即以实物玉璧用丝带交连于棺挡；又开创了新的手法，即将雕刻或绘画的璧加饰于内棺上。如长沙马王堆1号汉墓内棺挡上就绘有一玉璧。[②]长沙砂子塘西汉墓的棺盖和头挡上绘璧，足挡上绘1件璜，尤其是棺盖上绘有3件璧，并且清晰地表现了璧的十字交连法。[③]值得注意的是，自西汉后在用雕刻或绘画所表现的饰棺连璧中，璧的位置并不只局限于棺挡，用璧的数量普遍增多。如扬州平山养殖场汉墓（图7–11–4）[④]、四川合江东汉砖室（图7–11–8）[⑤]以及山东枣庄西汉画像石墓[⑥]（图7–11–12、14），皆可见到这一变化后的图像。

两汉的连璧制度虽有等级规定，但并不十分严格。《后汉书·礼仪志》载："东园匠，考工令奏东园祕器，表里洞赤，虡纹画日、月、鸟、龟、龙虎、连璧、偃月、牙桧梓宫如故事。"这里的"祕器"当指敛尸之棺，相当于先秦的里棺。由此可见，连纹饰成为此时棺外的主要纹饰之一。与先秦相同的是，连璧以礼制的形式仍规定在内棺之上。在汉代，秘器的制作及纹饰虽属皇帝专有，但也可赠与王公贵族。[⑦]从考古发掘材料看，一般贵族都可以用图案化的连璧来装饰敛尸之棺。这就更进一步地说明了连璧之制仍盛行于汉代。东汉晚期后这一现象开始消失。

可以这样认为，棺外连璧之制可能来源于先秦的建筑装饰，并为汉代所沿用。但到两汉后，其礼制的性质与先秦相比有较大的差异。一方

① 徐州博物馆.徐州韩山西汉墓[J].文物，1997（2）.
② 湖南省博物馆.长沙马王堆一号汉墓发掘报告[M].北京：文物出版社，1973.
③ 湖南省博物馆.长沙砂子塘西汉墓发掘简报[J].文物，1963（2）.
④ 扬州博物馆.扬州平山养殖场汉墓清理简报[J].文物，1987（1）.
⑤ 谢荔，徐利红.四川合江东汉砖室墓清理简报[J].文物，1992（4）.
⑥ 枣庄市文物管理委员会办公室，枣庄市博物馆.山东枣庄小山西汉画像石墓[J].文物，1997（12）.
⑦ 见《汉书·董贤传》《汉书·霍光传》及《后汉书·王充传》。

面，饰棺所用的璧大多不用实物，而向图案式转化；另一方面，用璧的数量及装饰位置具有极大的随意性。这与两汉盛行画像砖和画像石墓有着密不可分的联系。

综上而论，从包山2号楚墓棺外连璧得出了先秦存在着饰棺连璧制度，并为两汉所继承。毫无疑问，有关其起止年代、使用等级以及璧的系连方法等还需要作进一步的探讨，这就需要我们在今后的考古发掘中谨慎地对待棺外的玉璧并对其作详细的报道。

# 参考文献

## （一）文献及专著类


1. 十三经注疏 [M]. 北京：中华书局，1980.
2. 国语 [M]. 上海：上海古籍出版社，1978.
3. 司马迁 . 史记 [M]. 北京：中华书局，1982.
4. 班固 . 汉书 [M]. 北京：中华书局，1962.
5. 范晔 . 后汉书 [M]. 北京：中华书局，1965.
6. 陈澔 . 礼记集说 [M]. 上海：上海古籍出版社，1987.
7. 陈直 . 汉书新证 [M]. 天津：天津人民出版社，1979.
8. 陈寿 . 三国志 [M]. 北京：中华书局，1982.
9. 陈直 . 三辅黄图校证 [M]. 西安：陕西人民出版社，1980.
10. 陈直 . 史记新证 [M]. 天津：天津人民出版社，1979.
11. 王先谦 . 释名疏证补 [M]. 北京：中华书局，2008.
12. 聂崇义 . 新定三礼图 [M]. 北京：清华大学出版社，2006.
13. 江永 . 乡党图考 [M]// 皇清经解. 刻本. 1860（清咸丰庚申）.
14. 许慎 . 说文解字 [M]. 北京：中华书局，1963.
15. 刘向集录 . 战国策 [M]. 上海：上海古籍出版社，1985.
16. 姜亮夫 . 楚辞通故 [M]. 昆明：云南人民出版社，1999.
17. 许嘉璐 . 中国古代的衣食住行 [M]. 北京：北京出版社，1988.
18. 高亨 . 古字通假会典 [M]. 济南：齐鲁书社，1989.
19. 刘彬徽 . 楚系青铜器研究 [M]. 武汉：湖北教育出版社，1995.
20. 彭浩 . 楚人的纺织与服饰 [M]. 武汉：湖北教育出版社，1995.
21. 郭德维 . 楚系墓葬研究 [M]. 武汉：湖北教育出版社，1995.

22. 郭沫若．屈原赋今译 [M]. 上海：上海书店出版社，2003.

## （二）考古报告类

1. 湖北省博物馆．曾侯乙墓 [M]. 北京：文物出版社，1989.
2. 湖南省博物馆等．长沙楚墓 [M]. 北京：文物出版社，2000.
3. 河南省文物研究所．信阳楚墓 [M]. 北京：文物出版社，1986.
4. 湖北省荆州博物馆．江陵马山一号楚墓 [M]. 北京：文物出版社，1985.
5. 湖北省荆沙铁路考古队．包山楚墓 [M]. 北京：文物出版社，1991.
6. 湖北省文物考古研究所．江望山沙冢楚墓 [M]. 北京：文物出版社，1991.
7. 湖北省文物考古研究所等．荆门左冢楚墓 [M]. 北京：文物出版社，2006.
8. 湖南省博物馆等．长沙马王堆一号汉墓 [M]. 北京：文物出版社，1973.
9. 湖北省荆州博物馆．江陵雨台山楚墓 [M]. 北京：文物出版社，1984.
10. 湖北省文物考古研究所．江陵望山沙冢楚墓 [M]. 北京：文物出版社，1996.
11. 湖北省文物考古研究所．江陵九店东周墓 [M]. 北京：科学出版社，1995.
12. 云梦睡虎地秦墓编写组．云梦睡虎地秦墓 [M]. 北京：文物出版社，1981.
13. 睡虎地秦墓竹简整理小组．睡虎地秦墓竹简 [M]. 北京：文物出版社，1990.
14. 商承祚．战国楚竹简汇编 [M]. 济南：齐鲁书社，1995.
15. 河南省文物考古研究所．固始侯古堆一号墓 [M]. 郑州：大象出版社，2004.
16. 河南省文物研究所等．淅川下寺春秋楚墓 [M]. 北京：文物出版社，

1991.
17. 湖北省宜昌地区博物馆．当阳赵家湖楚墓[M]．北京：文物出版社，1992.
18. 陕西省考古研究所等．秦始皇陵兵马俑坑——一号坑发掘报告1974—1984[M]．北京：文物出版社，1992.
19. 陕西省考古研究院等．秦始皇陵园考古报告2001—2003[M]．北京：文物出版社，2007.
20. 河南省文物考古研究所．淅川和尚岭与徐家岭楚墓[M]．郑州：大象出版社，2004.
21. 河南省文物考古研究所．新蔡葛陵楚墓[M]．郑州：大象出版社，2003.
22. 黄文弼等．罗布淖尔考古记[M]．北京：线装书局，2009.
23. 商承祚：《长沙古物闻见记》，金陵大学中国文化研究所丛刊甲种，燕京学社印行，民国廿八年（1939年）版．
24. 安徽省文物管理委员会等．寿县蔡侯墓出土遗物[M]．北京：科学出版社，1956.

## （三）考古发掘简报及论文类

1. 吴铭生．长沙楚墓出土漆器[J]．文物参考资料，1957（7）．
2. 杨宗荣．战国漆器花纹与战国漆器绘画[J]．文物参考资料，1957（7）．
3. 高至喜．湖南古代墓葬概述[J]．文物，1960（3）．
4. 彭浩．楚墓葬制初论[C]//中国考古学会第二次年会论文集．北京：文物出版社，1980.
5. 郭沫若．西江月·题长沙楚墓帛画[J]．文物，1973（7）．
6. 湖南省博物馆．新发现的长沙战国楚墓帛画[J]．文物，1973（7）．
7. 熊传新．对照新旧摹本谈楚国人物龙凤帛画[J]．江汉论坛，1981（1）．
8. 滕壬生．天下第一双皮手套（江陵滕店一号墓出土）[N]．长江日报，1983-5-4.

9. 彭浩．江陵马砖一号楚墓所见葬俗略述［J］．文物，1982（10）．
10. 熊传新．长沙新发现的战国丝织物［J］．江汉论坛，1982（8）．
11. 陈跃均．浅谈江陵楚墓出土的青铜剑［J］．考古与文物，1984（2）．
12. 彭邦炯．带矛车軎与古代冲车［J］．考古与文物，1984（1）．
13. 吴铭生．长沙左家公山的战国木椁墓［J］．文物参考资料，1954（12）．
14. 湖南省文管会．长沙出土的三座大型木椁墓［J］．考古学报，1957（1）．
15. 湖南省文管会．长沙紫檀铺战国墓清理简报［J］．考古通讯，1957（1）．
16. 湖南省文管会．长沙仰天湖 25 号木椁墓［J］．考古学报，1957（2）．
17. 李正光等．长沙沙湖桥一带古墓发掘报告［J］．考古学报，1957（4）．
18. 周世荣．长沙烈士公园清理的战国墓葬［J］．考古通讯，1958（6）．
19. 湖南省文管会．长沙陈家大山战国墓葬清理简报［J］．考古通讯，1958（9）．
20. 周世荣等．长沙陈家大山战国、西汉、唐、宋墓清朝［J］．考古，1959（4）．
21. 高至喜．长沙烈士公园 3 号木椁墓清理简报［J］．文物，1959（10）．
22. 湖南省博物馆．长沙市五里牌古墓清理简报［J］．文物，1960（3）．
23. 湖南省博物馆．长沙浏城桥一号墓［J］．考古学报，1972（1）．
24. 湖南省博物馆．长沙子弹库战国墓［J］．文物，1974（2）．
25. 单先进等．长沙识字岭战国墓［J］．考古，1977（1）．
26. 长沙市文物工作队．长沙市五里牌战国木椁墓［M］// 湖南考古辑刊：第 1 辑，1982.
27. 湖南省博物馆．古丈白鹤湾楚墓［J］．考古学报，1986（3）．
28. 常德地区文物工作队．湖南桃源三元村一号楚墓［M］// 湖南考古辑刊：第 4 辑，1987.
29. 王英党．湖南桃源三元村二号楚墓［J］．考古，1990（11）．
30. 陈上岷．湖北江陵发现战国木椁墓［J］．文物，1959（2）．
31. 郭德维，刘彬徽．湖北江陵出土虎座鸟架鼓两座楚墓的清理简报［J］．文物，1964（9）．

32. 湖北省文化局文物工作队．湖北江陵三座楚墓出土重要文物 [J]. 文物，1966（5）.
33. 湖北省博物馆等．湖北江陵柏马山楚墓发掘简报 [J]. 考古，1973（3）.
34. 湖北省博物馆等．湖北江陵太晖观楚墓发掘简报 [J]. 考古，1973（6）.
35. 荆州博物馆．湖北江陵滕店一号墓发掘简报 [J]. 文物，1973（9）.
36. 湖北省博物馆等．湖北江陵太晖观 50 号楚墓发掘简报 [J]. 考古，1977（1）.
37. 随县擂鼓墩一号墓考古发掘队．湖北随县曾侯乙墓发掘简报 [J]. 文物，1979（7）.
38. 荆州博物馆．江陵雨台山楚墓发掘简报 [J]. 考古，1980（5）.
39. 擂鼓墩二号墓清理发掘组．随州市擂鼓墩二号墓出土一批重要文物 [J]. 江汉考古，1981（1）.
40. 宜昌地区文物工作队．当阳金家山九号春秋楚墓 [J]. 文物，1982（4）.
41. 宜昌地区文物工作队．当阳金家山两座战国楚墓 [J]. 文物，1982（4）.
42. 荆州博物馆．湖北马山砖瓦厂一号墓出土大批战国时期丝织品 [J]. 文物，1982（10）.
43. 滕壬生．江陵发现战国“丝绸宝库”——马山砖瓦厂一号墓发掘简记 [J]. 江汉考古，1982（1）.
44. 湖北省博物馆．襄阳山湾东周墓发掘报告 [J]. 江汉考古，1983（2）.
45. 湖北省鄂城县博物馆．鄂城楚墓 [J]. 考古学报，1983（2）.
46. 江陵县文物工作组．湖北江陵楚冢调查 [M]// 考古学集刊：第 4 辑 . 1984.
47. 湖北省博物馆江陵工作站．江陵溪峨山楚墓 [J]. 考古，1984（6）.
48. 荆州博物馆．江陵李家台楚墓清理简报 [J]. 江汉考古，1985（3）.
49. 湖北省博物馆等．湖北随州擂鼓墩二号墓发掘简报 [J]. 文物，1985（1）.
50. 湖北省博物馆江陵工作站．麻城楚墓 [J]. 江汉考古，1986（2）.
51. 荆沙铁路考古队．荆门市包山大冢出土一批重要文物 [J]. 江汉考古，

1987（2）.
52. 荆沙铁路考古队 . 江陵秦家嘴楚墓发掘简报 [J]. 江汉考古，1988（2）.
53. 湖北省博物馆江陵工作站 . 江陵马山十座楚墓 [J]. 江汉考古，1988（2）.
54. 荆沙铁路考古队包山墓地整理小组 . 荆门包山楚墓发掘简报 [J]. 文物，1988（5）.
55. 湖北省宜昌地区博物馆 . 当阳曹家 5 号楚墓 [J]. 考古学报，1988（4）.
56. 江陵县文物局 . 湖北江陵武昌义地楚墓 [J]. 文物，1989（3）.
57. 江陵县文物局 . 江陵官坪楚墓发掘简报 [J]. 江汉考古，1989（3）.
58. 荆州博物馆 . 江陵天星观一号楚墓 [J]. 考古学报，1982（1）.
59. 湖北省博物馆 . 楚都纪南城的勘查与发掘 [J]. 考古学报，1982（3、4）.
60. 河南省文化局文物工作队 . 信阳长台观二号楚墓的发掘 [J]. 考古通讯，1958（11）.
61. 信阳地区文管会 . 春秋早期黄君孟夫妇发掘报告 [J]. 考古，1984（4）.
62. 曹桂岑等 . 淮阳平粮台四号墓发掘简报 [J]. 河南文博通讯，1980（1）.
63. 河南省文物研究所 . 河南淮阳马鞍冢楚墓发掘简报 [J]. 文物，1984（10）.
64. 曹桂岑 . 淮阳发现一座大型楚国车马坑 [N]. 河南日报，1982-9-5.
65. 河南省文物研究所 . 河南淮阳平粮台十六号墓发掘简报 [J]. 文物，1984（10）.
66. 安徽省文物工作队 . 安徽长丰杨公发掘九座战国墓 [M]// 考古学集刊：第 2 辑 . 1986.
67. 淮阴市博物馆 . 淮阴高庄战国墓 [J]. 考古学报，1988（2）.
68. 四川省博物馆 . 四川涪陵地区小田溪战国土坑墓清理简报 [J]. 文物，1974（5）.
69. 四川省博物馆 . 成都百花潭中学十号墓发掘记 [J]. 文物，1976（3）.
70. 四川省博物馆 . 四川新都木椁墓 [J]. 文物，1981（6）.

71. 四川省博物馆．成都西郊战国墓 [J]. 考古，1983（7）.
72. 杨鸠霞．长丰战国晚期楚墓 [J]. 文物研究，1988（4）.
73. 长江流域第二期文物考古工作人员训练班．湖北江陵凤凰山西汉墓发掘简报 [J]. 文物，1974（6）.

# 后　记

楚国的名物研究是一个系统而庞大的工程，多年来我一直有着对其展开系统研究的梦想，特别是日益增多的科学考古发掘出土的楚国遗存以及楚国简牍文字材料，为这一课题的实施提供了丰富的对应研究素材。只因本人大部分时间奔波于田野考古工作的一线，一直未能如愿。如今呈现在读者面前的这本书，虽名之《楚器名物研究》，实与具体的名实对应研究相距甚远，只是局限于对一些个案的认识。

还需要说明的是，本书所述也不全是新作，大多为过去在工作中所遇问题的一些思考，曾在不同的期刊发表过，经重新修订收入本书。部分文章在行文中有些没有注释，其大多来源于《文物》《考古》等专业期刊和专题考古发掘报告。

2000 年，湖北省社会科学院楚国历史与文化研究所拟推出一套楚文化知识的普及读本，涉及楚名物的内容，最初安排另一位学者来完成，但因种种原因，临出版之际而未能交稿，临时又让我来补其阙，遂以《浓郁楚风——楚国的衣食住行》（湖北教育出版社 2001 年版）忝列其中。2012 年，在此书基础上我和黄婧增加了一些与习俗相关的专论，定名为《楚器名物研究》，被选编至《世纪楚学》丛书之中正式出版。2014 年纳入“荆楚文库”时，为使书稿更加合理，内容更为丰富，作者在原版的基础上又做了两点主要修改：

1. 结构调整，章节合并、调整。如：每一章概述性的内容增加一个小标题，变为“导论”；原书第四章与第五章合并为“出行篇”；第六章标题与内容不相符，改为“墓葬礼俗名物篇”；将原书第六章第十节的“起居习俗”删去习俗内容后，将“坐席”“卧具”内容调整至“室内陈设”一节。

2. 增加图片。增加了“玉环”“玉佩”“玉玦”等玉器图片，增加丝织品相关图片。以期图文并茂，方便阅读。

因时间仓促，书中难免有疏漏之处，期待读者和专家提出宝贵意见，使本书的质量不断提高。

最后，特别感谢湖北省社会科学院刘玉堂先生、张硕先生和湖北教育出版社的编辑们，他们为本书的出版费尽了心血，不厌其烦。对上述诸位的鼎力相助，再次深表谢忱！